南开大学建校100周年纪念丛书

总主编 刘景泉

南开大学简史
(1919—2019)

南开大学校史研究室 编著

南开大学出版社

天津

图书在版编目（CIP）数据

南开大学简史：1919—2019 / 南开大学校史研究室编著. —天津：南开大学出版社，2019.8
（南开大学建校100周年纪念丛书）
ISBN 978-7-310-05865-5

Ⅰ.①南… Ⅱ.①南… Ⅲ.①南开大学－校史－1919－2019 Ⅳ.①G649.282.1

中国版本图书馆 CIP 数据核字（2019）第 157618 号

版权所有　侵权必究

南开大学出版社出版发行
出版人：刘运峰
地址：天津市南开区卫津路 94 号　　邮政编码：300071
营销部电话：(022)23508339　23500755
营销部传真：(022)23508542　邮购部电话：(022)23502200

*

北京隆晖伟业彩色印刷有限公司印刷
全国各地新华书店经销

*

2019 年 8 月第 1 版　　2019 年 8 月第 1 次印刷
230×170 毫米　16 开本　25.75 印张　4 插页　369 千字
定价：156.00 元

如遇图书印装质量问题，请与本社营销部联系调换，电话：(022)23507125

导 语

斗转星移,时光荏苒。自1919年五四运动时代大潮中建校至今,南开大学已经走过了100年不平凡的历程。100年来,从南开洼奠基"文以治国、理以强国、商以富国"到八里台"知中国、服务中国";从日寇毁校到被迫南渡,在西南边陲尽显刚毅坚卓;从北归复校艰难重建到迎来新中国诞生建设新南开;从社会主义革命到社会主义建设大潮中探索培育英才;从改革开放新时期科教兴国到中国特色社会主义新时代创建"双一流"高校,南开大学的发展始终与国家民族命运紧相联,与时代社会的发展相偕行,形成了南开道路、南开品格和南开精神,它承载着中国大学的初心与梦想,记录着中国大学的苦难与荣光,见证了中国大学的奋斗与辉煌。100年筚路蓝缕,100年风雨兼程,100年砥砺奋进,南开人不懈探索,越难越开,特别是新中国成立后,在党的领导和关怀下绘就了一幅波澜壮阔、绚丽多彩的历史画卷。

为纪念南开大学这不平凡的100年,从中汲取智慧,反思教训,探寻规律,助力新时代南开新百年的新征程,我们编写了这本《南开大学简史(1919—2019)》(以下称《简史》)。

《简史》生动记述了南开爱国的道路。百年南开在发展历程中,走出了一条与国家民族休戚与共的爱国奋斗之路。创建之初,学校就教育学生"勿志为达官贵人，而志为爱国志士"，着力培养具备"爱国爱群之公德""服务社会之能力"的优秀人才。1928年的《南开大学发展方案》更明确提出："吾人为新南开所抱之志愿，不外'知中国'、'服务中国'二语。"1935年，在中华民族生死存亡之际，张伯苓校长在开学典礼上发出了振聋发聩的"爱国三问"：你是中国人吗？你爱中国吗？你愿意中国好吗？极大地鼓舞了南开师生的爱国斗志。国家兴亡，匹夫有责。在民主革命时期，马骏、于方舟、陈镜湖等一批革命志士，何懋勋、刘毓璠、袁永懿等抗战先烈，用青春、热血和生命，诠释了对国家民族的忠诚与担当。据不完全统计，建校以来，有名可考的南开英烈就达36位。1949年天津解放后的短短数月内，就有320多名南开学生参军参干。正是南开爱国主义传统的熏陶，2017年9月，8名南开学子参军入伍并写信向习近平总书记汇报心声，总书记回信赞扬他们，"把爱国之心化为报国之行，为广大有志青年树立了新的榜样"。建校百年来，学校在学科建设、学术发展、人才培育等各方面，都一以贯之地秉持鲜明的爱国主义导向，使爱国主义的光荣传统成为南开之魂。

《简史》生动记述了南开"公能"的品格。百年南开在发展历程中，铸就了"允公允能，日新月异"的"公能"品格。"允公"是大公，不是小公，就是有爱国奉献、淑世为公的大情怀。南开大学是为公、为国而兴办的。张伯苓讲："南开学校系因国难而产生，故其办学目的旨在痛矫时弊，育才救国。"因此，创校之初，学校就确定了"为社会谋进步，为公共谋幸福"的办学目标，肩负起兴学救国的责任使命。100年来，南开为"公"的家国情怀从未改变，将"公"的品格贯穿于办学治校、立德树人的全过程。"允能"是要做到最能，要建设现代化国家，必须有现代化的科学才能，就是有攻坚克难、奋斗拼搏的大担当。100年来，南开始终坚持以"能"为重，将修身报国、服务社会、践行"公"之价值观的能力作为培养人才的重要遵循，为国家和民族培育了以周恩来、陈省身、曹禺、郭永怀、刘东生等为杰出代表的一大批英杰才隽。"日新月异"则是"每个人不但要能接受新事物，而且还要能成为新事物的创造者；不但要赶上新时代，而且还要能走在时代

导语

的前列",就是有锐意创新、建功立业的大作为。100年来,南开始终提倡开拓精神,坚持守正创新,在不同历史发展阶段,都以一系列创新作为服务国家社会,在中国大地上深深扎下了学问之根、文化之根、创新之根。"公能"品格是百年南开历史的人文底蕴和学脉渊源,彰显着南开鲜明的办学特色,积淀成贯穿学校历史、推动南开发展的精神力量,得到了习近平总书记的充分肯定。

《简史》生动记述了南开青春的精神。百年南开在发展历程中,孕育了充满朝气、面向未来的青春精神。这一精神既体现于南开办学治校的宏观思路上,更内化在学校发展的各项事业中,成为南开砥砺奋进的动力源泉。创校之始,学校就以先进的教育理念、办学体制、育人方式在国内独开风气之先。新中国成立后,特别是改革开放以来,南开继续以青春精神引领学校事业发展,立足中国高等教育改革发展潮头,彰显蓬勃发展朝气。这种蓬勃进取、永远年轻的青春精神,是百年南开自强不息、与时俱进奋斗历程的集中体现,是南开包容开放、海纳百川宽阔胸怀的生动写照。

《简史》充分展现了新时代南开发展的美好愿景。南开是由一群不服输的中国人创办的,初心就是建成世界一流大学,救国、兴国、强国。无论是初创时期的艰难、日寇毁校的人祸,还是1976年地震的天灾,都未能改变南开的这一初心,而是愈挫愈奋,勇往前行。早在1944年,张伯苓就满怀激情地指出:"回顾既往奋斗之史迹,展望未来复校之大业,前途远大,光明满目。南开之事业无止境,南开之发展无穷期",号召南开人"抱百折不回之精神,怀勇往直前之气概,齐心协力,携手并进,务使我南开学校,能与英国之牛津、剑桥,美国之哈佛、雅礼(今译为耶鲁)并驾齐驱,东西称盛"。新中国的成立,为南开实现这个梦想提供了各方面的坚实保证。几代南开人为了这一初心,苦干、实干、拼命干。特别是改革开放以来,历次党代会和历届学校领导班子都为此进行科学的擘画,绘制南开品格、中国特色、世界一流大学的宏伟蓝图和文科振兴、理科提升、工科攀登、生医发展的具体路径。

2014年5月,习近平总书记在同高校师生的座谈会上讲道:"世界上不会有第二个哈佛、牛津、斯坦福、麻省理工、剑桥,但会有第一个北大、清华、浙大、复旦、南大等中国著名学府。"2019年1月17日,习近平总书记来校视察并发表重要讲话,为南开扎根中国大地创建世界一流大学进一步指明方向。南开人决心不负嘱托,牢记使命,在新时代创建世界一流大学的接续奋斗中,谱写南开事业发展的新篇章。

亲爱的读者,当你打开这本《简史》的时候,百年南开厚重的历史画卷将在你面前徐徐展开……

目 录

导　语 …………………………………………………………… 001
第一章　育才救国　宏业奠基 ………………………………… 001
　　一、救亡维新与严氏家馆 ………………………………… 001
　　二、高等教育的初步尝试 ………………………………… 014
　　三、创办南开大学 ………………………………………… 021
第二章　知中国　服务中国 …………………………………… 032
　　一、迁址八里台 …………………………………………… 032
　　二、"土货化"改革 ………………………………………… 046
　　三、"公能日新"校训 ……………………………………… 059
第三章　抗日御侮　刚毅坚卓 ………………………………… 075
　　一、南开惨遭日寇毁掠 …………………………………… 075
　　二、学府南迁与联合办学 ………………………………… 091
　　三、西南联大时期的南开 ………………………………… 104
第四章　北返复校　艰难重建 ………………………………… 120
　　一、南开大学改为国立 …………………………………… 120
　　二、重建复校 ……………………………………………… 128
　　三、爱国民主运动与护校斗争 …………………………… 136
第五章　新中国　新南开 ……………………………………… 152
　　一、学校的接管和初步改造 ……………………………… 152
　　二、院系调整与"新南开大学"成立 ……………………… 165
　　三、学校建设有序推进 …………………………………… 169

第六章 积极探索 曲折前行 ………………………………………… 184
一、毛泽东主席和周恩来总理来校视察 ………………………… 184
二、"大跃进"中的教育革命 …………………………………… 194
三、贯彻"高教六十条" ………………………………………… 208
四、新教改与政治运动 …………………………………………… 218

第七章 "文革"浩劫 守正抗争 …………………………………… 224
一、"文革"的冲击 ……………………………………………… 224
二、困境中的坚守与抗争 ………………………………………… 231
三、拨乱反正再踏征程 …………………………………………… 244

第八章 改革开放 科教兴国 ………………………………………… 248
一、学校工作重心转移 …………………………………………… 248
二、优化学科服务社会 …………………………………………… 258
三、围绕"三个面向"启动全面改革 …………………………… 264

第九章 深化改革 开拓前行 ………………………………………… 280
一、"211""985"工程建设与学科布局再优化 ……………… 280
二、思想政治工作和教学改革迈开新步伐 ……………………… 290
三、体制机制改革与合作共建办学 ……………………………… 303
四、建设世界知名高水平大学的新探索 ………………………… 309

第十章 新时代 新征程 ……………………………………………… 320
一、加速推进改革和事业发展 …………………………………… 320
二、津南校区建设和"一校三区"的形成 ……………………… 330
三、以新发展理念提升核心竞争力 ……………………………… 335
四、党的领导和党的建设全面加强 ……………………………… 348
五、牢记习近平总书记嘱托,努力交出优秀的"南开答卷" … 354

结束语 为建设南开品格、中国特色、世界一流大学不懈奋斗 …… 364
大事记 …………………………………………………………………… 366
附　录 …………………………………………………………………… 392
后　记 …………………………………………………………………… 402

第一章　育才救国　宏业奠基

南开大学肇端于1898年威海卫"国帜三易"的奇耻大辱之后，奠基于1904年甲午战败十周年之际，正式开办于1919年因"外争国权"而掀起的五四运动时代大潮之中，是爱国教育家严修、张伯苓创建的南开学校教育体系的重要组成部分，是一群不服输的中国人自力图强、兴办现代大学的光辉典范。

一、救亡维新与严氏家馆

19世纪末20世纪初，严修与张伯苓，中国旧新两代知识分子，在国家危难之际、民族存亡之时，共同选择了教育救国之路。他们从变革私塾"严馆"入手，相继创办了实行新式教育的南开系列学校，由此书写了将国家命运、民族命运、学校命运、个人命运紧密融合在一起的不朽传奇。

创办南开学校的初衷

自公元1500年以来，西欧国家致力于发展科学，创新文化，变革社会，富国强兵，而中国却依然故步自封，不思变革，羁于旧制，沉湎浮华。正是在皇帝、官僚、士子集体修习旧学的读书声中，中国落伍了，乃至拿破仑用睡狮比喻近代中国的态势。国运衰落，精神萎靡，必然招致外侮频仍，于是列强环伺，有公然入侵者，也有不宣而战者，有单打独斗者，也有合伙劫掠者，而中国难以抵御，"以不练之兵，有限之饷，士无实学，工无良师，强弱相形，贫富悬绝，岂真能制梃以挞坚甲利兵乎？"①自1840年败于鸦片之战起，清政府屡战屡败，丧权辱国，赔银十几亿两，割地百余万平方千米。中华民族陷入了有史以来最为深重的灾难之中。

在历次抵御外辱的战争中，以1894年中日甲午战争清政府惨败所造成的影响最为深远。曾经威震东亚的北洋水师全军覆没，大清王朝苦心经营的万里海防轰然洞开。这场战争撼动了东亚千年的政治格局，改变了中日两个民族的历史走向，惊醒了中国亿万国民。

"一战而人皆醒"。甲午之败乃是国家之败。国家之败，败于军事更败于制度，败于经济，败于文化，败于教育。它一方面宣告了洋务运动的破产；一方面又成为中华民族觉醒的一个重要转折点。正如梁启超所说"吾国四千余年大梦之唤醒，实自甲午战败割台湾偿二百兆以后始也"②。面对列强瓜分狂潮，维新志士们高举救亡图存的爱国旗帜，掀起了改良封建专制制度的变法维新运动。他们主张向西方学习，改革政治制度，革新教育学术，倡导科学文化，发展农、工、商业，从而使中国赶上世界发展的潮流。

1894年，对于南开校史来说亦是一个坐标式的年份。后来成为推动中国近代新私学典范人物的南开校父严修，在这一年先后三次受到光绪皇帝的召见，受命担任贵州学政。光绪帝在其辞行时叮嘱他：你要维新。严修南下就职途中，为中日之战倍感焦虑，"十月十九日（11月16日）……接省报，有初十旅顺失守之说。果而，则大沽势在危急，京东一带亦将震动，奈何奈

---

① [清]光绪帝：《明定国事诏》，《清实录》第57册《德宗景皇帝实录》卷418，中华书局1987年版，第482页。

② 梁启超：《戊戌政变记》，见《饮冰室合集》第6册，中华书局1989年版，第1页。

第一章 育才救国 宏业奠基

何？私心祷祝,惟冀所传之诬耳,否则大局不堪设想"①。战场失利的消息不断传来,严修知道大清帝国的海军已经岌岌可危了,悲痛震动之余,开始沉思于实施补救之策。他逐渐认识到,"帖括之学,固陋闭塞,不足以应世变之穷"②,"中国欲图自强,非变法维新不可,而变法维新,又非从创办新教育不可"。③三年后,严修奏请朝廷开设经济特科,俄而返家改革私塾家馆,都是基于对甲午战败的深刻反思。

同是在1894年,中日海战,前方吃紧,清政府急调北洋水师学堂学生增援,18岁的张伯苓也参加了此役。北洋舰队的第一艘军舰刚刚出海,就被日舰击沉,张伯苓平生第一次遭受强烈刺激。这年10月,他以最优等第一名的成绩毕业于北洋水师学堂第五期驾驶班。按照规定,驾驶班的学生完成课堂学业后,还要派上船舰实习。但是,甲午一战北洋水师几乎覆没,甚至没有留下一艘军舰供水师学堂的毕业生实习。不得已,张伯苓只好回家待命。为时不久,清政府与日本签订了丧权辱国的《马关条约》,其中一条就是允许日本军队驻扎威海卫。1898年,列强掀起了瓜分中国的狂潮,英国继德、俄、日之后强租威海卫。同年7月,在通济轮上服役的张伯苓随船送清政府官员去威海办理接收和移交手续,目睹了"国帜三易"的屈辱场面:接收时先降下日本太阳旗,后升起清朝黄龙旗;仅过一日,降下黄龙旗,改悬英国米字旗。国耻锥心,年轻的张伯苓再次深受刺激,感叹"国家积弱至此,苟不自强,奚以图存,而自强之道,端在教育",从而立志"创办新教育,造就新人才"。后来,他经常谈到这一思想转变的过程。他说:

> 二十几年前,我在北洋水师学校,亲见旅顺、大连为日本割去,青岛为德人夺去。当我到刘公岛的时候,我看见两个人,一

---

① 陈鑫整理:《严修日记(1894—1898)》(上),天津古籍出版社2017年版,第39页。
② 卢弼:《清故光禄大夫学部左侍郎严公墓碑》,见严修自订,高凌雯补,严仁曾增编:《严修年谱》,齐鲁书社1990年版,第448页。
③ 张伯苓:《四十年南开学校之回顾》,《南开四十周年纪念校庆特刊》,1944年10月。

个是英国兵,一个是中国兵。那英兵身体魁伟,穿戴得很庄严,面上露着轻看中国人的样儿;但是吾们中国兵则大不然,他穿的衣服还不是现在的灰军衣,乃是一件很破的衣服,胸前有一个"勇"字,面色憔悴,两肩高耸。这两个兵若是一比较,实有天地的分别。我当时觉得羞耻和痛心,所以我自受这次极大的刺激,直到现在还在我脑海里很清楚的。我当时立志要改造我们的中国人,但是我并非要练陆军、海军同外国相周旋,我以为改造国民的方法,就是办教育。①

南开是由一群不服输的中国人秉承教育救国理念创办的,"目的是要救国。方法是以教育来改造中国。改造什么?改造他的道德,改造他的知识,改造他的体魄。"②

南开学校的创办人——严修、张伯苓

严修是南开学校的校父。张伯苓是南开学校的校长。他们都是积极践履"教育救国"的思想家、改革家和教育家。严修与张伯苓携手合作,以私塾家馆为基地,创办不同层次、不同类别的私立学校,建立了从小学教育到高等教育的完备的学校体系,为中国教育的现代化做出了卓越的贡献。

严修(1860—1929),字范孙,亦字梦扶③,幼名玉珪,原籍浙江慈溪。1860年4月2日生于天津一个世代盐商的殷实之家。他幼年饱读经籍,且对算学和英语兴趣浓厚。1882年乡试中举,次年中进士,选为翰林院庶吉士。此后,他历任翰林院编修、贵州学政、学部侍郎,锐意改革,颇具政声。人们

---

① 《南开周刊》第1卷第5、6号,1925年10月17日。
② 张伯苓:《四十年南开学校之回顾》,《南开四十周年纪念校庆特刊》,1944年10月。
③ 严修早年字梦扶,号范孙。但时人误以范孙为其字,严修后来默认此说,自称"范孙亦字梦扶"。

称颂他为"经师兼为人师"①,"二百年无此文宗"②。

■ 南开校父严修

1897年10月,在贵州学政即将任满之际,严修冒着极大的风险上书光绪皇帝,奏请开设经济特科,凡是在内政、外交、算学、译学、格致、制造、测绘等有专长之人才,经推荐保送,不问身份、资历,均可参加考试,择优录用,与科举出身待遇相同。严修这一主张,在科举之外打开了一条选拔具有西学知识和实际才能的人才之路,是自隋朝实行科举制以来人才选拔制度的重大突破,对改革腐朽空疏的教育制度具有重大的意义。梁启超称之为戊戌新政"最初之起点"。然而此举引起顽固派的强烈不满,他的老师兼上司,翰林院掌院学士徐桐甚至将他逐出师门。1898年4月,严修卸任贵州学政

---

① 孙熙昌:《严学使范孙去思碑》,见严修自订,高凌雯补,严仁曾增编:《严修年谱》,齐鲁书社1990年版,第110页。

② 《蟫香馆使黔日记·徐世昌序》,见陈鑫整理:《严修日记(1894—1898)》附录,天津古籍出版社2017年版,第787页。

回京后,"翰林院差使悉被免去",仅挂名编修。不久变法维新开始,但仅百日即告失败,经济特科还没来得及施行,就被慈禧太后废止。

在翰林院无法立足的严修请长假回家,将自家塾馆作为兴办新式教育的基地,在救国图强的道路上继续求索。他"改课程,讲西学",对家塾进行改革,并为子弟们聘请了一位新学教师——张伯苓。改良后的严氏家馆已经不是只读四书五经的旧式私塾,而是教授现代科学知识的新式私学。南开学校的历史肇始于此,严修实有开创之功,故被尊为校父。此后,他又与张伯苓一起创办南开系列学校,包括中学、大学、女中、小学等,构成层次完备的普通教育体系。南开系列学校是严修一生教育事业中的不朽丰碑,也是中国人以自己的力量创办私立学校最成功的范例之一。

严修在中国近代教育史上占有重要地位,他不但为南开的发展呕心沥血,还以极大的热忱致力于发展天津教育事业和社会公益事业,并推动全国教育改革。1905年,严修任学部右侍郎,翌年转左侍郎,在职期间,多有创举,促进了中国教育的现代化。

1929年3月14日,严修去世,《大公报》发表社评,悼其逝世"诚为学界之大不幸",并赞其为南开的发展所作出的孜孜努力。南开大学召开追悼会,张伯苓高度评价了严修的办学功绩,他说:"严先生道德学问,万流共仰,个人追随颇久,深受其人格之熏陶,南开之有今日,严先生之力尤多。"① 1934年南开学校成立30周年庆祝大会上,校长张伯苓亦表示:"(南开建校以来)惟严老先生功绩最大,现严先生虽已逝世,仍当秉承其意旨办理。"② 南开大学首期学生周恩来对严修怀有特殊的感情。1950年,周总理在中南海宴请张伯苓等人时,借桌上的一碗清汤寓意深刻地说:"严老先生就像这汤,清而有味。"③ 1959

---

① 喻传鉴:《七十年来之校长张伯苓先生》(1944年),见梁吉生:《张伯苓年谱长编》下卷,人民教育出版社2009年版,第414页。

② 《大公报》(天津),1934年10月18日。

③ 中共中央统战部统战理论研究中心等编:《相遇贵相知——中国共产党领导人与党外人士交朋友的故事》第4辑,辽宁教育出版社1992年版,第20页。

第一章 育才救国 宏业奠基

年,周总理视察南开大学,他对校友们说道:"严老先生是封建社会的好人。"①他还指示要好好研究严修的教育思想。2010年4月2日,南开大学隆重举行纪念严范孙先生诞辰150周年大会,时任校党委书记薛进文代表学校,深切缅怀了严修为中国近代文化教育事业做出的卓越贡献。他指出:严范孙先生为南开学校尤其是南开大学的规划创建、劝募集资倾注了毕生心血;他以自己的爱国思想、教育理念,深刻地影响了早期南开的发展,推动南开形成了优良的教育传统。所有这些,对南开教育事业而言,都是关键性和决定性的。正是从这个意义上说,没有严范孙就没有南开。

严修对南开学校的最大贡献之一,是为南开学校选择了一位好校长,即张伯苓。

—— 南开创校校长张伯苓

张伯苓(1876—1951),名寿春,字伯苓,后以字行,天津人,祖籍山东。

---

① 中共天津市委党史研究室等编:《周恩来与天津》,天津人民出版社1998年版,第165页。

1876年4月5日，出生在一个家道中落的私塾教师之家。张伯苓5岁时，其父亲自给他开蒙，教其读四书，并进行励志教育。张伯苓回忆说："当余尚梳小辫时，先父曾有言：'人愈倒霉，愈当勤剃头、勤打扮。'这就是说总当洁净光滑，表示精神。"① 艰难困苦磨炼了张伯苓的意志，养成了他坚韧勤奋、自强不息的性格。1889年，13岁的张伯苓考入由近代启蒙思想家严复主持的天津北洋水师学堂，希图强国。"这个水师学堂请的是洋教授，教的是新学，开洋船，使洋枪、洋炮，用的是洋文，念的是洋书，总之，这叫做上洋学。当时一般人的思想是不大开通的。清政府为了吸引学生起见，所有的学员，不但免费管吃管住，而且每月还津贴白银四两五钱。"② 张伯苓在这里学习现代科学文化知识，成为中国最早一批接受西方思想文化的知识分子。他一面念书，一面靠津贴来养家。在学校五年，每次考试都名列第一。1898年，他目睹"国帜三易"的奇耻大辱愤而退出海军。其时，适严修返津，改革家塾，急需西学教师。11月28日，38岁的严修聘请22岁的张伯苓到家馆任教。这是张伯苓与严修的历史性相遇，从此开启了携手兴学强国的共同事业。

张伯苓始终庆幸自己遇到严修，他多次说"真万幸遇到严先生，让我去教家塾。严先生之清与明，给我极大的教训"，"我们学校真幸会由严先生发起，我个人真万幸，在严先生指导之下作事"。③ 胡适在《张伯苓先生传》中也写道："范孙先生是中国旧道德传统和学识渊博最可敬佩的代表人物。他是一位学者、藏书家、诗人、哲学家、最具公德心的爱国志士。他对教育的信念，对于新时代、新学识的虚心接受，和他在天津地方直隶全省（即河北省）的道德名望，给年轻的张伯苓在创立远大的教育事业上有莫大的助力。"④ 张伯苓没有辜负严修的信任与厚望，担任南开校长40余年，在将近半个世纪的岁月里，他始终秉持教育救国的强烈信念，历尽艰辛，

---

① 《大公报》（天津），1932年8月23日。
② 张锡祚：《先父张伯苓先生传略》，南开大学出版社2016年版，第10页。
③ 张伯苓：《南开的目的与南开的精神》，《南大半月刊》第15期，1934年10月17日。
④ 胡适：《张伯苓先生传》，见胡适：《胡适传记菁华》（下），东方出版社2014年版，第406页。

南开系列学校发祥地——严氏家馆

擘画经营,潜心教育,矢志不渝。在南开学校的事业发展中,校长张伯苓可谓居功至伟。

教授新学的严氏家馆

严氏家馆,亦称严氏家塾,是严家举办的属于私塾范畴的家庭学校,学生主要是自家子侄,位于天津西北角文昌宫以西的严宅偏院。1898年,严修改造家馆,进行新式教育的实践,这里成为南开系列学校的发祥地。

一个翰林选择军校的毕业生当塾师,培养自己的子侄,这在当时非常罕见。严修不愧是慧眼识才,张伯苓在北洋水师学堂接受过西学的专业训练,精通英语、地理、化学、几何、代数、平弧三角法等,这些专业知识在严氏家馆找到了用武之地。更为难能可贵的是,张伯苓与严修一样具有不蹈旧规、勇于创新的锐气和勇气。在他们的努力下,严氏家馆具有了前所未有的新气象。主要表现在以下四个方面:

一是教育目的之新。中国传统教育的根本目的是维护封建政权的统治。而严修、张伯苓明确提出教育的根本目的是谋求社会进步、推动社会变革。

在他们看来，时艰势危，当务之急在于培养合乎时代发展需要的新型人才。要达此目的，就需另起炉灶，认真学习西方先进的科学文化，采用现代的教育制度、教学内容和教育方法，创办教授新学的新式学校，普及国民教育，培养具有新道德与新能力的现代公民。

严修认为"学而优则仕""读书做官"的功利性教育目的严重扭曲了教育的意义。他教导子弟不要"汲汲于科举"，而要学习"下益民生，上裨国计"的学问。他在给学生的训词中提出了"勿志为达官贵人，而志为爱国志士"[①]的殷切期望。1902年，严修在日本考察期间访问教育家大隈重信，请教"教育方法"，大隈重信言：无非德育、智育、体育。严修又问："人言，智日进则德日退，然乎？"答曰："大不然，是同兼进，无退之理。"严修深感"与己意极合"[②]。严修认同德育、智育、体育"同兼进"的主张并积极付诸实践。三育并重成为严氏家馆乃至南开学校一贯的教育宗旨。1905年，严修基于对教育现状的深刻反思和认识，提出"尚公""尚武""尚实"[③]的教育宗旨，其矛头所指就是帝制国学及儒者之学的重大弊端。

严修、张伯苓通过创办现代新式学校，将通经教育转变为实学教育，将养士教育转变为新民教育，将纲常伦理教育转变为"爱国合义"教育，将重文轻武教育转变为军国民主义教育，志在为国家培养尚公、尚武、尚实的新型人才。这是严氏家馆对传统教育模式的重大颠覆。

二是教育内容之新。严修是士大夫中较早接触西学，并体认西学价值的一代士人。他18岁起学习数学、天文学等科学知识，37岁起学习英文，一直学习到老。1896年，他在给友人的一封信中明确指出："近来时局日新月异，泰西诸学，俱为当务之急。"[④]在严修看来，古文、算学、化学、洋文是"当

[①] 陈宝泉：《退思斋诗文存》，见蔡振生、刘立德编：《陈宝泉教育论著选》，人民教育出版社1996年版，第27页。

[②] 严修：《严修东游日记》，天津人民出版社1995年版，第103页。

[③] 严修等：《奏为学部初立拟定教育宗旨请明降谕旨宣示天下事》，中国第一档案馆藏。

[④] 齐植璐：《天津近代著名教育家严修》，见中国人民政治协商会议天津市委员会文史资料研究委员编：《天津文史资料选辑》第25辑，天津人民出版社1983年版，第9页。

精习者也"，而训诂、金石、校勘、骈文、古近体诗，乃至时文、试帖、律诗统统为"可不学也"。严修对塾师的选择是有自己考虑的，曾任教严氏家馆的陈奉周、陶仲明都是天津士人中较早讲求西学者，严修常与他们研讨切磋。张伯苓也经常说，严范孙先生"读的是旧书，是中国书，但他的见解确不限于中国的旧学。他把时局看得极清楚。他以为中国非改弦更张不可"①。正是基于这种认识，严氏家馆与传授四书五经的旧式私塾不同，教育内容不再局限于读经，而是一天之中半日教授旧学，半日教授新学，突破了传统教育的知识结构，向教育现代化迈出了一大步。旧学由陶仲明执教，西学由张伯苓主持，所授课程有英文、数学和物理、化学等自然科学的基本知识。张伯苓使用的英文课本是一种名叫《科学读本》的小册子。这种教材的选择就很有新意，因为这样可以使孩子们在学习语言的同时接受一些科学教育。英语另教文法，数学则教几何、代数、三角，最后教到立体几何；物理则由力学、光学教到电磁学。张伯苓注重科学实验。1903年，他赴日本参观大阪博览会时，购买多种理化仪器，1904年考察日本教育时，又购置了几箱教学仪器和标本，这在20世纪初的天津颇具超前性。

难能可贵的是严氏家塾还引进了近代体育。在北洋水师学堂求学期间，张伯苓较早地接触到近代体育知识和锻炼项目，兵操全班第一，最擅长爬桅杆，就连校长严复都知道"张小辫"的大名。在严氏家馆开办之时，倡导"尚武"的严修和张伯苓就非常重视体育教育，内容有柔软体操、足球、跳高、角力、哑铃、棍棒等，这些体育项目给学生带来了喜悦和生气。那时，体育器械还不多见，于是张伯苓因陋就简，依照自己在水师学堂学习时使用过的体操用具，绘制哑铃和木棒图样，请人制作。他教学生跳高时，没有跳高架，就用椅子架一根长鸡毛帚代替。没有木马，就让学生曲身、两手撑膝排成一列，然后鱼贯腾越。张伯苓后来有一段回忆，提及这个时期的体育教育。他说：提起体育来，想当年我和几个年轻的人，在严先生的书房中，用两个凳子，

---

① 《南大半月刊》第15期，1934年10月17日。

中间架起一条鸡毛帚,大家跳来跳去,想升高一些,就在两边凳子上再加上两本书,这就是我们最初的体育。①这些健身怡情的体育游戏也成为南开学校普及体育活动的重要内容。

三是教学方法之新。中国传统教育体制和方法束缚了学生的主动性、积极性和创新精神。张伯苓与板着面孔、手持戒尺、用师道尊严约束学生的老式私塾先生完全不同,他不要求学生死记硬背,而是注意在游戏中进行教学。他花很多时间和学生在一起活动,教学生下围棋、打旗语、摄影,一起踢足球,骑自行车,玩whist(桥牌前身的一种游戏),与学生建立起一种新型的师生关系。这些举措在今天看来虽属平常,而在当时的中国却颇为先进。胡适在《教育家张伯苓》一文中写道:"伯苓当时的教授法已极新颖,堪称为现代教育而无愧色。……注重科学和体育,师生共同学习,共同游戏,张氏于此实为中国现代教育的鼻祖之一。"②先生和学生盘起发辫卷起长袍跳来跳去,这在当时是惊世骇俗的举动,自然引起封建卫道士们的强烈攻击。他们大骂"张伯苓小子不得好死"。严修不为流言所动,不但不节制张伯苓,还给他加薪,给予他莫大的支持。

四是推动风气之新。在提倡新风尚、改革旧习俗方面,严氏家馆也走在社会前列。除兴办各级新式学校之外,严修极力推广社会教育,热心革除封建旧习并身体力行。清末,他率先剪去辫子,极力反对嫖娼、纳妾、吸烟、赌博、妇女缠足等社会不良习染,他写的《放足歌》传诵一时。严修的4个女儿都率先解放,实行天足。塾师张伯苓和陶仲明也都主张女子放足。严修还是中国近代女子教育的先行者之一。1902年,他首先在自己家中办起严氏女塾,开创了天津女子学校教育的先河。他把自己的女儿、儿媳以及亲戚朋友的女眷送进学堂,使其成为第一批学生。他的这一举动被《大公报》赞

---

① 《新华日报》(重庆),1942年8月26日。
② 胡适:《教育家张伯苓》,见姜义华主编:《胡适学术文集·教育》,中华书局1998年版,第289页。

为"女学振兴之起点"①。时隔3年后，严修又把女塾扩容为一所涵盖小学和中学的严氏女子学堂，不仅在天津开风气之先，也是全国较早的正规女子学校之一。任教教师均为当时天津教育界知名人士，张伯苓也在女子学堂任教。女学开设国文、英文、日文、数学、理化、史地、音乐、图画等课程，并将文化知识学习与职业教育结合起来，教授女生缝纫、织布等。在当时的社会环境下，这一举措非常有益于妇女经济独立和社会地位的提高。1905年，严修还开办了"保姆讲习所"，这是全国最早培养幼儿师资的学校，为京津培养了第一批幼师人才。同年，他又参照日本的模式创办了严氏蒙养园(幼儿园)，同是中国最早的私立幼儿园之一。

■ 张伯苓与严馆、王馆师生合影

严氏家馆的教育开一代风气之先，受到社会的重视。1901年，天津著名商业"八大家"之"益德王"家第二代传人王奎章也慕名请张伯苓任家馆教师。严馆、王馆学生共10余人。张伯苓每天各半日轮流在两馆执教，这种教书生活持续了三年左右。

---

① 《大公报》(天津)，1903年4月4日。

严修、张伯苓目光高远,志向宏大。他们认为:欲救中国,必须从教育入手,欲使教育完善,必须有一正式的学校组织,而中学居于小学和大学的过渡阶段,是人才培养至关重要的阶段,于是他们"决定先行创办中学,徐图扩充"①。

二、高等教育的初步尝试

以创办中学为阶梯,以创办大学为目标,这是严修、张伯苓既定的宏图大愿。创办私立中学是拓展南开教育体系的关键步骤和重大成就。在南开学校中学部奠定始基后,严修、张伯苓不忘初衷,立即着手创办南开高等教育的初步尝试。

创办私立中学堂

为了将私塾扩展为正式的中学,严修与张伯苓多次东渡日本,学习先进的教育经验。1902年8月10日,严修以私人身份由天津起航,踏上了为期两月有余的第一次日本考察之旅。他参观了日本的大学、小学、幼稚园、职业高中、特殊教育学校、同文书院等,访问了近卫笃麿、大隈重信和嘉纳治五郎等教育家,深入学习日本实行文化改革的经验。在考察期间,严修几乎一天不落地做了详细的日记,涉及范围之广令人惊叹。归国后,严修在天津积极推进新式教育,成绩十分显著。1903年,张伯苓赴日本参观大阪博览会并考察教育,他对日本发达的教育也极为钦佩。

1904年,刚刚就任直隶学校司督办,严修便再次偕张伯苓赴日,重点考察日本学校的教学内容、教育方法、教材建设及教育行政管理,并广泛听取日本教育界和学界的意见。考察活动所获颇丰,"两度瀛山采药归"的严修和

---

① 张伯苓:《四十年南开学校之回顾》,《南开四十周年纪念校庆特刊》,1944年10月。

第一章 育才救国 宏业奠基

张伯苓更加坚定了创办新式学校的信念。通过考察,他们深刻地认识到"彼邦富强,实出于教育之振兴,益信欲救中国,须从教育着手。而中学居小学与大学之间,为培养救国干部人才之重要阶段,决定先行创办中学,徐图扩充"①。

1904年10月16日,严修、张伯苓基于"痛矫时弊,育才救国"之办学目的,以严氏家馆和王氏家馆为基础,成立"私立中学堂",这是天津第一所私立中学。遵照《奏定中学堂章程》规定,学制为5年,校舍仍在严宅。中学堂改建费及学校用具由严修捐助,"益德王"家第三代传人王益孙为学校捐助了理化仪器、书桌、书橱等和部分外文书刊。严、王两家每月各出白银100两(后来增加到200两),共同承担学堂的日常经费。张伯苓任监督(即校长),负责学校全面工作。华午晴、王锡瑜、李士棵为执事,另有教员吴芷洲、胡玉荪等,并且延请天津基督教青年会干事饶伯森(C. H. Robertson)、霍克(Walker)等美国人担任科学及英文教员。王益孙之弟王春江帮办校务。除监督、教员领取薪金外,其余均为义务。除严、王两馆学生外,又面向社会招生,共录取73人,开学后分作3班。在第一期学生中,有后来担任清华大学校长的梅贻琦,担任重庆南开中学校长的喻传鉴及著名教育家、外交家张彭春(张伯苓胞弟)。另设立师范班一个,计有:陶孟和、韩诵裳、严智惺、周旭、孟琴襄、武问泉、邓召棠、韩荫朴、时子周、林次和等10人。两年后,师范班学生毕业,学校挑选优秀学生4人,资送到日本留学,为学校未来发展做人才上的准备,另有4人留校任教。中学堂的课程设置有修身、读经、国文、历史、地理、博物、物理、生理,以上各科用中文书籍教授;英文读本及文法、外国历史、外国地理、数学、代数、几何、化学,以上各科用英文书籍教授。

1905年1月,私立中学堂更名为"私立敬业中学堂",不久又改为"私立第一中学堂"。中学堂很快以办学质量优异而闻名津门。1907年,清朝学部调查天津私立第一中学堂,评语为:"理化器械设备尚完全,学生成绩颇佳,英文程度尤优,教科用西文教授者,皆能直接听受,监督、教员均极热心,日

---

① 张伯苓:《四十年南开学校之回顾》,《南开四十周年纪念校庆特刊》,1944年10月。

求进步,用费亦甚节省。"[1]

严修和张伯苓所为感动了天津许多开明士绅,他们纷纷解囊相助。1906年,郑菊如将自置城南空地10余亩慨然捐赠学校,经张伯苓交涉,换为电车公司附近一处俗称"南开洼"的地方。经过一番周折后,学校于同年8月在南开洼起建新校舍,建筑费由王益孙、严修、徐世昌、卢木斋及严子均等捐助,共计白银2.6万两。1907年,学校迁至"南开洼",遂因地名而改称"私立南开中学堂",学生人数也增加到150余人。1912年10月17日,根据南京临时政府"普通教育暂行办法"的规定,学堂改称学校,监督改称校长,"私立南开中学堂"因此改名为"南开学校"。[2]

■ 南开学校东楼

南开学校倡导德、智、体、美"四育"并进的教育理念,教育教学管理相当严格,教学质量和人才培养质量很好,使学校声名远播,当时社会流行南

---

[1]《学部官报》第二十期,见朱有瓛主编:《中国近代学制史料》(第2辑上册),华东师范大学出版社1987年版,第431页。

[2] 1924年6月15日,张伯苓在校董会上提议:"现本校已有大学、中学、女中三部,各部名称颇不一致,应有规定,以示划一。"范源濂提议,本校各部名称对外应分立,如南开大学Nankai University,南开中学Nankai High School,南开女子中学Nankai Girls High School;对内仍用南开学校大学部、中学部、女子中学。校董会通过该项提议。(校董会记录)

第一章 育才救国 宏业奠基

有明德中学、扬州中学、春晖中学等,北有南开学校之说。来自全国各地的学生纷纷负笈求学,甚至美国、南洋的华侨也不远万里前来报考南开学校。至1917年,学生人数已满千人。梁启超曾经这样称赞南开学校:"校风之佳,不仅国内周知。即外人来参观者,亦莫不称许。"①蔡元培赞许道:"贵校为国中知名之学校。"②卢木斋评价说:"一个私立学校,进步到这种地步,便是努力之成功,贵校风气甚好,前途着实光明。"③

设立专门部

创办大学是严修、张伯苓的夙愿,"其动机同起于甲午之败。其目的同在于求中国民族之自存"。他们深感"普通教育仅为国民教育之初步,殊不足以应国家社会之所求",而创办大学乃是国家发展的根本大计。④在南开学校正常运转之后,便积极筹划,尝试创办高等教育,以谋求学校事业的新发展。

中国近代高等教育事业从无到有,走过了一段艰辛曲折的发展历程。中国第一批具有近代大学雏形的高等学校是维新变法运动的产物。辛亥革命后,中国社会进入了一个新的发展时期,高等教育也有了显著的发展。为全面改革旧的封建教育,建立新的学校教育系统,民国政府颁布了一系列教育改革措施。例如,1912年10月颁布《大学令》;1913年1月又颁布了《大学规程》。与此同时,政府放开了私人兴办大学的权力,颁布了一系列私立大学的成文法规,促进了私立大学的建立与发展。

私立大学与公立大学在教育目标上并无二致,但经费来源和管理上有所不同。民国建立后,中国的私立大学有两种:一种是外国教会利用特权建

---

① 《校风》第56期,1917年2月28日。
② 《校风》第67期,1917年5月30日。
③ 《南开周刊》第1卷第9号,1925年。
④ 华午晴,伉乃如:《十六年来之南开大学》,《南大半月刊》第15期,1934年10月17日。

立的教会大学。民国建立以前,清政府把教会学校视为享受治外法权的外国机构。民国建立以后,教会大学被纳入私立大学范畴立案注册。这些大学经费充足,设备良好,一般采用西方教育制度和管理模式;一种则是中国人开办的私立大学。

由于种种原因,中国的私立高等教育举步维艰。从1912至1917年,中国人创办的私立大学只有7所,不但数量屈指可数,而且发展程度不高。虽名为大学,但真正设本科的较少,"或仅设预科别科,或仅设专门部"①。鉴于此种情况,当时的教育部也不得不采取权宜之策,特颁布告:"本部体察目前情形,为私人办学力图便利起见,应即量予变通,准其附设专门部。"②

从地域上看,这些中国人创办的私立大学主要设在北京及南方省市,没有一所是在天津。而近代天津的教育是有很大发展的,曾经开办了一系列为洋务事业服务的学校,新式的中小学校也纷纷建立,并且最早成立了培养工程技术人才的北洋西学堂,后改名为北洋大学堂。但是总的来看,天津的高等教育并不发达。

为推动天津高等教育的发展,完善南开教育体系,早在1913年,南开学校便开始向高等教育拓展,设立高等师范班,不幸因"经费拮据,半途中辍"③。这是南开学校创办高等教育的初步尝试。

1915年8月,"徇中学毕业生之请求",南开学校增设英语专门科一班,并续办高等师范班,目的是为有志留学或从事教育工作的青年提供深造的条件。1916年8月,南开学校设立高等师范部和专门部各一班,并积极创造条件,准备在专门部的基础上发展为大学。与此同时,学校聘请哥伦比亚大学毕业、获文学硕士及教育学硕士学位的张伯苓胞弟张彭春为专门部主任。

---

① 《教育部整顿私立大学办法布告》(1913年12月),见朱有瓛主编:《中国近代学制史料》(第3辑下册),华东师范大学出版社1992年版,第19页。

② 《教育部准私立大学附设专门部布告》(1913年6月10日),见朱有瓛主编:《中国近代学制史料》(第3辑下册),华东师范大学出版社1992年版,第19页。

③ 华午晴,伉乃如:《十六年来之南开大学》,《南大半月刊》第15期,1934年10月17日。

张彭春提议"改设大学"。

1916年8月22日,张彭春邀集专门部师生举行茶话会,他说:"今专门部将改为大学,即系期望诸生深造,后来庶免有心长力绌之弊,而得左右逢源之妙。大学科目有政治、社会、哲学、心理、经济、教育、中国文学、英国文学、历史等门。德文拟定为随意科之一",并谓"将来悬想之标的,使南开大学生纵不能发明新理,为世界学问之先导,亦决不令瞠乎欧美开源之大后,必与之并驾齐驱。至年限上,则为预科年半,本科二年半。"①

张彭春的讲话说明:第一,至迟到1916年校方已经有了创办南开大学的构想蓝图,包括学制、系科设置和课程安排等;第二,南开大学从一开始就以与欧美大学"并驾齐驱"为目标。但是,办这样一所大学困难重重,不仅师资匮乏,而且缺少校舍和必要的教学设备,最棘手的是没有办学资金。那时,南开学校已满千人,各项开销很大。1916年为增设专门部及高等师范班,虽曾得直隶巡按使朱经田加拨常年补助费5000银元,但因修建食堂,扩充校址,早已入不敷出,寅吃卯粮,以致英语专门科、高等师范班均因经费难以维持,遂相继停办。但是,严修和张伯苓没有在这些困难面前止步,他们"不因两次之失败而灰心,不以经济之拮据而变态"②,仍以顽强的毅力,不屈之精神,继续在兴办大学的道路上迈进。

考察美国高等教育

为了实现筹办南开大学的愿望,严修、张伯苓决定考察美国的私立大学。张伯苓先行,1917年8月去美国留学,9月入哥伦比亚大学师范学院研究教育,受教于著名的哲学家、教育学家杜威(John Dewey)和教育学家、设计教学法创始人凯尔鲍里(Kilpatric)、教育心理学家桑代克(Thorndike)及盖利斯(Galis)等人,专攻近代教育学和心理学。

---

① 《校风》第36期,1916年9月4日。
② 华午晴,优乃如:《十六年来之南开大学》,《南大半月刊》第15期,1934年10月17日。

▬ 1918年,严修、张伯苓等人在美国考察教育时合影
(前排居中为严修,右一为张伯苓,左一为孙子文)

1918年5月,严修与南开校董范源濂、孙子文等人也来到美国。他们先后考察了葛林奈尔大学、哥伦比亚大学、芝加哥大学、旧金山大学的学制、行政管理、科学设备及图书阅览等情况,对美国私立大学教育有了较为深入的认识。他们还广泛接触留学生,积极地为大学物色师资。从7月7日起,每天晚上严修与张伯苓在其下榻处讨论研究教育学的心得。他们互相切磋,有时甚至还有辩论。此番游学考察,使严修、张伯苓对美国大学的组织与发展情况有了较为深入的了解,更深切感受到大学教育对国家的重要。华午晴、伉乃如曾比较详细地介绍了严修、张伯苓等人当时的想法:

> 张伯苓校长与创办人严范孙先生,董事长范源濂先生及董事孙子文先生等先后渡美,考察教育。在外观察其各国内一切设施,与夫人民之图强自立。私人窃叹而觉其所以至此者,不能不归本于教育。诚以教育为人才之母,人才为国家之用,亦凡百事业之所

需。盖以彼邦人才大率出自大学，而大学之组织，有赖于私人经营之力为独多。盖美人素重公共道德，个人财产不尽遗之后嗣，而以公诸国人，集群力以经营，是以陶成一国之人才，促供一国之使用。反观吾国，教育未普，人才不兴；顾瞻前途，不禁感而思奋！比明年，欧战告终，和会初开，默察世界大势，益觉吾国教育之振兴为不可缓。又以普通知识仅为国民教育之初步，殊不足以应国家社会之所求。斯高等教育之设施，遂不容不奋起直追，以与欧美相颉颃，俾定国家根本之大计。此创设南开大学之议所由起。①

1918年11月至12月，严修与张伯苓等人乘船从旧金山返回天津。船过日本，严修得到了长子严智崇在东京病故的噩耗。晚年丧子对严修是一个沉重的打击，但是他强忍心中的悲痛，仍然思考着大学的如何建立。《严修日记》12月19日云："夜不成眠，思量南开大学事。"12月23日，火车过山海关，严修记云："与范、张、孙三君论学事。"严修、张伯苓等人在归国途中详细谋划了筹备大学的各项事宜，南开大学的宏伟蓝图化为现实已指日可待。

三、创办南开大学

1919年，南开大学正式开办。作为一所私立学校，南开大学以育才救国、兴学图强为目的，坚持自主办学，积极争取社会和公众的支持，走出了一条"私立民有""为公利群"的办学道路。

筹办南开大学

1918年12月24日，严修、张伯苓回到天津。当天，南开师生召开欢迎校长回国大会。张伯苓在会上正式宣布创办大学的决定，他说："这次我与

---

① 华午晴，伉乃如：《十六年来之南开大学》，《南大半月刊》第15期，1934年10月17日。

严范孙先生和范源濂先生先后游美,很有收益。一年多来,考察他们的国情及人民的精神,遂知教育是一国之根本。并且一国的人才全由大学产生而来。现在我国教育不兴,人才缺乏,不禁使人感而思奋,要立即创办大学。"① 时子周代表教师致辞时说:校长"既归以后,本校所有一切烦难问题,尽可迎刃而解。如设大学也,添宿舍也,必能次第举办。南开大学之兴当可拭目而待"②。

1919年2月4日,严修与张伯苓、张彭春、马千里、华午晴商议筹办大学事宜,决定成立大学筹备课,张彭春任主任,马千里任课员,负责规划校舍,厘订校章,安排课程。张彭春主持起草了《南开大学计划书》。

1919年2月14日,张伯苓在南开学校第二学期开学典礼上发表讲演,明确了筹办南开大学的计划,谓:

> 前此办过专科二次,好批评者有谓为维持本校运动计而立专科;有谓为维持本校新剧计而立专科;又有谓为校长名誉计而立专科者。若此均不待辩论,识者自知。究竟办大学与不办大学比起来是难是易,于此亦可了然。予前给在美留学生将来本校大学教员凌冰去信,告诉他将来在这办大学是一个很不易的事。这因为予由美来华之先,即曾同凌君谈到办一件新事的困难,而此次无论如何必极力去作。意者或谓,南开中学已千余人,事业非不盛,主其事者何乐不可休息休息!抑知此种思想已十分腐旧,教育的事业乃进的,又安有止境一说?先时教育为扬名声,显父母,而今日则迥乎异矣!教育为社会谋进步,为公共谋幸福;教育为终身事业(life work),予于此至死为止。③

张伯苓这番话生动展现了南开创办者不畏艰难,兴学强国的坚定信

---

① 郑致光主编:《张伯苓传》,天津人民出版社1989年版,第27页。
② 梁吉生:《张伯苓教育思想研究》,辽宁教育出版社1994年版,第208页。
③ 《校风》第117期,1919年3月18日。

心与决心，鲜明地表达了创办南开大学的目的："为社会谋进步，为公共谋幸福。"

张伯苓还谈到了开办大学的重要意义：一是"使青年合于将来社会的习惯，加大学即将其习惯加长，使造成益形坚固之习惯"；二是"中学毕业后，直接在社会上做事不足，故需要有大学的培养"。此外，还有一个原因，"即国中国立的、教会立的大学，虽是不少，然而真正民立的大学却不多见"。①这就是说，南开大学虽系私立，但并非某一人或几人私有，而是要成为"由人民所立之学校"②，为普及教育、培养人才做出贡献。

但是，南开大学能不能办成，社会上许多人持有怀疑的态度。民国建立后，革命成果很快落入北洋军阀手中。各派军阀割据，经年混战，政局动荡，财政空虚。北洋政府无力顾及教育发展，就连国立大学经费都难以保证。北京大学、北京高等师范学校等8所公立专门以上高校的教职员，因政府拖欠薪金，多次发起争取教育经费的抗争，并为向政府索薪而相继罢教。一些人觉得："'张伯苓'先生这位中国人真特别。北平许多学校正在欠薪欠得一塌糊涂，政府的学校都快要关门了，这位张伯苓先生有什么本事，却要在这时候来办个私立大学，这不是自己对自己开玩笑吗？且看他将来如何吧。"③但严修、张伯苓并不是开玩笑，他们抱定教育救国的志向，迎难而上，砥砺前行。

创办私立大学最紧要也最棘手的是经费问题。延揽师资，扩充校址，建设校舍，购买设备，维持教学，都需要有资金保障。为了筹措资金，严修、张伯苓决定通过募捐方式，争取政要、富商的资财转用于百年树人的公益事业。南开大学的开办和最初发展对严修的仰仗颇多，最初接收的几笔大的社会捐款，也多缘自他的社会名望和人脉关系。1919年2月，春节刚过，花甲之年的严修不顾身体疲弱和刚刚经历的丧子之痛，偕张伯苓开始四处奔走。他们到北京遍访蔡元培、胡适、陶孟和等人，征求关于创办私立大学的

---

① 《校风》第117期，1919年3月18日。
② 《校风》第116期，1919年3月11日。
③ 罗隆基：《我对南开的印象》，《南大半月刊》第15期，1934年10月17日。

意见,还在北京、太原、保定等地,先后晤见徐世昌、黎元洪、梁士诒、周自齐、阎锡山、曹锟等一批政要。4月下旬,严、张二人不顾连日颠簸劳顿,去南京会见江苏督军李纯(字秀山)。李纯慨允为南开大学募集创办经费,同时发动北洋军政要员捐资,1919年共自捐及代捐3.7万余银元。严修又派人代表他遍访各省军政长官及教育当局,恳请鼎力相助。在严修、张伯苓等人的努力奔走之下,共募集到8.5万余银元,"聊敷开办之用"。

■ 1919年,严修、张伯苓南下筹款,在南京与天津同乡合影

严修本人也捐款、捐地,以个人财力、物力给予学校很大支持。1919年,他捐购书款2000美元,又捐中文典籍30余种数百册。1920年,捐地折款1.8万银元。1922年捐地五亩多。1924年又以《二十四史》《九通》等数十种古籍赠与南开大学图书馆。

经费有了着落,1919年4月,学校投资3万银元在中学部南面空地建设一座二层楼,作为大学校舍,同时聘请从美国克拉克大学毕业归国的教育心理学博士凌冰为大学部主任。在几经讨论并征求天津各界人士意见的基础上,学校本着"大处着眼小处着手"的原则确定了设科规模。大学部设文、理、商三科,学制四年。这三科规模虽然不大,但却是本着"文以治国、理以强国、商以富国"的办学理念设立的，带有强烈的"育才救国"的实用性。

■ 南开大学初创时的校舍

大学部的招生工作也在有条不紊地展开。学校规定，凡应届中学毕业生与社会青年都可以参加考试。南开中学应届毕业生平日学习成绩优秀者，经"大学免试审查会"审查同意，可以免试入学。9月，学校举行新生入学考试，连同周恩来（文科，学号62号）、马骏（商科，学号2号）①等保送生，共录取96人，其中文科49人，理科19人，商科28人。大学部另有教职员18人。

南开大学成立

1919年，中国大地爆发了五四运动，孕育了爱国、进步、民主、科学的

---

① 马骏（1895—1928），1919年从南开中学毕业进入南开大学。同年，与周恩来、邓颖超等人成立觉悟社。1921年在天津加入中国共产党，成为天津第一批共产党员之一。1922年到哈尔滨从事地下工作，是东北地区中共党组织创始人之一。1925年赴莫斯科中山大学学习，1927年回国后任中共北京市委书记兼组织部长。1928年被奉系军阀杀害。1945年被党的七大确定为革命烈士。

五四精神，实现了中国人民和中华民族自鸦片战争以来第一次全面觉醒。南开大学诞生于五四运动时代大潮之中，有着与生俱来的爱国主义传统和强烈的为国家民族育才、推动中国社会进步的责任、使命与担当。

■ 1919年9月25日南开大学开学纪念合影
（第二排右九为严修，右七为张伯苓，最后排左一为周恩来）

1919年9月25日，南开大学第一届新生开学典礼在中学部礼堂隆重举行。黎元洪、严修、范源濂、卢木斋、孙子文及直隶省长代表与教育厅长王章祜等莅会。

校长张伯苓首先发表演说，他言道：

> 南开中学创办至今已十五年，曾拟创办大学部，至第三次始成立，其一、二两次均因故停止，此次虽遇国家多事之秋，已然成立。查中学自成立以来，造就者达一千二百余名，均分赴各国，或已入他处大学者，彼等得南开大学部成立消息，已多数返津又投校肄业。中学学子之希望如此，惟将来能否发达，皆在职教员诸君进行。

且关于大学部之组织,有反对与赞成两派。其反对派:(一)守旧,(二)执政,(三)社会新派,其反对者亦均有理由;赞成者:(一)赞成国式大学,(二)民的大学。求学者当然注意,尤应时常并解释各种理由。①

黎元洪、范源濂及教授卢易士、凌冰等相继讲话。南开大学这所中国民办大学的旗帜终于树立在渤海之滨。

学校原定在1919年10月17日南开学校15周年纪念日召开南开大学成立纪念大会,因故延至11月22日补开。江苏督军李纯专门发来《南开大学正式成立祝词》,其中言道:

> 深念兹校创始之艰难,设备之完善,不能不赞美校董严先生、校长张先生苦心经营,而得底于成也。……严、张两先生远游美国,觇其国内一切设施,与其人民之所以树立,归而有南开大学之计划,盖由实验而生观感,由观感而思进行,此非徒南开大学之幸,非徒南开大学学生之幸,实我中国前途之幸也。……我南开私设大学既为倡始,尤所爱国诸公相继兴起,庶愈推愈广遍于全国,将来教育勃兴,人才蔚起,图富图强卓然有以据其大本。自兹以往,安知我中国大学不足比美国大学?安知中国人才不足比于美国人才?安知我中国国家不足媲美于美国家?

11月22日,学校召开南开大学成立纪念大会,严修、孙子文、李时臣等各界来宾与会。张伯苓校长致辞:"南开创办十五年,变迁甚速,而教育精神从未改变。盖个人应具固有之人格,学校亦当有独立之校风。我等应付变迁惟有思想活动,而不失本来精神。现在世界正值变迁甚亟之际,国家、社会不如此皆甚危险,愿南开学生以本校之精神为精神,以应付世界之变迁。"②

---

① 《大公报》(天津),1919年9月26日。
② 《校风》第131期,1919年11月27日。

艰难的初创时期

南开大学成立后的最初几年,是最艰难的一个时期。1919年学校开学时,只有一所二层楼校舍,楼上办公上课,楼下吃饭。师资方面,原本就为数不多的教师,有几名又被国立大学高薪聘走。经费方面,更觉支绌。1920年,学校岁出3.35万余银元,岁入2.44万余银元,入不敷出,几乎又陷于难以为继的境地。张伯苓不得不再次南下募款。

办学初期,社会的动荡也不时影响教学工作的正常进行。1920年初,直隶省反动当局镇压天津学生运动,逮捕南开大学师生多人,学校仅剩57名学生。1920年7月,直皖战争爆发,两军激战于京津一带,人民流离失所。南开师生参加妇孺救济会,分队至津郊北仓、杨村一带赈济灾民。不久,学校附近住满了灾民。12月暴发疫情,灾民时有死亡,师生惴惴不安,学校未能举行期末考试便提前放假,直到1921年3月才开学。

虽然困难重重,但南开大学仍在努力发展,并有所创新。1920年,河南省六河沟煤矿董事长李组绅慨允每年捐赠南开大学3万银元,添设矿科。翌年9月,矿科正式成立,招收学生42人,薛桂轮任主任。1921年9月,梁启超接受张伯苓的邀请,来校讲授全校学生的必修课"中国文化史",每周一、三、五下午四时至六时举行,后来每周又增加两个小时,讲座的题目为《中国历史研究法》。他的课极受欢迎,听讲者达数百人之多,天津各校教员、学生来旁听者颇众,扩大了学校影响,推动了南开学术发展。

师生数量也逐年增加。1920年春,学校在天津、上海等地发布招生广告,并委托上海寰球中国学生会代为招生。是年秋季开学时,全校学生达到120名,1921年有226名,1922年增至316人,教职工由建校时的18人增至45人,师生人数为开办时的3倍。学校还有少量外籍教员,如卢易斯(美籍)、罗素(英籍)、白芝(法籍)等。

经费方面,1920年张伯苓代表严修再次拜访江苏督军李纯,因故未得谋面。李纯嘱人转告"南开基金事俾自有办法"。不久李纯暴卒,遗嘱以其家产四分之一捐南开大学作永久基金。1921年4月6日,其弟李桂山的代表赵星五在天津懋业银行会见严修的代表武问泉、校董卞俶成、校长张伯苓及庶务课长华午晴,当面交予民国元年公债券218.8万元(每百元折合22.85银元),及现洋48元整。①学校接收后即存于懋业银行,经费困难稍有转机。从1922年起,北洋政府财政部开始给南开大学拨付整理债券90万元的利息,每月约4500银元。学校经济稍得舒缓。

南开大学还向社会敞开大门。1922年7月至8月,为应对"当时全国知识界学问恐慌","改善国内教育气象",学校借鉴美国的社会办学方式开办暑期学校,希望以此提高在职教员和青年学子的学识水平,振兴国家教育。课程分为4组,分别针对4种人群招生:甲组为小学职教员及北方办事人员而设;乙组为中学职教员及高等专门学校肄业生而设;丙组为中学毕业生及预备投考大学及专门生而设;丁组为高小毕业生及中学一二年级预备投考中学者而设。②1922年共吸引了来自黑龙江、广东、山西等地705人报名,其中还包括2名朝鲜学生。1922年9月出版的《南开周刊》记录了暑期学校的报名情况:"中经直奉战役,截止期近,而报名者寥寥,当事者未免懊丧。但不信此举之终遭失败也,仍进行如初。果也,开学将近,负笈者自远而至,报名者络绎不绝,学生由数十人忽增至数百人,暑期学校之气象,于是为之一振。"

暑期学校课程主讲人可谓名家云集:著名思想家梁启超主讲"中等以上作文教授法",北京大学教授胡适主讲"国语文学小史"和"国语文法概论",陶孟和主讲"教育社会学",中华心理学会首任会长张耀翔主讲"教育心理"和"心理测验",南开大学教授、教育心理学家凌冰主讲"儿童心理学"。1923年,暑期学校还聘请了回国不久刚崭露头角的诗人徐志摩,主讲"近代英文文学"。

---

① 《南开周刊》第2期,1921年4月6日。
② 《南开周刊》第41期,1922年9月。

在教学方面,暑期学校教授的很多内容在中国乃至国际上都具有前瞻性,开设有:"中等以上学校作文教授法""国语文法概论""儿童心理学""社会教育学""教育心理学""教授法原则""英文""化学""物理""数学""体育教授法""女子体育"等课程。

除了日常课程外,学校还邀请了诸多中外学术名家开展讲座。例如,美国俄亥俄州立大学科学教育家乔治·兰森·推士以"科学教授法""教育之动力""设计教学法"为题连续3天在南开演讲,传播先进的教育理念。每逢周末,学校还组织学员参观天津的自来水公司、博物院、陈列所、造币厂以增长见闻。

南开大学暑期学校的社会影响巨大。当时《益世报》《大公报》等媒体对暑期学校进行了系列报道。1923年,正在天津达仁女校任教的邓颖超参加了南开大学第二期暑期学校学习。

中国最早招收女生的大学之一

1920年9月,南开大学开始推行男女合校制度,成为中国最早招收女生的大学之一。受"女子无才便是德""男女授受不亲"等封建思想的影响,中国大学开放女禁的过程颇为曲折。南开大学成立时,社会对于男女同校学习尚有争议,中国人自办大学尚无招收女生的先例。对此,一些教师甚表遗憾。在1919年9月25日南开大学开学典礼上,卢易斯教授(美国籍)就曾提出:"大学中没有女生,这是跛行教育,这还是半身不遂的教育,甚盼望南开要办女子中学,以备入大学,使女子在本国有研究高等知识的机会。"[①]

南开大学的主要创办人敢于开风气之先,他们站在时代的风口浪尖,一致赞同招收女生。早在严氏家馆时期,严修、张伯苓就主张女子解放,接受教育。严氏女塾开创了天津女子学校教育的先河。大学部主任凌冰认为:"南

---

① 《校风》第132期,1919年12月5日。

开大学可以男女合校。"大学部庶务主任马千里在《校风》上著文《南开中学应当添招女生的建议》,认为南开中学招收女生易与南开大学衔接,女生入大学后可以同校同班。1919年12月,南开学校呈教育部《改革女学制度案》,指出"男女教育,理论上、实际上均不应为严格之区别,况共和国家男女皆有受平等教育之权利,教育者不宜歧视之"①。

——20世纪20年代初的南开大学女教师和女学生

1920年,南开大学向社会公开宣布,实行"受业学生男女合校的制度,男生、女生皆可以入学"②。是年秋季,女生许桂英考入文科。《校风》第138期载文称赞她为"中国教育之光,更是中国女子之光"。③这一年,只有南开大学、北京大学、南京高等师范学校等寥寥数所高校招收了第一批女生。到1923年,南开大学女生已有36人。翌年2月,女生同学会正式成立,设自治部、娱乐部等。实行男女同校,在当时有着开创新风气的深刻意义,男女受教育权的平等在高等教育上初步实现。

---

① 《校风》第132期,1919年12月5日。
② 邹宗善:《南开的大学》,《校风》16周年纪念号特刊,1920年10月。
③ 《校风》第138期,1920年9月11日。

第二章　知中国 服务中国

初创时期的南开大学以"知中国、服务中国"为办学宗旨，从中国的实际出发，创造性地吸收西方大学的办学经验，在探索中走出了一条独具特色的办学道路，成为20世纪二三十年代中国最著名的私立大学。这一时期，也是南开大学历史上一个重要的发展阶段。

一、迁址八里台

南开大学创建于南开洼，兴盛于八里台。1923年，学校迁入位于天津城南八里台的新校址，历经十几年的辛苦耕耘，在一片荒地上建成了中国北方的教育重镇。南开大学的事业发展备受世人瞩目，正如曹禺曾经说过的："知中国者必知天津，知天津者必知八里台，知八里台者必知南开。"

迁址八里台

随着招生规模的扩大，校舍紧张的状况日益凸显。学校当时共有教职员31人，学生226人，几乎三倍于开办之时。1922年，南开大学在上海、河南、天津招收新生76名，全校学生达到316人。此时的校址不广、屋舍狭窄，成了突出矛盾。学校决定寻找新的校址。

校址迁到什么地方？张伯苓等人颇费思量。当时天津市内的地价昂贵，离市区稍远的地方也得二三百元一亩，学校经济能力不能承受。况且寻找数十亩的理想处所也很不容易。正在犯难之时，听说八里台有永租地，地点离南开中学不过5里，地价只需学校每年稍出租钱即可。1922年3月，学校以年租200银元租得天津城南八里台村北、村南两段公地400余亩作为新校址，并立即向银行临时押借建筑费。5月开始由基泰公司承包，兴建教学楼、男女生宿舍、教员住宅等9栋建筑。

选定新校址对于初创的南开大学来说，是一个颇有远见而又大胆的决定。在地理位置相对偏僻且四面环水的八里台建校，困难可以想见。那时的八里台很荒凉，除村民耕种的稻田之外，到处是水洼荒地，芦苇丛生，野草蔓蔓。但是，仅经过一年的艰苦努力，一座崭新的大学校园就被建了起来。1946年6月，曹禺和老舍在纽约为庆祝张伯苓70寿辰，联袂赋诗一首，其中写道："在天津，他把臭水坑子，变成天下闻名的学堂，他不慌，也不忙，骑驴看小说——走着瞧吧！不久，他把八里台的荒凉一片，也变成学府，带着绿

▬ 早期南开大学八里台校门

柳与荷塘。"这里讲述的便是南开大学从"南开洼"(南开学校所在地)走向八里台的传奇。

1923年6月，教学楼及男生第一宿舍首先交工。教学楼名为"秀山堂"，并立李纯(李秀山)铜像，以资纪念。当时，正值学校第一届学生毕业，毕业典礼就在"秀山堂"举行。6月28日，21名毕业生身着方帽宽袍的学士礼服，来到八里台，受到200多名各界来宾的祝贺。典礼时，张伯苓、梁启超相继致辞，然后颁发毕业文凭。这是南开大学经过4年艰苦奋斗，第一次向社会输送的本科毕业生。1923年9月，南开大学正式从南开学校内迁入八里台新校址。学校随之迈入了一个新的发展阶段。

大学制度初步形成

学校的各项管理制度日趋完善，学校治理井然有序，初步建立了社会参与、自主管理、依法治校、民主监督的大学制度。

私立南开大学时期，学校实行董事会(校董会)下的校长负责制，初步明确了社会参与的发展决策机制与校长负责的行政执行机制，凸显了大学的自治功能。董事会原称董事部，成立于1919年初，由严修等人组成。1920年3月组建了新的董事部，延聘范源濂、严慈约、孙子文、李琴湘、蒋梦麟、王瑾明、陶孟和、刘芸生、卞俶成等为董事。1921年改称董事会。1929年，根据当时教育部规定，董事会统一更名为校董会，由9人组成，任期3年，每年改选三分之一，可以连任。除了校董会外，矿科、商学院及经济学院还聘有各自的董事。全面抗战爆发前，校董会由胡适、蒋梦麟、李组绅、范旭东、丁文江、卞寿孙等组成，其间曾经担任董事的还有颜惠庆、卢木斋、李伯芝、周自齐、武问泉、阎子亨等。董事长最初由范源濂担任。范源濂于1927年12月逝世后，改选颜惠庆继任。根据《南开大学章程》规定，校董会的职权是：(1)聘任校长；(2)筹备本校经费；(3)议决预算及审查决算；(4)对于本校章程之制定变更或撤废予以同意。

第二章 知中国 服务中国

南开大学的管理向以精干高效著称于世。学校创办初期,设有大学部主任,协助校长负责校务。校长办公室设秘书若干及教务课、庶务课、会计课、训育课、建筑课。各课一般只有课员1—2人,人员精干而工作高效。喻传鉴、华午晴、伉乃如、孟琴襄等4位行政管理骨干被誉为"四大金刚",他们是张伯苓的得力助手,是南开校务行政的主要支柱。20世纪30年代,根据当时教育部规定,改科为院后,学校取消大学部主任。学校的行政组织主要有教务处和秘书处。教务处设注册课、图书馆、体育课。秘书处由校长聘任秘书长1人,设秘书若干及会计课、庶务课、建筑课和学生指导委员会。此外,学校还设有一些重要的会议制度,如教务会议、事务会议等。学校机构简单,人员精干,规章健全,职责明确,因而办事效率很高,办学成绩显著。

南开很早便实行校务公开,师生合作,教授治校,民主管理。张伯苓明确讲:"南开,不是校长一人之南开,是大家的南开。""学校一切事,不是校长一人号令,应大家共同商量。"①1921年1月,张伯苓邀约教职工及各班学生代表共20人,在北京香山慈幼院商讨学校改革事宜,经过6天讨论,确立了"校务公开,责任分担,师生合作"的校务管理方针。同年3月,成立师生校务研究会,选举凌冰、钟心煊、余文灿、华午晴及学生黄肇年、袁祥和为师生代表,就学校各种问题提出议案,提交学校加以改进。1924年3月,学校又提出"开诚布公,根本改良",号召学生帮助学校推进改革。同年11月,教员会成立,学校特辟秀山堂104室为教员活动室。教员会以"联络感情,交换知识,促进共同生活,协谋本校发展为宗旨",对学校各项工作提出改进意见。在办学过程中,南开大学逐步形成了多方参与、通力合作的治校传统,师生关系融洽,师生与校方关系和谐。

教授民主参与办学治校的制度设计主要体现在设立教授会及评议会。早在1923年10月,教授会成立,选举李济、杨石先、薛桂轮等5人为学年委员,组织教员活动,并对学校教学工作提出改进意见。各科、系也相应设立教授

---

① 陈文波:《香山会议案之提要及我个人之感想》,《南开周刊》第1期,1921年4月1日。

会,以发挥教授之自治力。为了加强民主管理,广泛听取各方面的意见,学校进一步调整、健全组织机构。1924年3月,决定在董事会下设评议会,由校长、教务长、秘书长、各院院长、教务会议选举教授2人,校长在教职工中指派2人组成,"专司评议全校一切大政方针",学校的重大决策都要经评议会讨论,体现民主治校原则。

学校注重建立健全各种规章制度,对学校事务进行规范化管理。张伯苓很早就提出要建设"法制"学校,他说:"本校政策即将学校作成一法制学校,总不使一人之去留影响于全校,如古籍所云'人存政举,人亡政息'之意,则可耳! 各事既有秩序,则无论何人视事均能依旧进步。其能力强者能扩充之,虽较弱者亦无退步之虞,使之坚固永久。"①从1921年到1935年,南开大学先后有6部办学总章程问世,各种配套规章不断修订,由校董会、校长、评议会、教务会议、事务会议等构成的学校内部治理结构不断完善,组织管理规定不断清晰,"形成了较为完善的自主办学、自主管理、自我负责的制度运行机制","南开大学现代大学制度的轮廓已经初步形成"②。

学校事业的发展

张伯苓常说:"一个教育机关应该常常欠债。任何学校的经费,如在年终,在银行里还有存款,那就是守财奴,失去了用钱做事的机会。"③开办南开大学可谓是白手起家,但学校的创办者们从不因经费困难而放弃筹谋学校事业的新发展。南开大学迁入八里台后,特别是1927年到1937年全面抗战爆发前,步入了快速发展时期。

迁入八里台后,学校办学规模有了较大拓展,学科建设也颇具特色。

---

① 《校风》第37期,1916年9月11日。
② 梁吉生主编:《南开大学章程规则汇编》前言,南开大学出版社2014年版,第1页。
③ 胡适:《教育家张伯苓》,见姜义华主编:《胡适学术文集·教育》,中华书局1998年版,第290页。

张伯苓常说:"南开没有钱,将来发展难,必须得着自己的特色。"①学校坚持独立自主的办学方针,从教育救国的办学目的和天津工商业城市特点出发,进行科系建设。1923年,学校设文、理、商、矿(1926年停办)4科外,还增设预科,学生总数为326人,教职工56人。1925年8月10日,初具规模的南开大学经北洋政府教育部核准立案。1926年3月,学校对文科进行重大改革,裁并文科5系,以政治、经济两系为主,历史、哲学、教育心理3系为副,集中5系的教授和学生,贯通所授课程,"分工合作,各献其所长",促进学科发展和教育质量的提高,"以应现实中国之需要"。1927年,学校成立社会经济研究委员会。1930年,按照国民政府教育部规定,文、理、商3科改为文学院、理学院、商学院。同时在理学院增设电机工程系,其后两年又相继成立化学工程系、应用化学研究所。1931年5月,学校把文学院的经济系与社会经济研究委员会合并,成立经济学院,承担教学科研的双重任务。1934年,国民政府教育部以《大学组织法》中无经济学院名称为由,而令行改组。是年秋,经济学院奉命撤销,在商学院中添设经济系,以继续经济学院原有的教学工作。同年,社会经济研究委员会改为商科研究所经济学部(简称经济研究所)。到1937年全面抗日战争爆发前夕,南开大学共拥有文、理、商3个学院,12个系和2个研究所,学生429人,教职工百余人。

学校会集了一批名师。张伯苓曾说:"此数年间,与吾校同时而起之大学,如东北、西南、东南、河北、鄂大及厦门等,皆耸动一时。而至今除东南、厦门与南大三校外,他将成为泡影,或至今尚未实现。"②在他看来,南开大学能在残酷的竞争中生存下来并有所发展的关键因素,是拥有一批高素质的教师队伍。凌冰、姜立夫、饶毓泰、邱宗岳、杨石先、应尚德、李继侗、熊大仕、蒋廷黻、李济、萧公权、徐谟、张忠绂、张纯明、张平群、何廉、方显廷、陈序经、李卓敏、黄钰生、张彭春、柳无忌、司徒月兰、冯文潜、张克忠、张洪沅、

---

① 张彭春:《清华学校日程草案》(1923年1月—1925年12月),见龚克主编:《张伯苓全集》第1卷,南开大学出版社2015年版,第225页。

② 《南开周刊》第41期,1922年9月28日。

章辑五等一大批名师云集南开。竺可桢、汤用彤、萧叔玉、范文澜、罗隆基、吴大猷、董守义等也都曾在南开短期任教。

由于受到办学经费的限制,张伯苓在建校之初就提出从南开实际出发,建立一支精干的教师队伍的思想。学校在延聘人才的同时,注重对青年教师的培养,这一远见卓识之举,造就了不少优秀人才,许多青年才俊在很短的时间内就崭露头角。1987年,著名物理学家、南开校友吴大猷发表《南开大学和张伯苓》一文,他写道:"南开在声望、规模、待遇不如其他大学的情形下,藉伯乐识才之能,聘得青年学者,予以研教环境,使其继续成长,卒有大成,这是较一所大学藉已建立的声望、设备及高薪延聘已有声望的人才为'难能可贵'得多了,前者是培育人才,后者只是延揽现成人才。我以为一所优良的大学,其必需条件之一,自然是优良的学者教师,但更高一层的理想,是能予有才能的人以适宜的学术环境,使其发展他的才能。从这观点看,南开大学实有极高的成就。"[①]

优良的学术环境是学校吸引高水平人才的优势所在。南开校风敦本务实,脚踏实地,学生专心向学,教员授课认真。曾在南开大学任教的范文澜说:"予任南开学校教职,殆将两载,见其生徒好学若饥渴,孜孜无怠意,心焉乐之。"[②]1926年,刚刚获得耶鲁大学博士学位的何廉在回国途中,收到了南开大学的聘请函,聘请他担任财政学与统计学教授,开出的月薪为180银元。而在他离开美国之前就接到暨南大学月薪300银元的邀请。考虑之后,他决定舍弃高薪选择南开。他所看重的正是京津地区相对较高的文化教育水平以及南开严谨务实的学术环境。何廉回忆说:"我们每个人确实都是以一种献身精神工作的,大家都全力以赴尽量当好年轻一代的师表。我们的全部心血都倾注到学生身上,把所有时间都花在南开校园,教授中没有一位

---

① 吴大猷:《南开大学和张伯苓——大学和校长的特色》,见王文俊等编:《南开大学校史资料选(1919—1949)》,南开大学出版社1989年版,第75—76页。
② 范文澜:《范文澜全集》第3卷《自序》,河北教育出版社2002年版,第5页。

第二章 知中国 服务中国

到别处兼职。"①方显廷从美国耶鲁大学毕业回国后,便有3份待遇优厚的工作在等待着他。在当时就社会地位、工作条件和生活待遇来说,这些工作都具有很大的吸引力。然而,方显廷的同窗挚友何廉却力劝他到南开大学来。他毅然放弃了3倍于南开大学所能给予的优厚待遇,北上天津。方显廷晚年回忆起这段岁月时深情地说:"在南开的岁月是为事业奋斗的岁月,那是忙碌而又令人激动的岁月。在具有鼓舞人心领导艺术的张伯苓校长与何廉教授的带领下,建立起中国第一所进行经济研究和培育研究人才的学术机构,是我事业得到满足的源泉。那些年是我毕生事业最出成绩的岁月。"②

南开大学教师的待遇虽低,但学校从不欠薪,这在当时社会动荡的情况下,十分难得。蒋廷黻回忆在南开大学任教时说:"在我返国时,大多数学校都发不出薪水","于是老师也就无心上课,大多数老师都尽量兼课,因为薪水是按钟点计算的。某些老师成了兼课专家","教育完全成了破坏道德的东西。这种情形在南开是没有的"。③

真挚的感情因素在吸引人才、留住人才方面往往能起到很大的作用。张伯苓校长严于律己,诚恳待人,亲切和善,凝聚人心,努力营造"家庭学校"的良好氛围。何廉回忆说:"1926年7月中旬,我刚到达天津不久就去校长办公室拜谒张伯苓校长,他十分热情地接待了我,而我立即被他的堂堂仪表所吸引,因为他比一般的中国人都要高大魁梧得多。当时他50岁左右,神采奕奕,生气勃勃。多年来我与他的交往发展到十分亲密的程度,我对他的为人也了解得越来越多了,张伯苓成为鼓舞我工作的动力。"④南开汇聚了一批甘于清苦、任劳任怨、教书育人、专心治学的优秀人才。当时报纸载文云:"其教授待遇虽不优,而能奋勉从事;有教授在职十年,其他大学虽以重金邀

---

① 何廉著,朱佑慈等译:《何廉回忆录》,中国文史出版社1988年版,第39页。
② 方显廷著,方露茜译:《方显廷回忆录》,商务印书馆2006年版,第93页。
③ 蒋廷黻著,谢钟琏译:《蒋廷黻回忆录》,东方出版社2011年版,第94页。
④ 何廉著,朱佑慈等译:《何廉回忆录》,中国文史出版社1988年版,第38页。

约,亦不离去者。"①

正是由于教师热衷于教育事业,加之学校以诚待人且管理严格,南开大学的教学效率在近代中国教育史上占有突出地位,教育效能之高为国内大学所称誉。例如,1931年南开教师人数42人,学生数467人,每百名学生拥有教师数9人。放眼国际,在同期教育水平较发达的美国、苏联、德国、英国,每百名学生中的教员数分别是7人、8人、5人、10人,可见当时南开的生师比已经达到国际水平。曾为南开学子的吴大猷说过,论历史、规模和师资阵容,南开与北大、清华不能比拟,但社会、政府为什么重视南开?"无疑的,我认为是他的教授和课程的高水准。"②陈省身也回忆,"南开的数学系那时以脚踏实地见长。姜立夫先生教书是极为认真的,每课必留习题,每题必经评阅"③。学校管理严格,学风踏实。南开大学秘书长黄钰生曾说:"南大相信的只有两件事:人格,学问——用工夫修养来的人格,老老实实求来的学问。到南大来要读书,要作实验,要守规矩,要考试。怕难的不必来,求安逸的不必来,好奉承的不必来,服了这口气的不必来。"④当时的南开大学,诚如他们所言,是厚基础、博知识、强能力、高素质、严要求的,这为培养高质量的优秀人才创造了条件。南开大学的教育质量获得好评,毕业生的学习成绩单被美国、英国的大学承认,准予攻读高级学位。

全面抗战爆发前的南开大学是一所不以营利为目的的私立学校,学生缴费仅占学校收入的一小部分,校产与基金利息也为数不多,经费来源主要靠私人捐款、团体资助。张伯苓自称是"化缘的老和尚",又说自己是"变戏法的"。他经常奔波筹资,这其中既有收益,也坐过冷板凳,挨过白眼,但其坦然面对,并不介怀。他说:"虽然有时向人家求见捐款,被其挡驾,有辱于

---

① 《庸报》(天津),1930年5月14日。
② 吴大猷:《南开大学和张伯苓——大学和校长的特色》,见王文俊等编:《南开大学校史资料选(1919—1949)》,南开大学出版社1989年版,第73页。
③ 陈省身:《陈省身文集》,华东师范大学出版社2002年版,第20页。
④ 黄钰生:《大学教育与南大的意义》,《南开大学响导》1930年5月。

脸面，但我不是乞丐，乃为兴学而作，并不觉难堪。"在热心教育的社会人士捐助下，南开大学校园建设颇为齐整，仪器设备也日趋完备。

1925年秋，由美国罗氏基金团(现称洛克菲勒基金会，The Rockefeller Foundation)捐资12.5万银元，实业家袁述之捐资7万银元共同兴建的科学馆正式竣工，建筑面积3952平方米。10月17日，学校举行科学馆开幕式，为纪念两方捐资者命名为"思源堂"。思源堂建成后，理科4系(算学系、化学系、物理系、生物系)的教室和实验室都设在馆内，图书馆也由秀山堂迁入科学馆二楼。

1927年，著名教育家、藏书家、刻书家卢木斋捐资10万银元，兴建图书馆。1928年10月17日，学校举行木斋图书馆落成庆典。木斋图书馆以美观、坚固、实用著称，楼为丁字形，建筑面积约3600平方米，馆内有可容纳20余万册图书的书库及400个座位的阅览室，楼下有研究室、期刊室多处。馆内还特设区域分别陈列校园微缩模型及照片，展示南开的地理环境和发展历程。

1929年，天津人陈芝琴为学校慨捐3万银元建造女生宿舍楼，1930年建成后命名为"芝琴楼"。芝琴楼是一座状如长方盒子的小楼，长约40米，宽

▰ 早期校园南部全景

约20米，占地约800平方米。当年的芝琴楼前遍栽桃花，成为南开园中的独特风景。

20世纪30年代初，南开大学已经成为城南一处优雅宁静的世外桃源，天津著名的风景游览区。当时，诗人柳亚子在南开大学赋诗称道：

> 汽车飞驶抵南开，
> 水影林光互抱环。
> 此是桃源仙境界，
> 已同浊世隔尘埃。

南开大学的仪器设备价值在当时的私立大学中名列前茅。据国民政府教育部统计，1931年度南开大学教学设备总值达115520银元。在19所私立大学中占第5位。与13所国立大学比，超过北京大学、北平大学、北平师范大学、暨南大学、同济大学、上海交通大学和四川大学等。以学生平均设备费计算，在全国列有设备价值的38所大学中，南开大学占第13位。

学校的图书资料日趋完备。"南开对其图书馆的投资是相当慷慨大方

■ 20世纪30年代化学实验室

第二章 知中国 服务中国

的。^①建校初期，图书有五六千卷。到1924年10月，学校共有中文书4000余册、西文书8672册，另有杂志133种，报纸9种。1928年，卢木斋以其家藏中文书3万余卷捐赠南开大学，在他的带动下，李典臣、李组绅、颜惠庆等热心教育的社会贤达亦先后向南开大学捐赠藏书，加上历年所购，至1934年，图书馆共有中外文书刊14.5万余册。1936年图书馆藏书20余万册。馆藏中除数百种元明善本以外，尤以数学书刊的质量为当时国内罕有，各国最重要的该学科期刊都很完整，来访的外国学者亦称羡不已。

"为私立学校中之成绩卓著者"

短短十余年间，南开大学作为一所规模不大的私立大学，以其鲜明的特色、优良的校风、高水平的课程与稳定的师资阵容，在国内外赢得了良好的声誉。

南开大学办学质量之高也是当时教育界、学术界所公认的。1921年9月，梁启超受邀参加学校开学典礼时说："我们要希望大学能办得欧美那样好，能发扬中国固有的学术，不能不属望于私立的南开大学了。南开师生有负这种责任的义务。如是南开大学不独为中国未来私立大学之母，亦将为中国全国大学之母。"^②梁启超曾经要办一所中国大学，没有成功，所以他对南开寄予了很高的期望。1927年10月，梁启超为南开学校建校23周年纪念手书"弘毅"二字，并题《祝词》："频年丧乱频仍，全国教育破产，本校实岿然鲁殿灵光。任重道远，薄海属望。愿以此两字，与多士共勉也。"^③1921年12月3日，美国教育家、哥伦比亚大学教授孟禄参观南开大学及中学各部，他指出："来华游历南北，参观各地学校，以南开为最善。教授法即能利用问答、背诵二法，故学生程度极高，学校进步极速也。"^④教育家陶行知在

---

① 何廉著，朱佑慈等译：《何廉回忆录》，中国文史出版社1988年版，第59页。
② 《南大周刊》第13期，1921年9月28日。
③ 梁启超：《南开二十三周年纪念祝词》，《南中周刊》第31期，1927年10月17日。
④ 《大公报》（天津），1921年12月5日。

1934年赋诗曰:"什么学校最出色?当推南开为巨擘。"① 胡适在1947年撰文指出:"南开与张伯苓两个名字,在中国教育史上永占光荣的一页。"②

1926年3月,中华教育文化基金董事会派调查团陶行知、李耀邦、钱崇澍、祁天锡、窦约翰等人来南开大学参观。该调查团报告认为:

> 南开大学创办于民国八年,为国内办理最有成效之私立大学,校长张伯苓先生与积学之教授通力合作,精神至佳。校内教学、训育各方面,生活均极健全。学生分配廿二行省,其教育影响已不限于一地方而普及全国。学额限定为五百人,名额较少,训练可期完密。科学方面,该校已竭其财力所及锐意经营,尤以化学、物理为最优,但教授及设备均亟待补充,俾臻完善。该校资产已有二百五十万,由私人捐助,政府补助者较他校特多,足征社会之信仰。本会视察员之意,在私立大学中其应得奖励与补助者,莫南开若。兹提议本会酌量情形予以最高额之补助金,以宏私立大学教育之效益。③

调查团对南开大学的办学成绩给予高度的评价。随即,中华教育文化基金董事会议决,3年内补助南开大学10.5万银元,专为扩充理科之用。

民国时期的历届政府均给予南开大学很高的评价。1925年11月,北洋政府教育部考察评价称:"就中国公私立学校而论,该校整齐划一,可算第一。"④ 1930年3月,国民政府教育部评价南开大学"为私立学校中之成绩卓著者"⑤。1930年5月20日,国民政府教育部视察员对南开大学的评语是:

---

① 陶行知:《陶行知全集》第7卷,四川教育出版社1991年版,第187页。
② 胡适:《教育家张伯苓》,见姜义华主编:《胡适学术文集·教育》,中华书局1998年版,第289页。
③ 天津南开大学理科学会:《理科学会周年纪念册》,1928年。
④ 《视察员对南开之批评》,《晨报》(北京),1925年11月23日,第6版。
⑤ 梁吉生:《张伯苓年谱长编》中卷,人民教育出版社2008年版,第91页。

第二章 知中国 服务中国

南开大学,设备虽受经济限制,然颇能以一文钱作两文钱用,如数学系近购有十三种曲面及曲线数学标本,为国内其他大学所不经见者。其教授待遇虽不优,而能奋勉从事。有教授在职近十年,他大学虽以重聘邀约,亦不离去者。其学生程度亦甚整齐。余等观察时,见商科二年级上经济课,男女生俱以英语笔记,敏捷正确,全班皆然。……张伯苓校长语余曰:"南开在十年内,大学生决不扩张至五百名以上,庶良好之校风易于培养,而基础可以稳固也。"①

不仅学界、政界对南开给予了高度评价,当时天津民间也流传着一种说法:"天津卫有三桩宝:永利、南开和《大公报》。"②

"南开,难开,越难越开。"张伯苓经常用这句话鼓舞师生知难而进。在经费保障方面,南开既没有国立大学的"得天独厚",也没有教会大学的"养尊处优"。经费支绌,年度亏损,始终是一大难题。但是,南开大学的创办者们从不气馁,百折不挠。1929年,张伯苓在纽约接受采访时说:"我们由家馆创办了我们的学校,一开始什么都没有。""我们没有钱,没有地,没有房子,没有设备甚至没有家具。我们什么都没有,但是有精神。""我不过多地看重物质,我更看重精神,赋予学校生命的精神。"③他还说:"南开是私立学校,全校总支出超出学费收入甚多。南开要长!长!长!日日新,必须扩充建筑及设备,所以南开之'南',也许是困难之'难'字,不过我总是乐观的,不怕困难。缺乏经费,决不能阻止南开之发展。"正是靠着这股实干、苦干、拼命干的自强不息精神,南开大学的事业发展日新月异,走出了颇具特色的办学道路,堪称中国现代大学史上的一个奇迹。

---

① 《教育部视察员对本校之评语》,《南大周刊》第87期,1930年5月20日。
② 章用秀:《天津老俗话》,天津人民出版社2011年版,第207页。
③ 弗兰克·B.楞次:《张伯苓之人格魅力》,见梁吉生:《张伯苓年谱长编》中卷,人民教育出版社2008年版,第45页。

二、"土货化"改革

"南开之演化,实吾国革新运动历史之缩影。"南开大学也经历了一个从照搬西方大学办学模式,到积极探索高等教育中国化的历史过程。

"轮回教育风波"

近代中国,社会发展迟滞,国家积贫积弱,备受列强凌辱,而导致这种现象的主要原因之一是帝制条件下形成的传统教育缺乏现代元素,这使得学习国外先进经验成为中国教育改革无法回避的必然过程。严修、张伯苓等人清醒地认识到要振兴中国,必须打破"复古"与"保守",向西方先进国家学习借鉴成功经验。他们先是师法日本,后又仿效美国。与国际先进教育接轨,对于初创时期南开大学的事业发展起到了积极的作用,学校的教学及管理从起步之时便具有较高的水准。

但是,与当时众多中国大学一样,创办初期的南开堪称"洋货化"。学制来自美国,教师多为留美学生,仪器设备多是美国制造,教科书不是英文原本就是英文译本,就连生物课所用的蚯蚓也是美国货,为的是与美国教科书相一致。这种机械的全盘照搬的做法"既非学生之需要,又不适于中国国情",也与南开学校"求民族自存"的教育目的相背离。学生们甚至把这种做法比作在喉之"鲠",不断提出意见。

学生们认为美国式的学制只注意狭义的机械式的人才的培养,使学生没有自动学习的机会,教师只知道往学生脑子里装东西,结果"把有希望的青年训练成一种转贩知识的被动的工具"[①]。在成绩评定上,太重考试和分数,造成大多数学生选给分宽的教授的课"凑积点","拜分主义的结果,只

---

① 杨周熙:《对本校学制的一个意见》,《南大周刊》第33期,1926年5月17日。

知道注重书本"①,而忽视实践能力的培养。在课程安排上,课时量过大,学生一般每周至少要上20小时课,每门功课至少有10—20页作业,参考书更多,总计每周占80小时。在课程讲授上,除国文外,全部用英文授课,学生常"为西文书籍所困,而不能读中国书"。为此,学生们对"大学教育是否应当影照其本国之文化与需要,而定教育方针、课程设备"②展开了公开的大讨论,并提出:大学学制不宜照搬美国学校之规则,要求学校"能多多根据本国的国情,定出一个比较为中国化的大学学制"③。1925年4月,80余名学生联名向学校提交意见书,"要求教授讲课尽用国语"④。上述意见集中反映了广大学生要求大学教育适合国情的强烈愿望。

张伯苓和学校的管理者及许多教师也在不断反思,着手进行改革,积极探索使新式教育中国化的途径。1924年4月,学校派出6位教授赴京参观北京各大学,了解理科情况。5月,教授会议决议改革考试,平日考试最优之学生,由教授斟酌可以免去学期考试,以平日所得之成绩为学期考试的成绩。接着,又派出大学秘书长、校长办公室秘书等,去日本了解改进教育的情况。

1924年爆发的"轮回教育风波",成为南开大学彻底进行本土化教育改革的催化剂。11月28日,商科学生宁恩承以"笑萍"为笔名,在《南大周刊》第8期上发表了题为《轮回教育》的文章,在师生中引起了轩然大波。文中批评道:

> 大学毕业后暂先不向回转,是往前转。先到美国去,在美国混上二三年、三四年,得到一个什么EE、MA、D等,于是架上一架洋服,抱着两本notebook回家来,作一个大学教员,不管他是真正博士也

---

① 杨周熙:《对本校学制的一个意见》,《南大周刊》第33期,1926年5月17日。
② 《读汪君"三年来未吐之鲠"》,《南大周刊》第2期,1924年4月21日。
③ 杨周熙:《对本校学制的一个意见》,《南大周刊》第33期,1926年5月17日。
④ 1925年4月,80余名同学联名向学生会提交意见书,转请学校实行用国语讲授。

好,骗来的博士也好,"草包"博士也好,上班捧着他自外国带来的 notes 一念。不管它是是非非,就 A、B、C、D 的念下去。一班听讲的学生,也傻呆呆的不管生、熟、软、硬就记下来,好预备将来再念给别人。……一个人曾和我说,他的教员有一个大本。这大本就是他的武器。假如若有人将他这大本偷去,他必放声大哭,收拾行李不干了。这话虽然说的过苛,但是也可见一斑了。

这些教员所讲的,内容多是些美国政治、美国经济、美国商业,美国……美国……美国……他们赞美美国和冬烘先生颂扬尧舜禹汤一般。一班学生也任他"姑妄言之",我们"姑妄听之"。一年,二年,直到四年,毕业了。毕业后也到美国去,混个什么 M,什么 D,回来依样葫芦,再唬后来的学生。后来的学生再出洋按方配药。这样循环下去,传之无穷,是一种高一级的轮回。……这样转来转去,老是循着这两个圈子转,有什么意思呢?学问吗?什么叫做学问!救国吗?就是这样便算救国吗!①

宁恩承的文章虽然有些尖刻,却一针见血地指出了当时大学教育与中国社会实际相脱离的严重问题,因而在社会上引起强烈反响,中外报纸竞相转载。广大同学从切身体会出发,赞同该文的观点,呼吁学校实行教学改革。

一些教授不满《轮回教育》一文的刻薄,"认为学生有意侮辱教员",乃联名致函校长,要求惩办作者,并相率罢教。师生双方僵持不下,校董丁文江到校调解无果,张伯苓校长左右为难,只得以退为进,离开学校。全校停课两个月。12月底,学校宣布提前放假,学期考试定于转年开学时举行。寒假过后,师生之间自然而然地消除了隔阂,学生们照常上课,南开园一切如常。张校长风趣地说:"两个小孩打架,摔倒了,再爬起来。拍拍身上的灰,

---

① 笑萍(即宁恩承):《轮回教育》,《南大周刊》第8期,1924年11月28日。

回家吃饭。"①

后来，宁恩承回忆说："一些同学以为我得罪了教授。教授一定给我不及格。事实上我在各级学校向来没有考试不及格的事，这次也不例外。远道传闻说，我被南开开除学籍，更不是事实。"②宁恩承非但没有因"持论乖张，侮辱师长"而受到严惩，反而因勤于思考、勇于表达而得到张伯苓的青睐，师生二人保持着密切的交往和联系。20世纪30年代，留学归来的宁恩承受张学良将军重托出任东北大学秘书长，代理校长职务，他专赴张伯苓家中坦陈疑虑，老校长的劝导促使他下定了决心。张伯苓说："现在的问题，不是你爱惜羽毛的时候，而是张汉卿有了困难，找不着合适的人选。""士为知己者死"，"处世之道不是为自己，而是为人承担责任，为人解决问题。人家既然有了困难，咱应硬着头皮为人解决，不可顾虑自己。而且办事的成功与不成功，一大半由于咱的用心和努力，只要咱存心善良，努力去做，不会有什么错误。就是有了错误，人们会原谅咱的"。③宁恩承一生以张校长"要进要长要顶"的教诲为座右铭，在教育界与经济界均取得了卓越成就。

"轮回教育"风波后，学校加快了改革的步伐。1925年，学校决定除英文课外，所有课程改用国语讲授。同年，张伯苓出访日、美、法、意、瑞士等国，考察教育。为了使学生更加深入地了解社会，"培养学生实际上之观察力"，"谋学校生活与社会生活之联络"，1926年学校成立社会视察委员会，以实施"开辟经济"的教育，养成"现代力"之青年。④仅在社会视察委员会成立后4年时间内，南开大学和南开中学共对天津100多所机构进行调查。1927年，教务会议决定，不再使用美国原版教材，结合实际自行编辑教材。教务会议指出，"我校所用课本均系译文，故教材有时不合中国人脾味，加之洋金涨价，学生每年购书常需七八十元，殊不经济。今后拟着手自行编辑，现已请

---

① 宁恩承：《百年回首》，东北大学出版社1999年版，第102页。
② 宁恩承：《百年回首》，东北大学出版社1999年版，第102页。
③ 宁恩承：《百年回首》，东北大学出版社1999年版，第106页。
④ 《南开大学响导》，1930年5月。

各科主任为委员,讨论进行办法"①。

"土货化"办学宗旨的确立

1928年春,张伯苓主持制定《南开大学发展方案》(以下简称《方案》),提出"革新运动必须'土货'化,而后能有充分之贡献。此中国革新运动应有之新精神,亦南开大学发展之根本方针也",从此确立了"土货化"的办学宗旨。《方案》指出:

> 已往大学之教育,半"洋货"也。学制来自西洋,教授多数系西洋留学生;教科书非洋文原本即英文译本,最优者亦不过参合数洋文书而编辑之土造洋货。大学学术,恒以西洋历史和西洋社会为背景。全校精神,几以解决西洋问题为目标。就社会科学论之,此中弊端,可不言而知。社会科学,根本必以某具体社会为背景,无所谓古今中外通用之原则。倘以纯粹洋货的社会科学为中国大学之教材,无心求学者,徒奉行故事,凑积学分,图毕业而已;有心求学者,则往往为抽象的主义或原则所迷,而置中国之历史与社会于不顾。自然科学稍异,然亦不能谓洋货均能适用,更不宜谓中国应永久仰给于洋货。地理、地质、气候、生物诸学无不对环境而立。中国人欲利用中国之天然环境,非有土产的科学不为功。此就科学之实用而言。但实用科学,倘无锐进的理论科学为后盾,其结果不异堵源而求流;且今日国人思想之急需,莫过于科学精神与方法,故吾人可断言,中国大学教育,目前之要务即"土货化"。吾人更可断定,"土货化"必须从学术之独立入手。
>
> 是故"土货化"者,非所谓东方精神文化,乃关于中国问题之科学知识,乃至中国问题之科学人才。吾人为新南开所抱定之志

---

① 《校闻》,《南大周刊》第42期。

愿，不外"知中国""服务中国"二语。吾人所谓土货的南开，即以中国历史、中国社会为学术背景，以解决中国问题为教育目标的大学。①

这就是说，"土货化"不是复古与排外，而是坚持西方先进文明与中国实际相结合，兴办"中国化"的教育，致力"本土化"的学术，以更好地认识中国，服务中国，"创造能立足于现代的国家"。毋庸置疑，这是中国现代大学在办学理念上的一次飞跃，也是南开大学发展到一个新阶段的重要标志，具有非常重要的意义。

为了进一步推进教育改革，探索向西方学习的正确途径，1928年12月，张伯苓开始了为期9个月的考察欧美教育之行。与第一次不同，他着重考察了美国社会与教育的关系。他说："我第一次到美国去的时候，看见他们样样都好，狠不得样样都搬到中国来。第二次去的时候就不然，觉得美国东西有的可以搬到中国来，有的不能搬的，勉强的搬只有有害而无利。"他还说："我们取法的，只是他们科学的方法和民治的精神的使用，而不是由科学方法和民治精神所产生的结果。"所以，"欧美的方法尽管可学，欧美的制度则不必样样搬来——要搬，也须按照环境的情形而加以选择"。②

第二次美国之行，使张伯苓更加深刻地认识到"教育之不能'土货化'尤为中国大病"③。教育改革必须适应本国社会发展的要求，"革新运动必须'土货化'"。因此，"教育宗旨不可仿造，当本其国情而定"。④他更加坚定了"力行'土货化'于南开"的决心。

教育的真正目的，在于"以教育之力量，使我中国现代化"。此时，张伯苓和南开的管理层已经深刻地认识到，单纯的模仿和照搬西方是不可取的。

---

① 《1928年南开大学募款委员会计划书》，南开大学档案馆藏。
② 《南大周刊》第71期，1929年3月27日。
③ 华午晴，优乃如：《十六年来之南开大学》，《南大半月刊》第15期，1934年10月17日。
④ 《校风》117期，1919年3月18日。

只有将外国先进的经验与中国的具体实际相结合,才能找到适合中国国情的教育模式。

"土货化"改革与实践

张伯苓认为,土货化"必须从学术之独立入手","中国大学若不努力于研究事业,则中国学术永无土货化之时期,正如商界欲从国货代洋货,则不能不提倡制造业"。为确保"土货化"的学术研究取得实效,《南开大学发展方案》规定要以3项标准来确定研究范围:"(一)各种研究,必以一具体的问题为主;(二)此问题必须为现实社会所亟待解决者;(三)此问题必须适宜于南开之地位。"最后还强调:"南开大学将来之发展,即不外上文所定之方针与范围。……经费充足,则循此以为尽量之发展,即经费拮据,亦当努力以'认识中国''服务中国'为鹄的也。"①

张伯苓认为,大学的生命力就是其学科适应社会需要的能力,大学的教育质量就是其学生适应社会需要的能力。为此,南开大学设置了东北研究会、经济研究所、应用化学研究所、化学工程系、电机工程系、经济学院等直接为社会服务的系科和研究机构,被公认为独开风气之先。

南开大学东北研究会的前身为满蒙研究会。1927年8月,张伯苓赴东北考察,所到之处目睹"日人经营满蒙之精进与野心",受到很大震动。他感慨:"不到东北,不知中国之大;不到东北,不知中国之险","我东三省及热、察、绥各特别区,版图辽阔,蕴藏丰富,实为神州之宝库,而沿边万里,逼近邻疆,尤为华夏之屏藩,今者外力侵入,得寸进尺,几有反客为主之势,而国人朦朦对此殊少注意,良堪痛心。"②他认为,"国人欲愿与之(日本)抗衡,必先明了其经营之内幕不可",于是回校后立即组织满蒙研究会(翌年改为东北研究会),聘请傅恩龄为主任。严修因曾多次往来东北之地,早已洞察

---

① 《1928年南开大学募款委员会计划书》,南开大学档案馆藏。
② 《东北研究会简介》,《天津南开学校一览》,1929年。

日人之居心,因此,他给予张伯苓极大的支持,并为"土货化"改革迈出的重要一步感到欣慰。

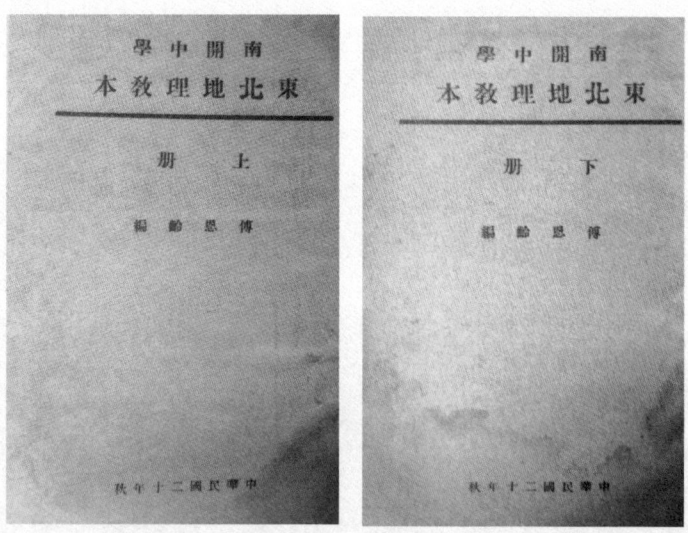

1931年出版的《东北地理教本》

满蒙研究会(东北研究会)的宗旨是"专事收集满蒙问题之材料,而用科学的方法,以解决中国之问题"。研究会组织师生开展对东北三省的实地调查,获得了大量的第一手材料。研究会还与国内外有关团体进行广泛的合作与学术交流,向太平洋国际学会和反对帝国主义同盟提供研究报告,向世界人民揭露日本帝国主义的侵华罪行。研究会在不断实地调查、广泛搜集资料的基础上,组织专人从事专题研究,并编写教材。东北研究会主任傅恩龄根据调查资料,编写了《东北地理教本》,后来又在教本的基础上正式出版《东北经济地理》。该书系统地介绍了东北地区的自然、人文地理和各种经济资源,"是当时国内有关东北地理有限著作之中最好的一部"[①]。学校用这本"南开独有的教材",为南开大学、中学、女中、小学学生开设必修课。东北研

[①] 何炳棣:《一个可以向全世界挑战的记录》,见王文俊等编:《南开大学校史资料选(1919—1949)》,南开大学出版社1989年版,第392页。

究会的调查研究活动,触到日本帝国主义痛处,日人非常"嫉视",称东北研究会"乃受'赤化'影响",南开大学为"排日之根据地"。张伯苓不惧日人的攻击,在校刊上开辟"东北研究"专栏,九一八事变后,出版"日本问题专号",专门刊登有关东北问题的文章,揭露日本侵略东北的野心与罪行。

东北研究会在黑龙江考察时合影

南开经济研究所的前身为社会经济研究委员会①,创立目的即"以研究经济,促进吾国学术为宗旨"②。20世纪二三十年代,中国的经济学研究面临着外国理论如何适应中国实际的难题。何廉、方显廷深刻地认识到,中国经济研究"非仅明了经济学原理及国外之经济组织与制度","贵在能洞澈本国之经济历史,考察本国之经济实况",做"中国化的经济研究"。③为此,何廉向张伯苓建议成立研究机构,致力于中国社会经济问题的研究。1927年9月,

---

① 民国时期,经济研究所的组织机构形式屡经变迁,经历了南开社会经济研究委员会、经济学院和商科研究所经济学部等阶段。为表述方便,统称为南开经济研究所。
② 《本会工作报告》,《大公报经济研究周刊》第26期,1930年8月24日,第11版。
③ 《本刊旨趣》,《大公报经济研究周刊》第1期,1930年3月3日,第6版。

社会经济研究委员会成立,何廉作为创办人兼任委员会主任。南开经济研究所是当时国内高校中最早建立的经济研究机构,主要研究任务是"探讨和评价中国的社会、经济和工业存在的实际问题",主要的研究方法是"一切研究均从实地调查入手"①。中国化土货化成为南开经济学派的标志和灵魂。

南开经济学人坚持理论联系实际,深入社会生活开展实地调查,开创了中国经济学实证研究的先河。影响较大的研究成果有:收集、分析、编制华北批发物价指数、天津工人生活费指数、中国进出口贸易物量物价指数、津沪外汇指数、天津零售物价指数;以天津地区为中心,考察中国工业化程度及其影响,寻求解决问题的对策;对中国农村经济进行考察,特别是山东与河北向东北地区的移民问题。由于注重翔实的数据调查和科学的数量分析,南开学者编制的各种经济指数客观准确地反映了当时的物价、市场和经济运行状况,发布的"南开指数"享誉中外,出版的《大公报·经济周刊》《南开指数年刊》等也为国内外学术界所看重,成为了解当时中国经济活动的重要资料。

南开经济研究所对中国农村经济的研究,开辟了中国经济学研究的新天地。师生们深入天津宝坻、静海,河北高阳,山东济宁等地,调查农村合作组织、棉花运销、冀鲁两省向东北地区的人口迁移、高阳与宝坻等县的乡村手工业、定县与静海等县的乡村财政等问题。在此过程中采取广泛研究与典型研究相结合的方法,深入农村和农户,查阅文献,会晤典型性人物,甚至与农民一起劳作,收集到有关中国农村和农业经济的大量珍贵资料,对中国农村经济研究做出了开拓性贡献,"其他研究组织团体的出现和发展,以及他们在方法与成果上的进步,都受南开所做工作的影响"②。

南开应用化学研究所成立于1932年3月,是张伯苓让科学技术直接为经济服务,推进科技成果转化为现实生产力的一种有益探索。在给研究所

---

① 《本刊旨趣》,《大公报经济研究周刊》第1期,1930年3月3日,第6版。
② 何廉著,朱佑慈等译:《何廉回忆录》,中国文史出版社1988年版,第80页。

定名时，他特别强调"应用"二字。该所《章程》明确提出："本所目的，在研究我国工商业实际上之问题，利用南开大学之设备，辅助我国工商界改善其出品之质量，俾收学校与社会合作之实效。"①

■ 1937年，经济研究所第一届研究生毕业
（前排右六为张伯苓，右五为何廉，右四为方显廷，右一为陈序经）

南开应用化学研究所成立以来，坚持教育与科研并重，研究与生产并重，在分析化验样品、仿制及生产轻工业品、改善民用轻工产品生产和质量、农副产品的综合利用等方面，做了大量富有成效的工作，特别是帮助利中硫酸厂建成投产，打破了日货对中国北方市场的垄断，大长了中国化工科技人员的志气。20世纪二三十年代，我国制酸工业刚刚起步，北方的硫酸市场完全被日货垄断。1933年，爱国实业家赵雁秋决心在天津创办硫酸厂。他找到一家外商承包工厂的设计与建筑工程，但是外商开出的条件相当苛刻，费用也很高昂。赵雁秋慕名找到南开应用化学研究所。研究所所长张克忠带

---

① 《天津南开大学一览》，1932年。

领研究人员仅用了1年的时间,就设计并建成年产3万吨的硫酸厂,天津从而发展成为酸、碱、盐产业完备的中国最早的化工基地之一。张克忠曾自豪地说:"中国问题可以由中国人自行解决,而中国工程师未必不如外人。"① 这些科研成果的应用转化,大大提高了南开大学在社会的整体地位和学术声望。

除了科研改革以外,学校还推行一系列教学方面的"土货化"改革,"以大自然为教室,以全社会为教本,利用活的材料,来充实学生之知识,扩大学生的眼界"②。在教育上,注重理论联系实际,"以调查或视察天津各界问题为其总纲目",组织南开大、中学生开展广泛的社会调查;在教学上,加强自编教材建设,对学生进行基础理论、实践能力和科学研究三位一体的系统训练;在课程设置上,开设"当代中国政治问题""中国经济问题""乡村社会学""乡村建设概论"等研究中国现实问题的课程,开设"公文程式""新闻习作""讲演术""应用心理学""人事管理""工商实际问题"等应用型课程,提高学生实际能力。政治系教授共同开设"读书指导",英文系教授共同开设"西洋文学当代人物",化学系教授共同开设"化学问题之研究"等课程,开拓学生学术视野。

在学科建设上,张伯苓一直在思考"南开如何在为国家服务中发挥最大的作用"。在他看来"南开竞争不过国立清华和国立北大,然而我们有必要去竞争吗?我们难道不应当决定停止竞争,争取互相合作,同心协力取长补短吗?南开坐落于商业都市天津,天津还有个成为华北大工业中心的前景,南开应当把重点放在培养企业人才和工程技术人才上"。③ 基于这种认识,学校调整发展战略,提出加强商学院,逐步筹设应用型理科院系,一旦条件成熟建立一所工学院的学科建设规划,并增设了一批"应时势之急需"的系

---

① 伉铁儁:《抗战前的南开大学应用化学研究所》,《南开校友通讯》(复刊第4期),1983年,第54页。
② 张伯苓:《四十年南开学校之回顾》,《南开四十周年纪念校庆特刊》,1944年10月。
③ 何廉著,朱佑慈等译:《何廉回忆录》,中国文史出版社1988年版,第46页。

科。例如，化学工程系的设立即为培养"洽合中国环境"的化工实用人才，谋求"中国化学工业之发达及其自给"。又如，基于"电机工程人才在最近之将来需要必增。而国内培养斯项人才之学校，则为数极鲜"的判断，设立电机工程系，在天津电灯电车公司建立实习基地，使学生受到基础理论、实践能力和科学研究三方面的系统训练。

学校另一个密切联系中国实际的教学单位是经济学院。这是张伯苓接受何廉建议设立的。20世纪20年代，"中国大学中的经济学教育十分惨淡"[1]，教学内容"几乎完全是关于西方国家状况"，"很少涉及到中国的现实生活"[2]；教学方法则"用西方经济学理论一成不变地向中国学生灌输"[3]，生吞活剥、死气沉沉。更为严重的是，当时的中国大学中"连一门涉及中国的经济发展和组织情况或有关中国农村经济的课程都没有"，本该"胜任讨论中国的经济问题，掌握住与他们的教学有关的中国的材料"的中国学者，谈起美国都市财政往往头头是道，但"他们之中很少有人对于中国的一个县政府的财政略知一二"。[4] 可见，改变中国大学经济学教学与研究、理论与实际相脱离的情况已经迫在眉睫。为了更好地将教学与科研相结合，1931年，何廉建议将社会经济研究委员会与文学院经济系合并成立经济学院，"借以训练人才及促进吾国学术之发达"，"中心目标即在完成一本国化之经济学"。[5] 这一提议得到张伯苓的大力支持。同年5月，经济学院成立。当月出版的《南开周刊》对此评论道："大学中设立经济学院，研究调查适宜于中国经济学说与事实，尚属创举。"

在何廉的带领下，经济学院开始了相当规模的教科书编纂工作，撰写出一批具有重要学术价值的专著，并带动了经济学领域中术语规范化的开展。

---

[1] 何廉著，朱佑慈等译：《何廉回忆录》，中国文史出版社1988年版，第51页。
[2] 何廉著，朱佑慈等译：《何廉回忆录》，中国文史出版社1988年版，第52页。
[3] 方显廷著，方露茜译：《方显廷回忆录》，商务印书馆2006年版，第78页。
[4] 何廉著，朱佑慈等译：《何廉回忆录》，中国文史出版社1988年版，第53页。
[5] 《天津南开大学经济学院一览》，南开大学经济学院印，1931年，第1页。

当时各大学使用的都是外国教材,不仅版本各异,而且在讲授中对一些术语和概念的解释与翻译也是五花八门。何廉倡导在教学中保持用语统一,并每两周集中一次,组织教授讨论经济学术语的标准化,以保持教学和著作中用语的统一性。1934—1935年,国民政府教育部国立编译局组织成立了国家自然科学用语标准化的经济学工作委员会,由何廉担任主席,在南开大学经济学院已有研究成果的基础上,在全国范围内统一了经济学的标准化术语,编撰《经济学名词》一书,由教育部公布,供各大学的经济学教学和科研使用。

南开大学以"知中国、服务中国"为办学宗旨,进行全面的"土货化"改革,从中国的实际出发,创造性地吸收西方大学的办学经验,在探索中走出了一条独具特色的办学道路,从而成为20世纪二三十年代中国最著名的私立大学。

三、"公能日新"校训

南开校训是南开精神的主要表达方式。1934年,张伯苓校长在总结前期办学经验的基础上,明确提出了"允公允能,日新月异"校训,这一校训由"公""能""新"三要素构成,可简称为"公能"校训或"公能日新"校训。

"公能日新"校训的形成

"允公允能,日新月异"是南开人独创的校训,它是南开教育理念的凝练,也是南开精神的重要载体。这个校训慎择约举,言简意赅,以独特的形式,将中国优秀传统与现代教育思想结合在一起,革除传统的伦理型教育方针和培养目标的弊端,提出了与现代学校教育相匹配的新的大学理念。

学校教育重在育人,而育什么样的人及如何育人,这是教育的根本问题。自南开学校孕育之初,其创办人就在思考这个问题,他们在长期办学实践中交出了完美的答卷，这就是必须培养具备"允公允能，日新月异"素质的全面发展的现代化人才。

南开大学是一所私立学校，而私立不等于私有。南开大学是为公为国而兴办的，正如张伯苓校长所说的，"南开学校系因国难而产生，故其办学目的旨在痛矫时弊，育才救国"①。痛矫时弊，就必须革新中国，包括革新社会、革新政治、革新思想、革新文化、革新教育；育才救国，就必须大力培养既能爱国为公，又能建国创业的一代新型人才。正是由于这个原因，南开校训的"公""能""新"三要素可以追溯到南开学校创办之初，而这个"新"字是南开校训的灵魂。

早在南开初创之时，校父严修便针对中国社会"私、弱、虚"的时弊，提出了"尚公""尚武""尚实"的主张。1908年7月10日，严修在南开中学堂第一届学生毕业训词中提出了"勿志为达官贵人，而志为爱国志士"的殷切期望，并指出这是南开设立的宗旨所在。南开"允公允能，日新月异"校训虽是在严修逝世后才正式提出，但与他的教育思想是一脉相承的。

从严氏家塾，到南开系列学校，教育宗旨的核心理念始终具有"新""公""能"三位一体的特征。在阐释这一教育理念时，张伯苓常常使用"日新"一词及"日新月异"的同义词并注重培养"公"与"能"的素质。例如，张伯苓在1915年南开学校始业式致辞："且生等宜自思，应发奋自励以日新乎，抑随流逐波以自弃乎？孜孜矻矻以进三育乎，抑泄泄沓沓以消光阴乎？"②1916年7月26日，在直隶中学教育会议上，张伯苓报告的主旨是中学训育问题。他说："余居恒尝谓教育之力可以改造世界，何者？盖人为血气之伦，有生长、老死、腐旧者，逐渐淘汰。而少小者，可心教化之，以求合吾辈之标准。由此，前祧后续，日新又异。而教育之效果于焉表现。"③这就

---

① 张伯苓：《四十年南开学校之回顾》，《南开四十周年纪念校庆特刊》，1944年10月。
② 周恩来：《本校始业式记》（1915年2月下旬），见中共中央文献研究室第二编研部、天津南开中学编译：《周恩来南开中学论说文集》，人民出版社2014年版，第43页。
③ 龚克主编：《张伯苓全集》第1卷，南开大学出版社2015年版，第37页。

是说，培养公与能素质的根本目的是改造世界，改造中国，以实现国家与民族的"前扑后续，日新又异"。

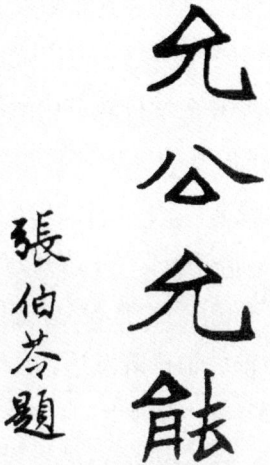

■ 张伯苓为1946级毕业纪念题写的"允公允能"

"日新月异"一词正式见于重要的学校符号是在南开校歌的歌词中。一般说来，校歌通常产生于校训之后。许多学校的校歌将校训词语写入歌词。南开大学则与众不同，校训产生于校歌之后，设定校歌与设定校训相隔达16年之久，而其核心理念及思想要素一脉相承。1918年末，张伯苓采纳留日学生的建议而创制校歌。音乐课教师孙润生套用西方圣诞之歌 Oh Christmas tree 的曲谱，填上校歌的歌词。歌词全文如下：

渤海之滨，白河之津，巍巍我南开精神。汲汲骎骎，月异日新，发煌我前途无垠。美哉大仁，智勇真纯，以铸以陶，文质彬彬。渤海之滨，白河之津，巍巍我南开精神。

其中"汲汲骎骎，月异日新"，即与时俱进、自强不息、勇于求变，善于创新，学校的事业发展及人才培养日新月异，前程不可限量，犹如大河川流，势不可挡，恰似骏马驰骋，一往无前。"月异日新"亦即"日新月异"。南开校歌歌词将"日新"精神及与之相匹配的人才素质称颂为"巍巍我南开精神"，乃是南开校训核心理念的早期表述形式。南开校歌"于聚会之时，千人合唱，以期神会而铸就南开真精神"。在正式设定校训之前，南开校歌的功能和作用大体相当于校训，并在学校教育中发挥了重要的作用。

值得注意的是，严修、张伯苓的办学理念尤为强调教育改革的必要性和培养创新精神的重大现实意义。例如，在1916年9月20日的一次演讲中，张伯苓指出："故欲强中国，非打破保守，改持进取不可也。"他将南开学校定性为"进取者"，称"自强不息"及"有毅力，有信心"的"进取精神"为"南开之精神"，认为"以此精神置之学校既发达，置之国家亦必能富强也"①。此后，"南开精神"的提法逐渐演化为师生们的一个常用词汇，用来论及南开学校及师生群体的精神特点。在1929年2月的一次访谈中，张伯苓使用了"日新月异，自强不息"②的提法，并使之成为南开学训体系的重要构成之一。

在20世纪二三十年代，张伯苓阐释"公能日新"的演讲甚多，留下许多精彩的话语。例如，他说："现在中国最需要的，也就是一个字'公'"，必须通过切实有效的教育手段"来造成中国所缺乏的公字来"③。"推其富强贫弱之因，实因为欧美人对于'做'上颇下功夫，而我国则不加注意"，必须通过切实有效的教育手段"总在'做'上用功，在学校中即行练习'做'"。④这就是说，必须强化创新精神、公德意识和实践能力的培养，以改造中国人的方式改造中国。贯彻这种理念的学校教育显然可以概括为"公能日新"教育。

---

① 《校风》第39期，1916年9月25日。
② 弗兰克·B.楞次：《张伯苓之人格魅力》，见梁吉生：《张伯苓年谱长编》中卷，人民教育出版社2008年版，第45页。
③ 《同泽半月刊》第1卷第10期，1928年4月。
④ 《益世报》（天津），1929年9月25日。

在1933年前后,南开学校开始明确地用"公""能"二字表达教育宗旨。1934年1月24日,张伯苓在中华基督教青年会第十二届全国代表大会作报告,内容涉及一年前南开学校调整教育宗旨一事。他说:

> 我在一年前,已经把南开中学的教育宗旨改订一下。诸君知道,各国的教育学说很不一致,都是随环境的需要而改变的。一国有一国的需要,一时代又有一时代的需要,现在我国最大的需要,是要把"私"字去了。所以我们新定的教育宗旨是两个字,一曰"公",一曰"能"。现在青年会也把这个题目抓住了,我实在非常高兴。青年会向来是以"能"字著称的,现在又提出一个合作的口号,来作努力的目标。如果国人能够渐渐的觉悟起来,力除自私自利的积习,偌大的一个民族是没有可以恐惧的。①

由此可见,南开学校明确地使用"公""能"二字来概括教育宗旨始于1933年前后。至此,南开校训的要义及其表述均已初步形成。在这种情况下,一旦学校正式设定校训,其表述势必包含"公""能""新"这三大要素。其中,早就写入校歌的"日新月异"是一个现成的成语,关键在于如何表述"公"与"能"?最终的选择是化《诗经·鲁颂》中"允文允武"为"允公允能",创造了句式古朴文雅、涵义更为丰满的校训表述形式。于是南开校训完成了理念提炼和表述选择的漫长过程。

1934年10月17日,在30年办学实践基础上,张伯苓在南开学校建校30周年纪念会上宣布,南开学校以"允公允能,日新月异"为校训,致力培养学生"爱国爱群之公德""服务社会之能力"以及日新月异、自强不息的南开精神。

后来,张伯苓进一步解释南开校训道:"允公,是大公,而不是什么小公,小公只不过是本位主义而已,算不得什么公了。惟其允公,才能高瞻远瞩,

---

① 龚克主编:《张伯苓全集》第2卷,南开大学出版社2015年版,第178页。

正己教人，发扬集体的爱国思想，消灭自私的本位主义。""允能者，是要做到最能，要建设现代化国家，要有现代化的科学才能，而南开大学的教育目的，就在于培养具有现代化才能的学生，不仅要具备现代化的理论才能，而且具有实际工作能力。""所谓日新月异，不但每个人要能接受新事物，而且要能成为新事物的创造者；不但要能赶上新时代，而且要走在时代的前列。"①

1944年10月17日为南开学校建校40周年纪念日，张伯苓在《四十年南开学校之回顾》一文中对校训作了具体阐释。针对"愚、弱、贫、散、私"的社会时弊，他指出：南开学校的教育，目的在培养学生"爱国爱群之公德"与"服务社会之能力"。唯"公"故能化私，化散，爱护团体，有为公牺牲之精神；唯"能"故能去愚，去弱，团结合作，有为公服务之能力。允公允能，足以治民族之大病，造建国之人才。总结南开学校40年奋斗历程，他提出："盖南开过去无时不在奋斗中，亦无时不在发展中，日新月异，自强不息，为我南开师生特有之精神。"②

南开校训的历史意义

南开校训的思想成就及历史贡献就在于，在缔造中华新文明、开创中华新教育的历史背景下，跳出中国古代主流教育理念及学校文化的窠臼，革除传统的伦理型教育方针和培养目标的弊端，提出了与现代学校教育相匹配的新的大学理念。这一点集中体现于"公"的导向性、"能"的实践性和"新"的开创性以及将"公·能·新"联袂一体。

其一，"公"的导向性。

南开校训以"公"字当头，充分展现出南开人立志为公、爱国报国、振

---

① 晏升东：《我爱南开，更爱南开精神》，见南开大学校长办公室编：《张伯苓纪念文集》，南开大学出版社1986年版，第133页。
② 张伯苓：《四十年南开学校之回顾》，《南开四十周年纪念校庆特刊》，1944年10月。

兴中华的社会理想和价值追求。中国传统教育观念极度重视道德教育，尤为讲究"以孝为本"及"忠孝节义"，将完善个人的、君主的及全社会的德性作为治学与教育的最终目的。这种极度重视灌输伦理道德的教育方法，导致效忠君父、光宗耀祖成为全社会的道德信条，乃至人们普遍将私德凌驾于公德之上，从而迟滞了中国古代社会的发展，注定了中国古代文明的衰亡。1934年12月4日，张伯苓在四川宜昌应邀向各校学生作了题为《吾人应有之认识与努力》的演讲。他明确指出：读"孝经"不如读"公经"。在他看来，"'自私'，实在是中国民族最大的劣根性"。造成这种劣根性的主要原因是"先王以孝治天下"，利用"忠""孝"观念维系人民，改良国政。① 由此而造成的群体性的自私自利是导致国家积弱、国难当头的重要文化原因。

"以德为先""以德树人"是教育的一般法则，其普遍意义，毋庸置疑。问题的关键是以什么样的"德"为先和以什么样的"德"树人。南开校训将"允公"置于首位，正是源于对历史教训的深刻反思、对社会现实的深入思考和对历史法则的深切体悟。张伯苓认为中华民族患有五种大病：愚、弱、贫、散、私。其中"私"，为中华民族之最大病根。要"痛矫时弊，育才救国"，"第一件最要紧的事情，就是先养成大家'为公'的精神，使全国的风气，都由'私'转到'公'，先公而后私"。② 由此可见，倡导"允公"的现实意义之一，就是革除传统道德体系的弊端，矫正传统学校教育的偏差，将公德置于私德之上，以爱国乐群的"公"取代效忠君父的"孝"，通过造就一大批崇尚"为公"精神的现代精英，改变中国的道德观念和社会风气，从根本上铲除民族的劣根性。这个思想具有重大的历史意义。

其二，"能"的实践性。

南开校训不仅在价值层面宣示南开人要以国家民族利益为至高追求，而且在实践层面要求通过发展自身能力，将其付诸改造社会、振兴民族之实

---

① 王文俊等：《张伯苓教育言论选集》，南开大学出版社1984年版，第191页。
② 王文俊等：《张伯苓教育言论选集》，南开大学出版社1984年版，第191页。

践。中国古代占主流地位的"大学之道""学问之道"专注于道德人格的设定和培育,将修习和践履纲常礼教置于学校教育的中心及重心,就连"经世之学"也必须从属于或落脚于道德信条。《大学》《中庸》《孟子》甚至认为求知的最终目的也是为了更好地体认和践履伦理道德。由于《大学》《中庸》《孟子》长期被奉为"儒经"和"帝典",求实、求真、求是、求知在中国传统学校文化的大语境中被日益德性化,受教育者普遍缺乏求实精神、科学素养、客观知识和实践能力,这一方面的缺失也是导致中国古代社会发展迟滞并终至落伍衰亡的主要原因之一。

与众多知名大学校训不同,南开校训没有沿袭一味夸饰德性的传统,更没有抄袭或套用儒典,而是矫正中国传统学校文化的偏颇,兼采古今中外教育理念的优长,创造性地将"允能"与"允公"并列,以注重全面发展和能力培养为教育宗旨,凸显培养社会实践能力在现代大学教育中的地位。在中国教育思想史上,这是值得大书一笔的。

其三,"新"的开创性。

南开校训特别之处,还在于其创新性即与时俱进之品质。它既是弘扬中华优秀传统的产物,又是改造陈旧文化传统的产物。南开的创办者们很早便将"新"字写入校歌、校训。这种思想及做法可以用独具慧眼、难能可贵来评价。1944年,南开校友大会上,张伯苓发表讲话:

> 回顾学校创立经过,由最初之学生五人至抗战前之学生三千余人,由最初之私人家塾,至抗战前成为包有大学、中学、小学、研究所之完备学校,而毕业或肄业之校友,分布于国内外者不下三万人。论成绩,不敢自诩成功;论规模,则发展堪称迅速。苓四十年来,个人做事宗旨,始终抱定"创"与"长"两字,惟"创"故年年求发展;惟"长"故时时求进步。虽在内忧外患重重压迫之中,而南开学校始终不断在扩充在进步。此种不断创造日求长进之精神,遂以造成今日之南开。……我全国学友在校时饱受此精神上之熏陶,出

校后希望仍本此"创""长"二字,为个人做人做事之楷模。①

张伯苓把南开办学成就的取得归结于"不断创造日求长进之精神"。"日新月异"旨在激励师生勇于改革,善于创新,积小成大,永不停步,并把培养具备"日新月异"精神及能力的高素质人才列为办学的主要目标。在中国社会大变革的历史背景下,继承与时俱进的优秀传统,弘扬追求变革的时代精神,这种办学理念既能贯通古今,又可历久弥新。这正是南开校训的过人之处。

南开大学的训练方针与办学特色

张伯苓反对空喊口号而不做实际工作。为把"公能日新"教育落到实处,他提出了五项训练方针:一曰重视体育,二曰提倡科学,三曰团体组织,四曰道德训练,五曰培养救国力量。他指出:"此五项基本训练,以'公能'校训为指导原则,而'公能'校训,必赖此基本训练,方得实现。分之为五项训练,合之则'公能'二义,允公允能,足以治民族之大病,造建国之人才。"②

南开教育将弘扬爱国精神、厚植爱国主义情怀摆在首要位置。张伯苓把爱国作为教育学生做人的第一要义,并把培育爱国精神、锻炼爱国能力贯彻到学校教学、管理、生活的各方面。他认为爱国是最大的公。他说:"广义言之,学校则教之为人。何以为人,则第一当知爱国。"③"公德心之大者,为爱国家,为爱世界。"他教导学生关心国家大事,开展有关中国近代屈辱挨打的历史教育,组织学生到日租界调查日本从经济、文化等方面对天津进行侵略和渗透的情况。每逢五七国耻日、九一八事变纪念日,学校都要开展各种活动,他利用每周开设的修身课和全体学生集会的机会进行爱国演讲。1935年9月17日,在新学年始业式上,张伯苓向全校师生提出了三个振聋发

---

① 《大公报》(天津),1944年10月16日。
② 张伯苓:《四十年南开学校之回顾》,《南开四十周年纪念校庆特刊》,1944年10月。
③ 《校风》第18期,1916年1月24日。

聩的问题：

你是中国人吗？

你爱中国吗？

你愿意中国好吗？①

以此振奋师生的爱国斗志。爱国的主旋律唱响开学第一课。可以说，厚植爱国主义情怀、培育公能人才是南开大学最鲜明的特色。

> 南开校友
>
> 懂。中國的事很簡單，只要懂得這個道理，就易如反掌。中國人多，又不傻，地又大，何以不好？由於不能團結？太自私。公由那裏起？由一班，一個學校起下工夫，練習爲公。中國人還有一種特性。小孩大人一樣，總不願別人好。大家在一塊談，談到別人的壞處，大家精神百倍。說人好處，就不高興了。提議組織一個會，專寫匿名信，這就是亡國的根源。我在南京，大家都來了，他高興起來，塗力做好事。我常聽人家說別人壞，日子長了，他高起興來，再加點東西，這如何能好？我頭一句話，總是爲他辯護。「封之惡皆歸焉。」孟子說：「紂之不善，不如是之甚也。」中國人願意國家好，可是不願意有好人，這都是自私，度量不大。現在，我給你們想幾句話：
>
> 你是中國人嗎？
>
> 是。
>
> 你愛中國嗎？
>
> 愛。
>
> 你願意中國好嗎？
>
> 願意。
>
> 那麼你就要得願意中國人全都是好人。不要太狹隘，彼此要往上長，不要往下長。譬如開一個運動會，有人代表南開跳高，你願意他折壞腿嗎？願意人好，還是願意人壞，你們可以拿這個試驗自己，試驗別人。現在倒霉時候，不願別人好嗎？要改，非改不成。
>
> 批評人，那是往下長。

■ 1935年张伯苓在南开大学始业式上提出"爱国三问"

学校德育教育以倡导公德、培育公德，强化社会责任为重点。张伯苓说："诸事可变，南开精神不可变，一致为公，始终不渝。"又说："余敢断言，将来做事，能以南开精神成功者，即'为公'二字。"② 张伯苓以"为公"将公民

---

① 张伯苓：《认识环境，努力干去》，《南开校友》第1卷第1、2期合刊，1935年10月15日。

② 《校风》第74期，1917年10月15日。

责任与社会责任摆在重要位置,他指出,"寻常讲德育,多偏重私德一面,究不如在公德一面着想。此后观人者,凡能对于社会有益之事,勇往直前,见诸实行者,乃为道德之人"①。他强调,"凡人能于社会公共事业,尽力愈大者,其道德愈高。否则,无道德可言。易言之,即凡于社会有效劳之能力者(Social efficiency)则有道德,否则无道德"。"教育目的,不能仅在个人。当日多在造成个人为圣为贤,而今教育之最要目的,在谋全社会的进步。"②

张伯苓主张把爱国的精神与爱国的能力结合起来。他说:"爱国可以出乎热情,救国必须依靠力量。学生在求学时代,必须充分准备救国能力;在服务时期,必须切实实行救国志愿。有爱国之心,兼有爱国之力,然后始可实现救国之宏愿。"③在他看来,办大学之目的在于"学以致大,学以易愚,学以救国,救世界,学能求真理又能改善人格"④。为此,在学校的教育实践中,张伯苓既努力调动青年学生爱国热情、救国责任,也将培养学生的"现代能力"作为爱国主义教育的重要内容。所谓"现代能力",主要指科学素养与民治精神,重点培养学生创新力、团结力和自治力等。

重视体育是南开学校的办学特色之一。作为"中国奥运第一人"、奥运精神在东方的最早倡导者,张伯苓对体育有着深刻的理解,他指出:教育如果没有体育,教育就不完全。"体育发达非啻身体之强健已也,且与各事均有连带之关系"⑤。学校体育重在"体德之兼进,体与育并重"。体育除了强健体魄以外,还可以锻炼毅力、锻炼纪律,培养团体合作的意识,贯彻民主法治的精神。参加体育锻炼就是要学生去拼搏、去协作、去守规则,而且要忍受失败带来的煎熬。在张伯苓看来,中国人有两个根本的毛病——自私和自满,体育的意义"不但是可以振作青年的精神,同时也可以医治中国人

---

① 龚克主编:《张伯苓全集》第1卷,南开大学出版社2015年版,第120页。
② 《校风》第117期,1919年3月18日。
③ 张伯苓:《四十年南开学校之回顾》,《南开四十周年纪念校庆特刊》,1944年10月。
④ 《南开周刊》第69期,1923年9月21日。
⑤ 《校风》第63期,1917年5月2日。

两种根本的毛病"[1]。这就是说,体育具有革除自私和自满的功能。换言之,体育有助于培养学生的进取精神和公德意识及能力素质。

在"强国必先强种,强种必先强身"体育思想和"德智体三育并进"的教育理念指导下,学校形成了浓厚的体育运动氛围,"体育设备、运动场地,力求完善;体育组织、运动比赛,力求普遍"。在20世纪20年代,南开体育由于重视普及、办理得法,校内涌现出许多实力雄厚的运动队及成绩优异的运动选手。南开学校历年在天津、华北、全国、远东各类运动会及球类比赛中所获银杯不下数十个,锦标超过百面。

■ 威震远东的"南开五虎"篮球队

■ 南开大学女子篮球队

---

[1] 龚克主编:《张伯苓全集》第2卷,南开大学出版社2015年版,第264页。

第二章 知中国 服务中国

南开大学创办时，正值五四运动兴起，民主科学思潮风起云涌，南开教育者勇做时代的弄潮儿，重视对学生进行民主意识的启蒙和科学精神的培养。张伯苓指出："我国科学不发达，物质文明远不如人。故苓办学之初，即竭力提倡科学，其目的在开通民智，破除迷信，藉以引起国人对于科学研究之兴趣，促进物质文明之发达。"①他邀请新文化运动领导人物陈独秀、李大钊等来校演讲，宣传民主科学思想。他鼓励学生学习和跟踪世界科学发展的潮流，认为人才是国家创新的基础，要培养创新型人才，就必须进行教育方式的改革，开展创新式教育，开启和培养学生的创新思维能力。他经常对学校的教职员讲："吾人平日所任之职务虽不同，但吾人之目的则一。目的维何？就是要造就新人才，去改造旧中国，创造新中国。"②他在师生中鼓励改革创新、兼容并包，提倡批判性、创造性的思维方式及求真务实的精神，在南开形成了学术民主、自由探讨的良好学术环境。他经常使用英文词"Pioneering"（开拓），或"Pioneer Spirit"（开拓精神），教育学生要有开拓精神、创新意识，有时甚至用"Pioneering"来概括南开精神。正是经过严谨求是、民主创新的科学精神的洗礼，南开才走出了一大批卓有成就的社会栋梁。

在团结力培养方面，张伯苓认为中国的积弱积贫，不是缘于个人能力不足，而在中国人的自私心太重，"向公家添煤添油的人太少，揩油的人太多"，人各为己，缺乏合作精神，"人民虽众，只是一盘散沙"，毫无力量。所以，"治这种病必须在学校做起，我们要练习团结，练习合作"③。他经常用"折筷子"和"拉绳子"等形象的例子说明"分则易折，合则难摧"的道理，不余遗力地对学生进行团结合作精神的教育和培养。

在自治力培养方面，张伯苓认为教育"在于造成完全人格"，时常以"自动"二字鼓励学生。在他看来，培养学生自动精神，使学生有"世界变化之能力"才是"真正之教育"。他希望学生们"勿只信教员，勿尽依学长"，"须

---

① 张伯苓：《四十年南开学校之回顾》，《南开四十周年纪念校庆特刊》，1944年10月。
② 《南开周刊》第69期，1923年9月21日。
③ 《南开双周》第4卷第2、3期合刊，1929年10月。

作自动,不作被动,乃中国真正之砥柱也"。①基于这种教育理念,学校在教育模式上进行通才教育,促进学生德智体美全面发展,还在校园文化活动上进行了许多创新,形成了良好机制,营造出生动、活泼、自由、开放的育人环境。"这种活的教育,在当时的中国教育界,可以说是南开所独创的。"②学校组织各种学术报告、科普讲座、知识比赛等,以此开阔学生视野,营造学术氛围,增强学生对未知世界探索的兴趣;开展制度化的社会实践活动,增强学生观察社会、了解社会、解决社会问题的能力;组织多种多样的学生社团,开展丰富多彩的集思想性、艺术性、趣味性、服务性于一体的文化体育活动,为学生的交往与自我教育提供广阔的天地。南开大学的学生甚至可以参与筹划学校全局性工作,如每年级的各学科委员互推2人,参加教务会议、庶务会议、体育会议等,以利于学生更好地形成民主、平等的意识,培养他们的"自觉自治精神"。

▬ 1929年理科学会部分会员合影
（后立左一为陈省身,前坐左二为吴大猷）

---

① 《校风》第63期,1917年5月2日。
② 雷法章:《我所认识的张伯苓先生》,见陈明章:《国立南开大学》,台北南京出版有限公司1981年版,第162—163页。

编演话剧也是南开大学培养学生的一个重要途径,即"练习演说,改良社会"。张伯苓强调,"戏院不只是娱乐场,更是教堂、宣讲所、教室,能改革社会风气,提高国民道德"①。这就是说,编演话剧是"造成完全人格"的手段,更是启发民智、增进民德、改造社会、开启未来的门径。1915年,周恩来发表《吾校新剧观》,认真总结了南开话剧活动的经验,并高度阐发了话剧的社会功效:"是知今日之中国,欲收语言文字统一普及之效,是非藉通俗教育为之先不为功。而通俗教育最要之主旨,又在舍极高之理论,施以有效之实事。若是者,其惟新剧乎!"②

基于这样的认识,话剧活动以其独特的文化属性在南开教育体系中占有重要的位置。早在1908年,当西方话剧刚刚传入中国的时候,南开学校就开始编演话剧,一直延续了40余年,演出中外著名剧目和自创剧目264个,声震华北,名扬国内。南开的话剧团被胡适称为"中国顶好的剧团",南开大学教授、张伯苓的胞弟张彭春则享有"中国现代话剧第一人"的美誉。南开相继培养出曹禺、黄宗江、张平群、鲁韧(吴博)等众多戏剧家。20世纪

张彭春(左)指导曹禺(右)表演话剧《财狂》

---

① 张德莱:《回忆南开新剧团》,见崔国良主编:《南开话剧史料丛编》(编演纪事卷),南开大学出版社2009年版,第101页。

② 周恩来:《吾校新剧观》,见崔国良主编:《南开话剧史料丛编》(剧论卷),南开大学出版社2009年版,第55页。

20年代，南开话剧走出了一条现实主义的创作道路，剧本主题大都是反帝反封建的内容。到了30年代，南开话剧走向成熟，翻译或改编的外国话剧大都是第一次被介绍、引进到中国舞台上。

正是在以"公能日新"为核心要素的育人理念下，南开大学形成了"爱国、敬业、创新、乐群"的光荣传统，使人才培养质量始终保持一流，涌现出以周恩来、吴大猷、陈省身、曹禺、刘东生、郭永怀、吴文俊等为代表的一大批优秀人才。他们中间，既有杰出的政治家、科学家，也有卓越的教育家、艺术家，这充分反映了南开"公能日新"育人、全面发展的教育特色。

第三章　抗日御侮　刚毅坚卓

　　1937年7月，日本继九一八事变侵占中国东北后，又发动了全面侵华战争。南开大学作为天津抗日救亡运动重镇，惨遭日寇野蛮轰炸，毁掠校园，并被强行军事占领。8月，南开大学、北京大学、清华大学奉命到长沙组建临时大学，继而再迁昆明，合组举世闻名的西南联合大学，在战火硝烟中弦歌不辍，为国家和民族培育了大批杰出人才，创造了世界教育史上的奇迹。这一时期，也是南开大学发展的一个里程碑。

一、南开惨遭日寇毁掠

　　七七事变后，日本侵略者在对华军事进攻的同时，有计划地、有目的地劫掠、毁灭中国著名的教育机构。南开大学成为全民族抗战爆发后第一所被日寇化为焦土的中国高等学府。

南开师生的爱国传统

　　日本侵略者为什么对南开恨之入骨？这是因为南开是一所具有爱国传统的学校。1898年南开学校的肇端就与中日甲午战争的结果密切相关，可谓有着与生俱来的爱国基因。南开学校创建后，更是始终高扬爱国旗帜。1915年，日本欲将灭亡中国的"二十一条"强加给北洋政府，于是"毋忘国耻"的呼声响彻中国大地，南开师生集会声讨日本侵华罪行，还成立了"救国储金会"。五四运动期间，南开师生投身于轰轰烈烈的爱国运动，号召民众"警醒国魂"，"不忘国耻"。周恩来、马骏、马千里、时子周等成为天津五四爱国运动的领袖。1919年12月，南开师生两次参加天津市的国民大会，深入商家店铺调查日货。天津反动当局进行镇压，制造借口，逮捕了马千里、时子周、马骏等7名代表，并在警察厅花园殴打南开学生师士范、祁士良等6人。1920年1月29日，南开大学、南开中学等17所大中学校学生在周恩来、郭隆真、张若名、于方舟[①]的带领下，赴直隶省公署请愿，又遭残酷镇压。周恩来等4名代表被捕，南开学生13名受伤。在此前后，南开的凌钟、李恭允、杨云峰、陈春华、陶尚钊等也因散发传单、调查日货被捕。被捕师生在狱中展开了针锋相对的斗争，1920年7月，在社会舆论的强大压力下，反动当局不得不释放被捕代表和学生。此后，在纪念五七国耻、声援五卅运动、声讨三一八惨案等爱国行动中，都活跃着南开学生的身影。

1921年，中国共产党诞生，从此中国革命的面貌为之一新。在党的影响下，南开大学的党团组织逐步建立起来。早在五四运动时期，中国共产党的主要创始人李大钊就与天津进步青年团体——觉悟社、新生社有过较多联系，接触了周恩来、马骏等南开大学学生。1922年，于方舟考入南开大学，在李大钊的指导下，组织天津马克思主义研究会，翌年经李介绍加入中国共产党。1924年3月，中国社会主义青年团天津地方执行委员会成立，于方舟当选委员长，南开大学学生王乃宽当选委员，同时青年团南开大学支部开始筹建。是年，于方舟主持成立中共天津地方执行委员会并任书记，成为天津

---

① 于方舟（1900—1928），天津五四运动杰出领导者之一。1922年秋考入南开大学。1923年经李大钊介绍加入中国共产党。1924年3月，当选中国社会主义青年团天津地方执行委员会委员长。是年，主持成立中共天津地方执行委员会并任书记，成为天津党组织创始人之一。大革命失败后，以中共顺直省委组织部长身份领导冀东第二次玉田暴动，不幸被俘英勇就义。

第三章 抗日御侮 刚毅坚卓

被捕师生代表出狱后合影
（四排右二为周恩来，右一为于方舟，二排左二为马骏）

党组织的创始人之一。在中国共产党的领导下，南开大学的反帝爱国运动深入开展起来，学校的进步力量不断壮大，一批爱国师生开始学习、研究、宣传马克思主义，其中一些成为坚定的马克思主义者。1926年，南开大学教师范文澜加入中国共产党。当时，学校党的工作由中共天津市委书记傅茂公（彭真）直接领导，范文澜负责与之联系。1927年，蒋介石发动四一二反革命政变，奉系军阀在天津大肆屠杀共产党人和革命志士，南开大学一名学生被捕，范文澜经张伯苓协助离开天津到北京大学任教，学校的党组织转入地下。

20世纪20年代末，日本制定了"惟欲征服支那（支那是近代日本侵略者对中国的蔑称，编者注），必先征服满蒙，如欲征服世界，必先征服支那"[①]的侵华政策，加紧了侵略中国的步伐。随着中日民族矛盾的上升，南开大学的民主运动转向以抗日救亡为中心的反帝爱国斗争。1931年九一八事变后，张伯苓召集全体学生慷慨陈词："中国之前途较日本有为，吾不应畏日人。"

---

① 龚古今等编：《第一次世界大战以来帝国主义侵华文件选辑》，生活·读书·新知三联书店1958年版，第94—95页。

他要求南开学生把此次国耻"铭诸心坎,以为一生言行之本,抱永志不忘、至死不腐之志"①。师生们随后组成了以张伯苓为主席的国难急救会,并决定立即加入天津中等以上学校抗日救国会,以实际行动支持长城抗战,慰劳前方将士。南开大学成为天津市的抗日救亡中心之一。九一八事变一周年,南开大学校钟连敲9响,次敲1响,再敲8响,用以警示国人,勿忘国耻。

与此同时,南开大学的中共地下党组织得到恢复和发展,并建立了党的外围组织——"反帝大同盟"。到1932年,南开大学已有陈宝成、苏征祥、阎沛霖等四五名党员,另有吴涪苍等共青团员。他们开办工友夜校,组织进步社团,传播革命真理,宣传抗日政策,扩大抗日救国运动的群众基础。是时,天津的白色恐怖日益严重,复兴社特务处在天津建立了特务机构,镇压抗日爱国活动。日本特务机关也专门搜集有关南开大学抗日活动的情报。1934年中共天津地下党组织遭到破坏,南开大学的共产党员处境愈加艰险。

1934年,第十八届华北运动会在天津举行,张伯苓担任总裁判。开幕式上,数百名南开学生组成的拉拉队,站在主席台对面。他们在队长严仁颖的指挥下,一边高唱"时时不忘山河碎",一边挥动紫、白两色(南开校色)小旗,连续组成"毋忘国耻""收复失地"等标语。全场三万余名观众,报以"狂风骤雨般的掌声"。东北运动员入场的时候,拉拉队齐声高呼:"练习勤,功夫真,东北选手全有根,功夫深,资格深,收复失地靠咱们。"察哈尔省运动员走过主席台,拉拉队高呼:"察哈尔,有长城,城里城外学英雄,要守长城一万里,全凭你们众英雄。"南开学生的壮举激发起在场同胞同仇敌忾的强烈共鸣和爱国热情,许多人流下了热泪。当时,参加华北运动会的日本驻津总领事气急败坏,当即提出抗议。张伯苓校长据理争辩说:"中国人在自己的国土上进行爱国活动,这是学生们的自由,外国人无权干涉。"②事后,南京政府当局要求张伯苓约束学生。他把学生领袖找来,头一句话"你们讨

---

① 《南大周刊》第114期,1931年10月6日。
② 郑一民:《华北运动会的由来及第18届华北运动会》,见中华全国体育总会文史资料编审委员会编:《体育史料》第10辑,人民体育出版社1984年版,第5页。

厌",第二句"你们讨厌得好",第三句"下回还这么讨厌","要更巧妙地讨厌"。南开人的爱国壮举成为人们传颂的佳话。《益世报》对此事作了非常翔实的报道,《大公报》刊登了时评文章,给予南开师生极高的评价。

1935年以来,日本政府通过一系列行动,制造事端,挑起摩擦,提出种种无理的要求,而国民政府一再退让,并于7月与日方达成"何梅协定",表态对日本"所提各事均承诺之"。作为一位深具使命感的爱国教育家,张伯苓感到:"何梅协定"签字以来,平津一带随时可有战祸。面对强敌,张校长临危不惧,呼吁南开人"应爱护母校,但尤应爱国"。他说:"天津如被侵袭,早受日人嫉视的南开学校,其遭遇破坏,自属必然。但我们不可因此对抗日有所顾虑。南开学校与整个国家比,实不算得顶重要。为救国而抗日,当不可顾虑本校之可能遭受破坏,甚至以此使南开学校片瓦不存,亦不足惜。"只要国家在,学校"何患不能恢复",相反

■ 1934年10月,南开学生在第十八届华北运动会上打出旗语"毋忘国耻"

如果没有了国家,即使学校幸存,被敌人利用来愚弄国民,那"办南开学校,又有什么意义"?①

华北事变,平津危机。1935年8月1日,中共中央发表《为抗日救国告全国同胞书》,号召停止内战,一致对外。12月9日,北平学生发起的一二·九运动爆发。包括南开学子在内的天津学界积极响应,举行了声势浩大的反日爱国大游行。20日,300多名南开大学学生乘车南下请愿。火车到沧州被当局阻截,不能继续南行。蒋介石指派教育部高教司长及督学2人为专员,驰往沧州,强迫学生返校。被阻沧州时,同学们在天寒地冻中忍饥挨饿,坚持斗争,向车上旅客和车站附近群众宣传抗日救国,连教育部前来劝阻的特派员亦被感动落泪。爱国学生的正义行动,得到当地群众的热情支持。津浦铁路工会、沧县中学、泊镇师范以及当地驻军都来慰问,津浦员工消费合作社还给学生们送来大米。《大公报》发表短评指出:"南大的学风,在华北是一大特色,这些优秀青年的爱国纯情,可以使人敬佩……南大此次是单独行动……我们盼望诸君,常能给学界表示模范的精神与行为。"②学生们的爱国行为,传播了中国共产党的团结抗日主张,提高了群众的抗日觉悟,从而揭开了南开大学抗日救亡运动新的一页。迫于全国学生运动的压力,国民政府同意各校代表到南京表达意见。1936年1月11日,张伯苓及3名学生代表在南京面见蒋介石,提出颁明救国方针、宣布华北屡次外交真相、切实保障华北安定与华北教育等要求。

1935年以来,南开大学的抗日爱国运动有了新的发展。在中国共产党的领导下,学生运动开始突破请愿、示威的旧格局,在与工农相结合的道路上迈出了可喜的一步。1935年暑假,二三十名进步学生组成小分队,深入北仓、杨村一带农村,调查农民生活情况,宣传抗日。学校许多民先队员和学生积极分子参加学联组织的农村义务教育活动。他们到天津郊区的小园、

---

① 龚克主编:《张伯苓全集》第2卷,南开大学出版社2015年版,第240页。
② 《大公报》(天津),1935年12月24日。

姜井、李七庄、王兰庄一带开办小学和识字班。同学们与农民同吃同住,白天给儿童上课,晚上教村民识字,宣传党的抗日主张,扩大抗日救亡运动的群众基础。

■ 1935年,南开学生在天津西郊王兰庄开办平民学校时与农民子弟合影

中共南开大学地下党组织得到发展。1935年秋,沙兆豫(又名沙琴晖、吴寄寒)、李明义(又名李哲人)等共产党员入学,组织了"铁流社"。这是一个由中共地下党领导的学生读书会组织,秘密学习马克思主义著作,宣传党的抗日主张,团结进步学生。与此同时,南开大学部分学生响应中国共产党的号召,参加"平津学生南下宣传团",扩大抗日救亡运动的影响。1936年2月,这批平津学生回城,组建"中华民族解放先锋队"(简称"民先")。南开大学民先队组织是以"铁流社"为核心建立起来的。1936年,朱家瑜(朱丹)、程人士(程宏毅)、贾明庸(秦雨屏)、刘毓璠等先后入党。同年7月,中共南开大学党支部成立,程人士任党支部书记,贾明庸任组织委员,刘毓璠任宣传委员。后来,程人士调任天津学生区委员会书记,南开大学党支部先后由贾明庸、刘毓璠主持工作。

西安事变和平解决后,学生运动继续宣传党的抗日民族统一战线政策。

1937年2月10日，中共中央致电国民党五届三中全会，提出"停止内战，集中国力一致对外"等5项要求。为了督促蒋介石抗日，北平学联和天津学联发起向国民党五届三中全会献旗活动。南开大学王绶昌、孙本旺、沈士杰等3位学生参加献旗请愿，旗上写着"团结抗日，一致对外"。虽因国民政府阻挠，学生未能将旗帜送入会场，但这一举动却扩大了抗日民族统一战线政策的影响。在中国共产党抗日民族统一战线政策的推动和全国人民的压力下，国民党五届三中全会被迫公开接受了中国共产党"停止内战，一致抗日"的主张。抗日民族统一战线初步形成。

在新的形势下，中共党组织加强了对南开大学抗日爱国运动的领导。中共天津市委负责人姚依林（化名老徐）直接指导南开大学党组织的工作。寒假期间，学校党支部在学生宿舍举办了新党员学习班。学习班由姚依林亲自主持并担任辅导。他就中国革命的基本问题拟出详细提纲，组织大家学习讨论，并解答疑难问题。姚依林还经常在市内接头地点约见学校党支部和"民先"负责人，听取他们的汇报，部署工作任务。1937年2月，姚依林来到南开大学，指示入党不久的经济研究所职员李文定（李鳌）创办党内刊物——《世界》，主要供平津及华北地区"民先"队员阅读。印刷和大部分稿件都由姚依林直接负责，由李文定编辑、发行。姚依林常以"徐文信"的笔名为《世界》旬刊撰文，指导学生运动的发展。七七事变后，南开大学的共产党员、"民先"队员奉命纷纷撤离学校，中共天津市委才决定《世界》停刊。

面对日本帝国主义的步步紧逼，南开大学教师在坚持为国育才的同时，也以自己的学术专长实现着报国救国之志。南开大学东北研究会"搜集日本侵略中国之铁证"，揭露日本帝国主义的侵华罪行。在南开大学应用化学研究所和化工系的技术支持下，中国人自己创办的硫酸厂，打破了日货对华北市场的垄断。南开经济学人还在天津《大公报》开辟《经济周刊》，研究解决中国经济问题，其中关于日本对华经济掠夺的研究，有力揭露了日本所谓"中日经济提携"的论调，指出其实质是"使中国完全地殖民地化，并且推销其工业的生产品"①。

南开大学高举抗日救亡旗帜，并积极付诸行动。因此，日本侵略者早就如芒在背，如鲠在喉，必欲除之而后快。九一八事变之后，日本特务、浪人各色人等不断来校窥视、骚扰。驻扎海光寺的日本侵略军经常携枪带炮到校园里演习、打靶，甚至将铁甲车开到南开大学桥头。随着华北局势的日趋紧张，张伯苓审时度势，于1935年末入川考察，决定在巴渝之地筹建中学，并派喻传鉴赴川主持建校事宜。1936年夏，在沙坪坝先后购地800余亩，建成重庆私立南渝中学，后改名为重庆南开中学。张伯苓曾以诗言志："大江东去我西来，北地愁云何日开；盼到蜀中寻乐土，为酬素志育英才。"张伯苓还采纳何廉建议，将南开大学的基金以及经济研究所的重要图书资料秘密转移至重庆，以备不测。

南开大学被毁

1937年七七事变后，作为日本华北驻屯军司令部所在地的天津日益危急。日本军队不断演习，加紧了进攻天津的准备。日本特务和汉奸更加肆无忌惮地活动。在日军进攻天津前夕，曾有汉奸冒充新闻记者图谋绑架南开大学学生会成员，引来留校学生群起自卫。不久，南开大学商学院一名学生遭到秘密绑架并被杀害。此后，日本军部强迫天津警察局命令：南大全体学生立即离校，否则，日人将自由行动。这一切都表明，日本侵略者正在有计划地对南开大学展开罪恶行动。

迫于形势，南开大学秘书长黄钰生等果断决定进行疏散，动员学生回家，交通不便，或无家可归的东北学生，集中在秀山堂居住，女学生及教员眷属迁往法租界暂避，组织部分师生护校，同时紧急整理图书仪器运往租界。但是，由于受到日军阻拦，装车备运的全校90%的物资中，仅有一半被

---

① 丁洪范：《中日经济提携》，《大公报·经济周刊》第128期，1935年8月28日。

运出。

当时,张伯苓正在江西庐山参加国是谈话会。他在会上发言说:"南开凝聚了我一生之心血,战端一开,难以保全。""保不住就不保了,决不能向日本人屈服!打烂了南开可以再重建,国家一旦灭亡了,还谈什么教育!"①听者无不为之动容。

日本侵略者终于向南开大学伸出了魔爪。7月29日、30日,日寇连续两天用飞机、大炮对南开大学进行狂轰滥炸。29日下午,炮轰一度停止。据目击者称,有一长列日军汽车,从南开大学开到海光寺,车上堆满了货物。事后得知,日军停止炮轰是为了抢劫尚未搬走的图书。"轰炸之不足,继之以焚烧。"30日下午3时许,日军百余名骑兵和数辆满载煤油的汽车,闯入校园,到处纵火。秀山堂、思源堂、图书馆、教授宿舍及邻近民房,尽在烟火之中。同时,日寇还轰炸了南开中学、南开女中和南开小学,在津的南开系列学校遭到全面破坏。日军野蛮轰炸南开大学后,立即对校园进行了军事占领。日军第27师团搜索队病马厂(包括病马血清研究所)、通信队及第二中队(装甲车编制)都曾长期驻扎南开大学,并把校园的一部分改为野战病院农场,日本天津中学也设在校内。

秀山堂残迹

被炸毁的男生宿舍

在实施重点轰炸前,日军曾无耻地向中外记者公开宣布要炸毁南开大

---

① 贺伟:《抗战之声从这里发出》,《党史纵横》2017年第4期。

学。著名记者爱波斯坦在1939年出版的《人民之战》一书中,记录了这样一幕:

> 午后,一切是平静的。外国记者又为日本报业会招集去。雅致的受有英国教育的队长说:"先生们,今天我们要轰炸南开大学。"
> ……
> "但是,这又有何理由去轰炸一个世界闻名的教育机关呢?"
> "先生们,南开大学是反日的基础。我们必需毁掉一切反日的基础。"
> "你是什么意思?"
> "南开学生是反日的,是共产主义者。他们常常找我们的麻烦。"
> ……①

爱波斯坦还如是记录了记者会后日军对南开大学的暴行:"日本人炸了南开。他们的飞机一队队地飞过它,飞得很低几乎能够把炸弹放在校舍上。宏伟的图书馆以及它所有的典藏与其他的建筑一同毁掉了。当轰炸完成后,日本人带了稻草与火油来,把所有没有炸完的地方放火烧掉。这是他们对于学生运动的报复。"②

当时住在天津的美国人格蕾丝·狄凡也是日寇罪行的目击者:"当燃烧弹击中政府大楼和南开大学的时候,浓烟夹着火苗冲天而起。林爱德(一位南开教授的美籍夫人,编者注)望着曾倍受保护的校园被毁坏的情形,依在格蕾丝的肩头痛苦地抽泣起来。这个离城只有几英里远,有着莲花池、林荫道的舒适校园,因为有藏书众多的图书馆、大型的学术楼和研究设施而享誉国际。林夫人愤怒地指出这次袭击是对最近南开大学学生的抗日游行示威

---

① [美]爱波斯坦:《人民之战》,上海科学技术文献出版社2015年版,第31—32页。
② [美]爱波斯坦:《人民之战》,上海科学技术文献出版社2015年版,第32页。

活动的残酷报复。"①

1937年日文报纸称南开是"有名的共产大学"

日本侵略者在《亚细亚月刊》1938年4月号《文化就是战线》的专稿中无耻宣称："天津南开大学的被毁坏，是第一步"，"南开非炸掉不可"。日本人撰写的战史中，也记录了日军轰炸南开大学的情况。据1980年出版的《飞行第六十战队小史》记载，日军"30日轰炸南开大学。其中一部分完全摧毁距天津城南方四公里的抗日据点南开大学"。日本学者石岛纪之在1984年撰写的《中国抗日战争史》一书中也坦率承认："1937年7月29日，日本轰炸机连续4小时轰炸了天津，其轰炸的目标集中在南开大学。这是因为日本军认为南开大学是抗日运动的据点。"②

这场劫难使南开大学损失惨重，教学楼、图书馆、教师住宅和学生宿舍大部毁于一旦，仪器设备破坏殆尽，珍贵的图书典籍和成套的外文期刊遭洗劫一空，重达13000余斤刻有《金刚经》全文的校钟亦被劫掠。据1943年9月25日《私立南开大学抗战期间损失报告清册》统计，学校损失的房屋、图

---

① ［美］爱丽诺·麦考利·库珀，刘维汉著，傅志爱译：《格蕾丝：一个美国女人在中国（1934—1974）》，生活·读书·新知三联书店2006年版，第76页。

② ［日］石岛纪之著，郑玉纯、纪宏译：《中国抗日战争史》，吉林教育出版社1990年版，第60页。

书、仪器设备等财产物资，按1936年价值共计法币663万元(根据1936年5月的《中美白银协定》，法币与美元挂钩，100法币＝30美元)。

南开精神愈益奋励

沧海横流方显英雄本色。在生死存亡的关头，南开大学师生表现出坚毅果敢、不屈不挠的崇高精神。日军轰炸南开园时，留守学校的有秘书长黄钰生、理学院院长杨石先、斋务负责人郭屏藩(郭平凡)等几位教工和少数学生。29日凌晨，海光寺的日本兵营开始向南方开炮，炮火离南开大学越来越近。不得已，黄钰生、杨石先等人组织师生分乘小船，向学校南面的青龙潭(现水上公园)疏散。枪林弹雨中，大家仍秩序井然，礼让登船。日军一架小型飞机紧跟小船飞行。每当枪弹袭来，郭屏藩下意识地低头躲避，黄钰生与他南北并肩而坐，乃打趣说："老郭莫要自私，你低头，炮弹不就打着我吗？"① 全船哄笑，气氛为之一松。危急时刻，南开大学师生仍然表现出坚毅乐观之精神。由于日军飞机不断扫射，大家只好跳下船，分散隐蔽在芦苇塘边的稻田里。

私立南开大学抗战期间损失报告清册

1943年9月25日造

项目	名称	数量	战前价值（元，法币）
房屋地产	地皮		400000
	秀山堂	1	100000
	思源堂	1	300000
	图书馆	1	150000
	第一宿舍	1	60000
	第二宿舍	1	40000
	女生宿舍	1	30000
	教员宿舍	1	40000
	工厂实验室	4	110000
	百树村教员住宅	22	180000
	其他	4	30000
图书	中文图书	10万册	800000
	西文图书	4.5万册	1800000
	成套报刊		500000
仪器标本机器	化学系		60000
	物理系		500000
	算学系		50000
	电工系		300000
	生物系		150000
	化工系		150000
	矿料		200000
	打字机计算机	25	30000
	其他		50000
家俱	木器		180000
	铁床	500	10000
	暖气炉管	4	40000
	电气设备		10000
	自来水管		20000
	煤气设备	2	60000
	图书馆钢铁书架		40000
其他	花木金鱼		10000
	大铜钟	1	12000
	房租地租		218000
共计			6630000

（南开大学档案）

■ 南开大学抗战期间损失报告清册

---

① 郭屏藩：《南大被炸之追忆》，见南开大学校长办公室编：《日军毁掠南开暴行录》，南开大学出版社1995年版，第65页。

天亮后，黄钰生、杨石先、郭屏藩、张新波、赵世英和5名学生冒着危险回来检点校舍，并寻觅船只，准备继续抢运物资。这时炮声仍然不断。日机又从南开大学上空投下来一面指引目标的旗子，于是海光寺日军炮火更为猛烈。大家相商请杨石先先行撤离，离开时，他只有身上一套单衣和一架照相机，看到十余年心血毁于一旦，杨石先悲愤之余誓作复校之决心。其他人急回秀山堂躲避。少顷，芝琴楼门窗玻璃震落不绝，秀山堂楼顶有爆炸声，一颗炮弹从屋顶直穿到地窖，幸未爆炸。知此地不可久留，黄钰生等人突围。无奈日军火力猛烈，他们又折返回来，准备与秀山堂共存亡。这时，工友霍文来报，日军坦克正向八里台开来。张新波建议："与其被敌人活活捉去，宁愿冒火网冲出。"他们二次突围至思源堂停船处，撑船工人老穆"持篙傍船，肃然恭候，忠勇若此，可谓难求"。船行至八里台村小桥，由于"目标暴露，敌人骤然集中射击"，郭屏藩不慎落水，"危急之际，又劳同伴提拔"[1]。种种细微之处，亦见南开精神。师生经吴家窑，到佟楼，进马场道，暂住法租界南开大学临时办公处，后又迁到英租界。

撤离南开校园时，黄钰生浑身泥水，一脸烟尘，满头乱发，眼镜架只剩下一条腿，自己家顾不上，连一身换洗衣裳都没拿，手中却提着南开大学的全部"家当"——一大串钥匙。事后当黄钰生见到张伯苓，交上这串钥匙时说：我未能保护好南开大学，但我把南开各楼室的钥匙全部给您带回来了，我的历史任务完成了。张校长热泪盈眶，紧紧握住他的手说："子坚，你辛苦了！"黄钰生还写信告知夫人梅美德（南开女中部主任）家中财物尽失。梅夫人安慰道："论职守，校产毁，私产亦毁，于心无愧。若校产毁而私产存，就可耻了。"[2]

南开被毁，国人愤怒，世界震惊。社会各界及海外正义人士给与南开大

---

[1] 郭屏藩：《南大被炸之追忆》，见南开大学校长办公室编：《日军毁掠南开暴行录》，南开大学出版社1995年版，第65—66页。

[2] 黄燕生等：《黄钰生小传》，见申泮文主编：《黄钰生同志纪念集》，南开大学出版社1991年版，第16页。

学巨大的支持。茅盾、郭沫若等56名左翼作家致电慰问张伯苓和南开师生。蔡元培、胡适等7人致电国际组织,报告日军暴行。黄炎培发表《吊南开大学并急告教育当局》,义正词严地正告日寇无法毁灭"无形的南开大学所造成的万千青年的抗敌精神"①。英美各大学教授联名谴责日军暴行。中外通讯社也纷纷报道南开被毁惨状,声讨日寇的野蛮行径。

——《申报》登载茅盾等56名左翼作家声讨日寇野蛮轰炸南开大学的电文

当时身在南京的张伯苓闻听南开大学、中学、女中、小学四部校舍被毁,"一时几难自持"②,但他在接受记者采访时仍坚定地表示,"敌人此次轰炸南开,被毁者南开之物质,而南开之精神,将因此挫折而愈益奋励"③,极大地鼓舞了南开师生士气。7月31日,蒋介石约见张伯苓等人。席间,张伯苓第一个慷慨陈词,表示抗战到底的决心。他说:"只要国家有办法,南开算什么?打完了仗,再办一个南开。"④蒋介石当即表示:"南开乃为国家而牺牲,有中国必有南开。"南开大学为抗战做出巨大牺牲,也成为对全民族抗战的极大激励。

---

① 《大公报》(上海),1937年7月31日。
② 张锡祚:《先父张伯苓先生传略》,南开大学出版社2016年版,第47页。
③ 《中央日报》(南京),1937年7月31日。
④ 吴相湘:《风云际会下的书生:中国近现代二十七位学人列传》,中国工人出版社2009年版,第131页。

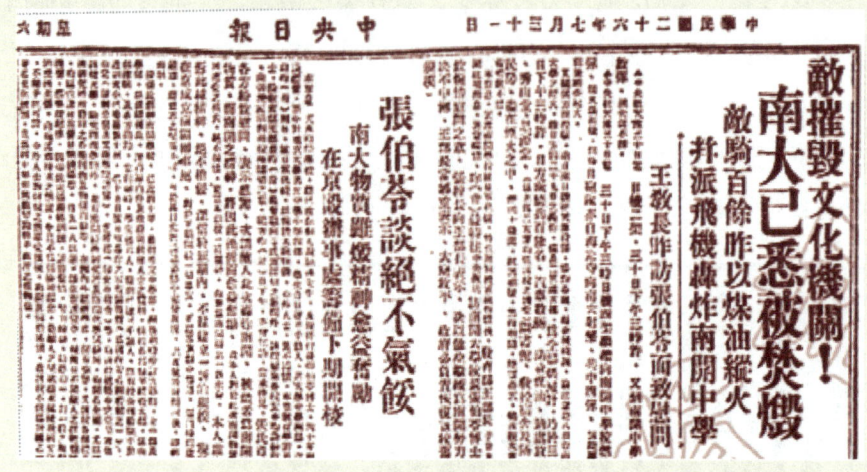

■ 张伯苓发表"南开之精神将因此挫折而愈益奋励"的讲话

值得一提的是,抗战胜利后,1947年1月5日,在南京的南开校友为张伯苓一行举办茶会,南开校友会南京分会召集人、中央通讯社唐际清在致辞中说:"据我所知,抗日战争胜利后,在被立案惩处的汉奸之中,没有一个是战前的南开学校毕业生。虽然这个发现暂时也许不宜公诸报端,但是凡我南开校友理应为此自豪。"3月19日,张伯苓回到天津,南开校友、天津市市长杜建时也向张伯苓报喜:平津二市被立案的汉奸之中,没有一个战前南开毕业生。张伯苓笑答:"这比接受任何勋章①都让我高兴。"②

南开大学被毁后,学校大部分地下党员、"民先"队员分赴各地参加抗日。庶务科、会计科二三人留守天津,借用法租界巴黎道青年会处理学校善后事宜。少数教师离开学校另谋出路,一部分教师随经济研究所和化工系迁往重庆,绝大多数师生辗转南迁,加入长沙临时大学,在战火和困境中,弦诵不绝,薪火相传。

---

① 1944年1月,国民政府以张伯苓终身从事教育、有功于国家,特授予一等景星勋章。景星勋章于1941年2月12日颁行,分为一等至九等,授予对国家有特殊贡献的中外人士。一等景星勋章用大绶,由国民政府主席亲自颁赠。

② 梁吉生:《张伯苓年谱长编》下卷,人民教育出版社2009年版,第240页。

二、学府南迁与联合办学

全面抗战爆发后,我国沿海地区的一批高校辗转内迁。其中,南开大学、北京大学、清华大学奉命到长沙组建临时大学,继而再迁昆明,成立西南联合大学。

短暂的长沙临时大学

风急雨骤,黄钟毁弃,华北之大,已放不下一张安静的书桌。为保存学术实力,赓续文化命脉,培养急需人才,开拓内陆空间,国民政府采取了应急措施,包括选定若干适当地点,分区成立临时大学,其中第一区由国立北京大学、国立清华大学和私立南开大学组成,校址定在湖南长沙。1937年8月,长沙临时大学筹备委员会在南京成立。国民政府教育部部长王世杰为筹委会主席,南开大学校长张伯苓、北京大学校长蒋梦麟、清华大学校长梅贻琦为筹委会常委。9月10日,国民政府教育部发布第16696号令:"以北京大学、清华大学、南开大学和中央研究院的师资设备为基干,成立长沙临时大学。"南开化工所和经济研究所迁往重庆南开中学。临时大学开办经费25万元法币由教育部筹拨。三校以各种方式通知各地师生到长沙集中。

10月25日,长沙临时大学开学,校址位于长沙城东的韭菜园,主要租借圣经学院和涵德女校,另有湖南省政府拨给的原清朝军队的49标营房。11月1日,学校正式开课。此后仍有众多师生陆续报到,又有大批学生相继投笔从戎。据长沙临时大学名录记载,学生人数总计1716人,教职工148人。长沙临时大学对三校原来的院系进行若干调整、归并,共设文、理、工、法商4个学院,17个学系。冯友兰、吴有训、顾毓琇、陈序经分别担任文学院、理学院、工学院、法商学院院长。各系不设系主任,系务由各系的教授会主席主持。

1937年10月南开大学部分教师在长沙临时大学校舍前合影(左三为杨石先,左五为黄钰生,左六为方显廷,左七为陈序经,左八为蒋硕民)

长沙临时大学的行政体制实行常务委员会制。张伯苓、蒋梦麟、梅贻琦任常委,总理全校重大事宜。常务委员会下设3个处,张伯苓兼建设长,蒋梦麟兼总务长,梅贻琦兼教务长。临时大学还设立若干委员会,广泛吸收教授参与校务管理。

长沙临时大学开学后,太原、安阳、上海相继沦陷。不久,南京失守,武汉告急,侵华日军对长沙的轰炸日益频繁,包括轰炸学校的基建工程。师生们时常遭受"跑警报"的危险与麻烦,无法安心上课,长沙临时大学常委会遂决定继续南迁。

1938年1月中旬,国民政府教育部批准学校迁址云南昆明。学校成立迁移昆明办事处,并推定北大的秦瓒、清华的王明之、南开的杨石先先期赴云南"打前站",与各方面联系筹划,选定校址。当时,由长沙到昆明没有铁路,杨石先等人乘汽车翻山越岭,在沙土公路上颠簸了十几天到达昆明。他们立即开始勘察校址,最后选定工学院设在昆明城外西南的拓东路,租用迤西会馆、全蜀会馆和江西会馆上课,理学院租用昆华农校、昆华中学、昆华师范上课,文学院和法商学院设在距离昆明市300余公里的蒙自(1938年8

第三章 抗日御侮 刚毅坚卓

月,蒙自分校撤销,文学院、法商学院迁回昆明)。

长沙临时大学师生分路入滇,主要有两条路线:一条是湘黔滇旅行团路线,成员为体检合格,获得"甲种赴滇许可证"的男生。第二条是校本部路线,成员为教师及眷属、全体女生、体弱的男生,这一路由长沙乘火车,走粤汉铁路到广州,自香港乘船到越南海防,再改乘火车,走滇越铁路,抵达蒙自、昆明。其中,女学生由梅美德(黄钰生夫人)带队。还有许多师生是自行赴滇的,例如郑天挺组织北大教师及眷属一行十几人,由长沙乘汽车,抵达昆明;陈岱孙组织朱自清、冯友兰等部分教师,由长沙乘火车,走湘桂路,到越南河内,再改乘火车,走滇越路,抵达蒙自、昆明。

湘黔滇旅行团共计300余人,同行教师11人组成辅导团,南开大学教师有黄钰生和侯洛荀。黄钰生担任湘黔滇旅行团指导委员会主席,旅行团的经费管理、行军路线、宿营、伙食安排,事无巨细,他都亲自筹划和指挥。他把全团经费数万元巨款用布带缠在腰间,与学生们一道,一步一步地走到昆明。他自嘲说:"我是腰缠万贯下西南啊!"黄钰生以身作则,处事公允,得到旅行团成员普遍称赞。在旅途中,他十分强调三校团结,南开大学学生与外校学生发生争吵,他首先严厉批评南开学生。有一次,因为住宿分房的问题,南开同学向黄钰生告状:北大、清华人多势众,我们吃了亏。他却说:我不爱听这校那校的,我不是经常说"三校一家"么?要好好团结,大家相处久了,熟了就好了。他还意味深长地说:如果南开同学与南开同学吵架,各打50大板;如果与外校同学吵架,对南开学生加倍打。消息传出,学生们备受感动,加强了团结,成为同甘共苦的朋友。①在他的带领下,旅行团胜利完成任务抵达昆明。为此,他在手杖上刻上"行年四十,步行三千"的字样,深以为豪。

---

① 郑文:《黄钰生》,见南开大学办公室编:《南开人物志》第1辑,南开大学出版社1999年版,第138页。

■ 1938年黄钰生（左一）与南开大学旅行团员于贵州盘县合影

　　参加旅行团的学生每人发一身黄色军装和一件黑色棉大衣，实行严格的军事化管理，团长由湖南省主席张治中指派的中将参议黄师嶽担任。全团分为2个大队，大队长由军训教官担任。每个大队分为3个中队，每个中队分为3个小队，三校学生混编成队，中队长、分队长均由学生担任。

　　2月20日，湘黔滇旅行团慷慨辞别长沙，登上漫漫征程。学生们一身戎装，头戴军帽，身着军服，打着绑腿，脚穿草鞋，斜挎水壶、干粮袋，背着一把湖南菲菲伞，教师们则身着便装。他们先乘船沿湘江入洞庭湖，抵达益阳。然后舍舟步行，渡沅水，至常德，再乘舟到桃源，并再次转为步行。师生们翻山越岭，晓行夜宿，有时借住荒村野店、破寺古庙，与泥像为伴，猪牛为伍。在湘西时常遭到土匪的侵扰，一度因暴雨和大雪困于沅陵。3月12日再次出发，先乘车至晃县，然后改步行，经湘黔交界之处的鲇鱼铺，进入"地无三尺平，天无三日晴"的贵州境内，经玉屏、青溪、镇远、施秉、黄平、重安，在铲山与当地苗民联欢，又经贵定、龙里，抵达贵阳。4月4日，旅行团冒雨离开贵阳，途经清镇、安顺、镇宁、永宁，行至盘江，因铁索桥垮断而冒险乘小木舟渡江，水流湍急，惊险万状。4月14日，旅行团离安南西行，沿着著名的"二十四拐"盘山公路，抵达普安，后经盘县，过胜景关，进入云南境内。继而途径平彝、沾益、曲靖、马龙、杨林,终于在4月28日抵达昆明。这次行军历时68天,辗转湘、黔、滇三省,行程3000余里,完成了中国教育史上的一次壮举,彰显了中华民族的无畏精神和强大凝聚力。

湘黔滇旅行团的宗旨是"使迁移之举本身即是教育"。一路上,师生们常常高唱《义勇军进行曲》等抗日歌曲,向民众介绍抗战形势,揭露日军暴行。他们沿途考察风土人情,访问苗家山寨,旁听村民议事,了解民间疾苦。师生们随时随地开展科学研究,有的勘探地质,有的采集标本,有的写生作画,有的记录语言素材。南开大学哲学教育系学生刘兆吉不顾旅途的辛苦和语言的障碍,收集到湘西、黔东、滇南各民族的民歌、民谣2000多首。黄钰生曾经生动地描绘了刘兆吉采集民谣时的情景:"一群人,围着一个异乡的青年,有时面面相觑,有时哄然大笑,是笑语言不通,指手画脚;面面相觑,是要窥测真意。本来,一个穿黄制服的外乡人,既不是兵,又不一定是学生,跑来问长问短,是稀有的事,是可疑的事——稀有,所以舍不得让他就走,可疑,所以对他又不肯说话。这是我所见到的情景。刘君用力之勤,工作之难,可以想见。"①后来,刘兆吉筛选700余首民歌民谣,整理成《西南采风录》,于1946年由商务印书馆出版。这本书受到著名学者闻一多、朱自清、黄钰生等人的高度评价,被誉为"现代诗经三百篇"。一批参加旅行团的学生后来成为著名学者,其中王玉哲、申泮文、严志达、查良铮(穆旦)是南开大学的著名教授。

合组国立西南联合大学

1938年4月2日,国民政府国防最高会议决定长沙临时大学改称"国立西南联合大学"。5月4日,学校开始上课。校训为"刚毅坚卓";校徽为三色三角形;校歌是由罗庸作词,张清常谱曲的《满江红》。校庆日为1937年长沙临时大学正式开课的11月1日。

---

① 刘兆吉:《西南采风录·黄序》,商务印书馆1946年版,第1页。

西南联大校门

西南联合大学的最高行政领导机构是由三校校长及秘书主任组成的常务委员会,学校大政方针实行合议制。常委会每周举行一次,研究讨论学校各项重大工作,诸如人事安排、经费支配、多种专门委员会的设立或撤销、处分学生,等等。常委会做出决议后,由各部门贯彻执行。1938年10月18日第91次常委会决议:"本大学各院、处长此后得列席常务委员会会议"①,充分体现了集体领导与民主精神。

常委会主席原定由三校校长轮流担任,一年轮换一次,首先由梅贻琦担任。南开与北大、清华,可谓有着"通家之好"。梅贻琦是南开中学最早的毕业生,与张伯苓有师生之谊,其夫人韩咏华师出严氏幼师,并由严修介绍与梅贻琦结婚。蒋梦麟及北大教授丁文江、陶孟和、胡适等都是南开大学校董会董事,多年参与南开校务。西南联大成立之初,张伯苓曾对蒋梦麟说,"我的表你戴着"(意即你代表我),对梅贻琦说,联大校务还请梅先生多负责。

---

① 北京大学,清华大学,南开大学,云南师范大学编:《国立西南联合大学史料》(会议记录卷),云南教育出版社1998年版,第70页。

三校领导人"俱为君子",他们顾全大局,互尊互信,形成了融洽和谐的关系,这是西南联大取得成功的重要条件之一。如果没有他们的精诚合作,要把三校师生团结起来,延续中国教育的命脉,是一件非常困难的事。3位常委既明确分工又团结协作。蒋梦麟既有教育经验,又有行政经验,利用与国民政府的特殊关系,主要负责与政府接洽。张伯苓在抗战期间曾担任国民参政会副议长和中央监察委员,行政事务繁忙,在西南联大的时间并不多,但他很注重利用自己在政府任职的条件,为西南联大争取政策和资源。梅贻琦实际主持常委会工作,管理学校日常事务。他为人沉稳、少言、忍耐、刚强,平易近人,作风民主,时人称他为"寡言君子"。梅贻琦的品格深深影响了西南联大师生,也展现了西南联大师生的精神面貌。

常委会下设3处,初期为总务处、教务处、建设处。南开大学秘书长黄钰生任建设长,负责筹划新校舍的建筑工程,后随建校任务完成撤销建设处。1939年,根据教育部的统一规定设训导处,查良钊(后受聘南开大学)任训导长。此时仍保持3处的体制。联大的行政管理层次分明,责权明确,人员精干,办事高效。西南联大学生申泮文曾说:在校领导班子中绝对没有非教闲杂人等滥竽充数,所以也就没有外行领导内行的问题了。

按照《大学组织法》规定,西南联大设有校务会和教授会。校务会议由校常务委员、教务长、训导长、总务长、各学院院长及由教授、副教授中选出的代表组成,其职权为审议学校的预决算、学系的设立与废止、学校各项规章制度的颁行、建筑及重要设备的添置,讨论改进校务及常委会交议事项。教授会由全体教授、副教授组成,校常务委员为当然成员。教授会为咨询机构,听取常委会主席报告工作,讨论学校的重大问题,向常委会或校务会议提出建议或讨论它们交议的事项,选举参加校务会议的代表和候补代表。教授会虽属咨询机构,但对学校的行政管理、教学实施、学生活动都有相当重要的作用和影响,一定程度上体现了教授治校的精神。例如,一二·一运动期间,教授会多次开会,声援学生的罢课斗争。

除教授会外,学校还有许多聘请教授参加并由教授任主席的常设的或临时的专门委员会,如图书设计委员会、理工设备设计委员会、一年级学生课业指导委员会、防空委员会、毕业生资格审查委员会、迁校委员会等。粗略统计,前后设立的专门委员会有70多个。这些委员会帮助学校做了大量工作,也是教授治校原则的一种体现。

三校还分别设有办事处,保留着各校原有的某些行政和教学组织系统,负责处理各校自身事务。南开大学办事处最初在龙翔街,后迁至文化巷8号,主要由黄钰生等人负责,工作人员不过五六人,管理学校经费以及南开师生的教务和生活事宜。校长张伯苓常驻重庆,校长办公室秘书伉乃如随去,学校大政方针,由黄钰生与伉乃如通讯联系,由伉乃如向张校长请示。

西南联大绝大部分教师分别由三校自行聘任,然后再由联大加聘,也有一些教师是专由联大聘任。教师的聘任一律定为一年一聘,达不到条件无论何人绝不续聘,保证教师队伍质量。联大教师严格自律,教书育人,在艰难困苦中坚持为国家、为民族培养雪耻复兴之才。他们身上表现出的吃苦耐劳、团结合作精神,实为中国知识分子的楷模。西南联大继承和发扬了三校的学术民主精神,形成兼容并包和学术自由的氛围。西南联大的成功是"民主传统,宽容精神"的结晶。在教育和研究上,不同的学术流派、不同的学术观点、不同的治学传统都可以存在,异彩纷呈,并行不悖。西南联大经常举办学术报告及时政讲演,除联大教授登台讲学外,还经常邀请校外学者和各界人士来校讲演,包括陈独秀、徐特立、老舍、范长江、孙伏园、李公朴、罗隆基、陆诒、陈诚等学界、新闻界、政界知名人士都曾到校讲演,发表各种观点,展现出西南联大的学术自由和包容。正如冯友兰在撰写的《国立西南联合大学纪念碑碑文》中指出的那样:"文人相轻,自古而然",且"三校有不同之历史,各异之学风",却能"八年之久,合作无间。同无妨异,异不害同;五色交辉,相得益彰;八音合奏,终和且平"[1],实属难

---

[1] 西南联合大学北京校友会编:《国立西南联合大学校史》,北京大学出版社2006年版,第73页。

得,可资纪念。

三校原有学生在西南联大继续就读者,保留原校学籍与学号,西南联大统一招收的学生为西南联大籍,学号分别标明N(南开)、P(北大)、T(清华)、A(联大)。研究生由三校分别招收,学籍不属于西南联大。研究生人数不多,但质量较高,许多人后来成为国内外知名学者。西南联大重视学风建设,对学生要求非常严格,建校之初便制定了《国立西南联合大学教务通则》,在此基础上制定了学生选课制度、学生成绩计算办法、旁听生规则、借读生规则等相关规定,反映了西南联大教务制度设计的精细化程度。西南联大考试评分极为严格,不及格率很高。不及格的课程不能补考,只能重修。一学年中不及格课程的学分占学分数1/3者,留级;达到1/2者,退学。因此,在西南联大能顺利随班升级,并不是一件很容易的事。西南联大在学生管理上宽严并济,强调学生自治与自我教育,营造宽松的环境与民主的氛围。学生们享受结社和出版的自由,在校园内以各种形式的壁报来表达自己的观点。在教学上,倡导教学互动、教学相长和师生平等,形成了一个自由民主、思想活跃的教学环境。学生们既可以自由选课,又可以旁听,还可以与教师辩论。有些学生直言教师的错误,反而受到教师的欣赏。著名数理逻辑学家王浩把他在西南联大度过的那段时光称为"谁也不怕谁的日子"。此外,学校还有"seminal"即自由讨论、茶会、沙龙等活动,调动了学生学习的主动性。严格的管理与宽松的环境,看似冲突的两者统一于一身,正是民主精神的体现。

西南联大是一所多学科、多层次、多规格办学的综合性大学。建校初期院系设置与长沙临时大学时期相同,设文、理、工、法商4个学院,17个系。至1941年时,全校设有文、理、法商、工、师范5个学院,26个系,2个专修科(1944年增为4个),1个先修班,5个研究所下设19个学部,成为当时国内规模最大的高等学校。

西南联大把南开教育提升到一个新的水平。合组办学前,南开大学是一所规模不大的私立大学,只有学生400余名,教职工百余名。而西南联大是当时国内规模最大的高等学校，仅教师即达三四百名，其中一半以上是教授，每年开出300门以上课程，相当于战前南开全部课程的3至4倍，而且课程类型、学科门类比南开更加齐全，学术研究更为前沿。西南联大民主办学、教授治校、兼容并包、学术自由的办学思想和管理模式，也进一步推动了南开教育理念创新与现代大学制度建设。

西南联大精神与办学成就

西南联大在滇办学历时8年，三校秉持"刚毅坚卓"的校训，融合"清华和南开的严谨教学的精神，及北大自由研究的传统"，紧密合作，共同谱写了中国高等教育史上的光辉篇章，成就了一段不朽的教育奇迹。

西南联大在颠沛流离中创建，在日寇轰炸中生存，办学条件异常困难，学校经费捉襟见肘，图书资料和仪器设备极为缺乏。当时的化学实验课，每组学生只能分到一个装着3根火柴的火柴盒，做完实验还要把火柴盒连同借用的仪器一起归还。有一次，一名学生发现火柴用完了，随手把空盒丢到垃圾堆里，面对管理员的询问满不在乎地说：一个破火柴盒还要它干吗！次日，他被化学系主任杨石先叫到办公室。只见那个火柴盒静静地放在办公桌上，十分刺眼。杨石先严厉地批评了那位学生，教育他战时学校办学艰难，要爱惜公物，勤俭节约。西南联大师生因陋就简，想尽办法自制或仿制一些实验仪器，坚持开展教学科研工作。显微镜用的载玻片买不到时，就切割被空袭震碎的窗户玻璃代替，盖玻片代之以当地产的云母片。电炉用黏土自制，兵工厂废弃的刨屑则是电炉丝的代用品。凡此种种，在西南联大可谓处处可见。

物资匮乏，物价飞涨，师生们的生活遇到了许多困难。梅贻琦的眼镜在一次"跑警报"中弄丢了，家中竟无钱给他再配一副，而他没有眼镜就不能看书，一时非常狼狈。算学系教授姜立夫患胃溃疡、十二指肠出血，只能把糙米磨成粉面充饥。化学系主任杨石先靠典当衣物勉强度日，还不时资助困难学生。化学系教授邱宗岳交不起房租，任教之余到大街摆地摊以维持生计。边疆人文研究室主任陶云逵因贫病交加而英年早逝，其夫人生活无着，竟投河自尽，幸被渔民救起，送医院抢救时，在其口袋里发现了一封遗书，人们才知道这位衣衫褴褛的投水女人，竟是堂堂教授夫人。许多教师不得不做些兼职以补贴家用。教授夫人们更是各显神通，想方设法，维持生计，有的绣围巾，有的做帽子，也有的做一些小食品拿到街上叫卖。梅贻琦夫人韩咏华自制米糕售卖，取名"定胜糕"（即抗战一定胜利之意），一时成为街头巷尾的奇谈。

▬ 茅草教室

学生们的生活同样艰苦。宿舍和教室多是夯土为墙的茅草屋，有些是破旧寺庙改修而成。杨石先回忆说："当时还有一种铁皮顶的教室。夏天泥地上长草，雨天铁皮顶奏乐，讲课要大声喊叫才行。"[①]1943年，英国著名学者李约瑟访问西南联大时看到："学生们住在糟糕拥挤的宿舍里，并且遭

---

① 杨光伟：《杨石先传》，南开大学出版社1991年版，第55页。

受着肺结核一类疾病的严重侵袭。因为缺乏洗涤设施,沙眼一类的感染非常普遍。"①学生们吃的是掺杂秕子、沙子、泥巴、老鼠屎的"八宝饭"。即使这样的饭菜,也不能吃饱。由于营养不良,有的学生晕倒在课堂上,一些学生因病休学。

但是,师生们胸怀报国理想,虽茅茨土阶,箪食瓢饮,亦不改其志。历经两次南迁的西南联大在艰苦的办学条件下,恢弘学术,汇聚名师,培养精英,成绩斐然。从1938年至1946年,先后在西南联大学习过的学生达8000余人,毕业3886人,其中本科生3730人(联大学籍2440人,北大学籍369人,清华学籍726人,南开学籍195人),专科生75人,研究生81人。曾在西南联大任教或学习的著名学者和社会活动家不胜枚举。据统计,1948年中央研究院81名首届院士中,有联大教师27位;截至2004年,中国科学院、中国工程院院士中,有联大师生173位,"两弹一星"功勋奖章的23名获奖者中,联大师生有8位;联大学生杨振宁、李政道获1957年诺贝尔物理学奖。此外,还培养了一批杰出的社会科学家和人文学者。西南联大汇聚了众多名师巨匠,开设课程之多,学术领域之广,教师阵容之强,科研成果之丰,在国内堪称首屈一指,在国际学术界赢得了很高声誉。

联大精神亦是西南联大留给人们的宝贵遗产。"联合大学以其兼容并包之精神,转移社会一时之风气,内树学术自由之规模,外来'民主堡垒'之称号,违千夫之诺诺,作一士之谔谔。"②联大精神就是继承和发扬五四运动的爱国、进步、民主、科学精神。以天下为己任,做思想之先驱,为国家之栋梁,是西南联大人共同追求的价值标准。

联大人的民主与科学精神,在许多方面体现得淋漓尽致。1940年6月的一次教务会议(由教务长主持,全体教授参加)上,通过了一封致联大常委

---

① 岳南:《南渡北归》(2 北归),湖南文艺出版社2011年版,第143页。
② 西南联合大学北京校友会编:《国立西南联合大学校史》,北京大学出版社2006年版,第73页。

第三章 抗日御侮 刚毅坚卓

会的义正词严的公函,表达了对国民政府教育部颁布大学各学院共同必修科目表,之后又陆续颁布各系必修课程表、部订教材以及学生成绩考核方法等硬性规定的不满。这份《教务会议呈常委会文》指出:

> 部中重视高等教育,故指示不厌其详。但准此以往,则大学将直等于教育部高等教育司中之一科,同人不敏,窃有未喻……教育部为政府机关,当局时有进退,大学百年树人,政策设施宜常不宜变。若大学内部甚至一课程之兴废亦须听命于教部,则必将受部中当局进退之影响,朝令夕改,其何以策研究之进行,肃学生之视听,而坚其心志,此同人所未喻者三也。①

此信抄呈国民政府教育部三个月后,教育部终于默许联大对教学工作的各项训令可以变通执行。这件事,从一个侧面充分体现了联大人的民主与科学精神。

西南联大校训"刚毅坚卓"是联大精神的真实写照。所谓"刚毅坚卓",就是在困难和逆境中对爱国、进步、民主、科学的执着坚守,对肩负责任和使命的勇敢担当。在中华民族面临存亡绝续的危急时刻,西南联大师生于困厄中坚持学业,教学相长,于悲愤中养浩然之气,以柔弱的肩膀承载起时代与历史的使命,体现出中国知识分子在强敌和困难面前不屈的风骨与必胜的信念。在风雨如晦的大时代,西南联大的存在,本身就是一种民族精神的标注。

中国的三所著名大学,长途迁徙,联合建

——西南联大校训

---

① 北京大学,清华大学,南开大学,云南师范大学编:《国立西南联合大学史料》(总览卷),云南教育出版社1998年版,第17—18页。

校,精诚合作,共济时艰,在极端艰难困苦中,弦歌不辍,赓续中华民族的文化血脉。这不仅是中国教育史上的奇迹,也是世界教育史上的奇迹。正如西南联大校歌所云:

万里长征,辞却了五朝宫阙。暂驻足,衡山湘水,又成离别。绝徼移栽桢干质,九州遍洒黎元血。尽笳吹、弦诵在山城,情弥切。

千秋耻,终当雪,中兴业,须人杰。便一成三户,壮怀难折。多难殷忧新国运,动心忍性希前哲。待驱除仇寇复神京,还燕碣。

三、西南联大时期的南开

南开大学与北京大学、清华大学合组的西南联合大学创造了抗战教育的世界奇迹。三校师生传承着民族文化的血脉与灵魂,表现出民族精神的不屈与奋进,谱写了可歌可泣的不朽乐章。在这一伟大的历史过程中,南开人做出了不可磨灭的贡献。

南开人对西南联大的贡献

南开大学在西南联大三校中规模最小,但贡献却不小。黄钰生曾在西南联大校庆九周年纪念会上说:"南开虽小,而尽了力量。"[①]南开大学先后参加西南联大教学工作的有50余人,其中教授、副教授占50%以上。南开大学许多教师在西南联大担任重要职务,为学校的建设发展做出了突出的贡献。例如,1938年,长沙临时大学决定迁往昆明后,张伯苓与蒋梦麟多次

[①] 《梅贻琦、黄子坚、胡适在联大校庆九周年纪念会上的讲话摘要》,《益世报》(北平),1946年11月2日。

拜访云南省政府主席龙云、云南省教育厅厅长龚自知、云南省经济委员会主任缪云台、云南大学校长熊庆来,协商借用校舍等各项事宜,为临时大学整体搬迁创造条件。

1939年秋,张伯苓赴西南联大时与在校南开大学部分教职员工合影

再如,南开大学秘书长黄钰生的奉献精神有口皆碑,别人管不了的事,都交给他来办,几乎成了"不管部"部长。长沙临时大学组建时,他成为张伯苓和南开大学的首席代表,还在若干委员会中担负重要责任。1938年初,长沙临时大学南迁昆明,他担任"湘黔滇旅行团"指导委员会主席,带领300多师生完成了中国教育史上罕见的一次文化"长征"。到达昆明后,他代表张伯苓参加西南联大管理层,肩负了大量的校务管理工作。他还出任西南联大建设长,负责筹划新校舍的建筑工程。昆明大西门外120亩新校舍的落成,凝聚着黄钰生的大量心血。后来,随着建校任务完成撤销建设处,黄钰生又受命筹建西南联大师范学院,担任院长8年之久,并兼任附中、附小主任。他把南开的教育传统、办学经验与蔡元培倡导的兼容并包思想融注到师范学院,不但将师院办得井然有序,实现了为云南培养优秀中学师资的任务要求,而且将师院附中也办成为昆明市的著名中学之一。抗战胜利后,师范学院及其附属学校整建制留在昆明,

成为云南的教育重镇,人们感怀黄钰生的办学业绩,称誉他将"无限遗爱永留西南边陲"。

杨石先担任西南联大化学系主任,1943年任教务长,并时常在梅贻琦离校时,代理常委会主席。尽管行政工作繁忙,杨石先仍然全身心地投入教学工作中,带头讲授基础课。当时西南联大理学院和工学院异地而设,相距5公里之遥,没有交通工具,他每周两次徒步到工学院上课,不以为苦,且从不迟到、从不误课,为全校教师起到表率作用。杨石先十分关心青年学生的成长,对学生们学业发展道路上的困惑,总是耐心指导;对学生们生活上的困难,也总是想方设法给予接济。他不仅在有机化学研究方面有杰出成就,而且言传身教,善育英才,为我国化学界培养了唐敖庆、陈天池、何炳林、陈茹玉、申泮文、王积涛等一大批著名学者和教授。

此外,在西南联大担任重要职务的南开大学教师还有:训导长查良钊,商学院院长陈序经,化工系主任张克忠(1940年离校)、谢明山,商学系主任丁佶、陈岱孙,外文系主任柳无忌,哲学心理系主任冯文潜,机械系主任孟广喆,图书馆负责人董明道。他们都为西南联大的建设和发展做出了重要贡献。

西南联大学术气氛浓厚,涌现出一大批享誉中外的科学人才,取得丰硕的科研成果。南开大学教师在战火与困境中坚持开展科学研究工作,为西南联大学术发展贡献力量。姜立夫发表论文《圆素和球素几何的矩阵理论》,运用现代方法改造经典圆素与球素几何学,使之具有新的形式;杨石先开展药物化学研究;谢明山等开展褐煤分析及炼焦实验、靛青制造等的研究;陈天池开展有关"原子半径"的研究;何炳林从事中草药的研究;陈序经撰写四册本《文化学概观》,由商务印书馆1947年出版,学界评价该书"详征博引","诚为战后国内出版的一部巨著"。柳无忌、曹鸿昭合译并出版的《英国文学史》,为国民政府教育部指定大学用书;蔡维藩致力于西洋史和现代国际关系史研究,撰写50余万字的《欧洲外交史》;李广田先后出版散文集《灌木集》《回声》《日边随笔》,评论集《诗的艺术》,短篇小说

第三章 抗日御侮 刚毅坚卓

集《欢喜团》以及长篇小说《引力》等,在学术界引起巨大反响;鲍觉民撰写文章批评重庆政府的经济政策,产生了很大的社会影响。吴大业撰写的《物价继长的经济学》,弥补了学术研究的一项空白。查良铮(穆旦)出版诗集《探险队》《穆旦诗集(1939—1945)》等,为中国现代诗注入新的活力;杨志玖(1941年到南开大学任教)发表论文《关于马可·波罗离华的一段汉文记载》,证实马可·波罗确实到过中国并订正其离华时间,是该研究领域的开创性成果。

南开大学经济研究所在西南联大时期亦称商科研究所经济学部。1939年在重庆南开中学恢复,在昆明设有办事处。联大期间,共招收7届研究生,后来成为知名学者的有陶大镛、桑恒康、杨叔进、滕维藻、钱荣堃、陈志让等。研究成果侧重战时通货膨胀的研究,中国农业经济的研究,编辑重庆物价、生活指数等,同时出版了一批教科书和专著,在抗日大后方产生了重大影响。

1942年初,黄钰生与冯文潜借云南修筑石佛铁路的机会,在云南著名人士缪云台支持下,创建了南开大学边疆人文研究室,聘请西南联大社会学系教授陶云逵为研究室主任主持工作。研究室"以边疆人文为工作范围,以实地调查为进程,以协助推进边疆教育为目的",一方面为石佛铁路的修建提供筑路沿线的社会经济、人文地理等调查资料;另一方面,为南开大学文科的长远发展起到了建基铺路的作用。陶云逵、冯文潜、邢公畹、黎国彬、高年华等一批研究人员开展了大量的、艰苦的田野调查研究,足迹遍及云南的山山水水,完成了《西南部族之鸡骨卜》等一系列轰动学术界的民族人类学经典之作。研究室还油印出版了《边疆人文》学术期刊,刊发了一批高质量的调查报告,内容涉及边疆语言、人类学、人文地理、边疆教育。边疆人文研究室的建立,秉承了南开大学"知中国,服务中国"的办学理念,既是南开历史上的壮举,也是西南联大独具特色的学术成就。这一学术机构存在的时间虽不足5年,却在中国人类学民族学史上书写了重要的篇章,彰显着南开学人追求学术进步、探索科学真理的执着精神。

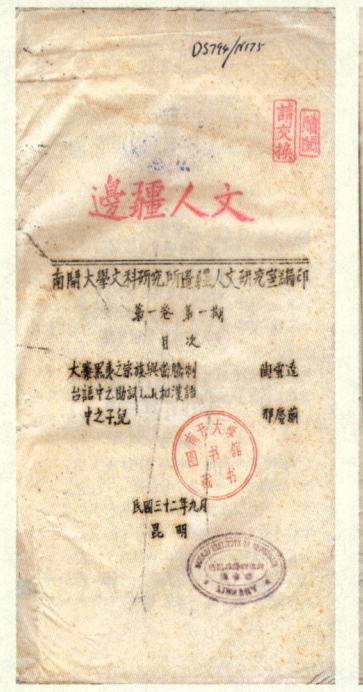
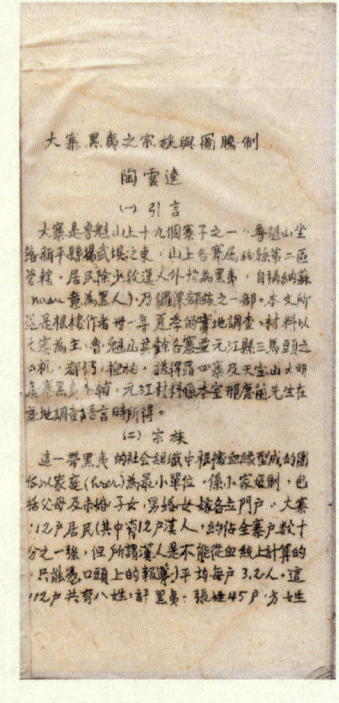

1943年在昆明油印出版的《边疆人文》

南开人还为发展云南的科教文化事业服务。王赣愚、陈𥱌谷等应云南大学校长熊庆来之邀到云南大学长期授课,后来陈𥱌谷终生留任该校。三校复员北归后,西南联大师范学院继续留在昆明办学,南开的查良钊被借调担任院长,蔡维藩也继续留任,承担为大西南培养师资的任务。张克忠出任云南化工厂厂长,生产硫酸、碱、酒精、磷肥等市场急需的化工产品,并培养了一批工程技术人才。

唤起民众抗战

南开大学师生积极宣传抗战,为唤起民众贡献了力量。1937年11月17日,张伯苓在长沙临时大学南开校友聚会上发表讲演《抗战前途的观察》,指出:中国抗战没有终止的时候,除非失地完全收复。他希望南开校友"随时宣传抗战的最后胜利",尽"知识分子应尽的责任"①。1938年10月17日,南开校友第十届各地分会代表大会在重庆召开,张伯苓发表讲话,表示抗战到底,中国必胜的决心。1940年1月,张伯苓在电台对美国发表广播讲演,呼吁美国停止供应日本军火,表示"中国为自由生存而战,准备一切牺牲,抗战到底"②。张伯苓的讲话极大地鼓舞了南开师生及民众的士气。

抗日战争爆发后,周恩来与南开师友有了较多联系与接触,他经常参加校友活动,纵论天下大势,宣传中国共产党的方针政策,激励大家团结抗日。1938年5月,武汉100多名南开校友集会,周恩来出席并讲话说:"南开除严格之训练与优良之校风外,有两点至可注意:一为抗日御侮之精神,一为注意科学训练。"③1939年1月初,

张伯苓题词"保卫祖国"

张伯苓邀请周恩来到重庆南开中学,向师生作题为《抗日必胜的十大论点》的报告。周恩来还结合当时形势对"公能"校训作了新的解释,他讲道:"在当前,公,就是国家大事,就是抗战到底,取得最后胜利,把日本侵略者赶出我神圣的领土;能,就是学习,学好抗日的本领、建国的本领,打倒日本帝国主义,建设一个强大的国家。"④9日,周恩来应邀出席南开校友总会在重庆

---

① 龚克主编:《张伯苓全集》第3卷,南开大学出版社2015年版,第37页。
② 梁吉生:《张伯苓年谱长编》下卷,人民教育出版社2009年版,第421页。
③ 王文俊等:《张伯苓教育言论选集》,南开大学出版社1984年版,第232页。
④ 中共中央统战部统战理论研究中心等编:《相遇贵相知——中国共产党领导人与党外人士交朋友的故事》第4辑,辽宁教育出版社1992年版,第20页。

的集会，发表《抗战建国与南开精神》的讲话，称："南开传统的精神为抗日与民主，为苦干、实干与穷干。值此抗战转入第二期之际，望各校友发扬此种可贵的南开精神，为抗战建国而努力。"① 周恩来的讲话在南开师生和校友中引起强烈反响，为动员民众抗战、坚定人民抗战必胜的信念发挥了重要作用。

学生们积极开展各种抗日救亡宣传活动。原南开、北大、清华三校学生中部分中共地下党员及中华民族解放先锋队（"民先"）队员，随校南下抵昆明后，自动组织起来进行抗日宣传，并与云南抗日民族解放先锋队（"抗先"）配合，投身抗日救亡运动。1939年8月19日，西南联大的南开学生及校友约20人利用暑假组织"南友访问侨胞团"，前往缅甸访问侨胞，并以话剧、漫画、歌咏、讲演等方式宣传抗战。抗战期间，在昆明和重庆，南开话剧团走出校门，同当地话剧工作者联手，上演了很多抗战前夕的国防剧和抗战期间的新编剧，如《卢沟桥之战》《放下你的鞭子》《汉奸的子孙》《雾重庆》《屈原》等，学生们以演出为武器，揭露日寇侵华罪行，激励人们的抗战斗志。

西南联大师生为抗战救国，慰问前方将士，积极开展自愿的捐献活动。1942年6月5日，南开大学举行平剧（即京剧）公演，为抗日献金7万余法币。7月4日，南开校友会昆明分会举办国剧献金公演，获票款12万元法币，义卖花篮1.9万元法币，全部捐献抗战。

西南联大师生进行了一系列反对投降、反对分裂、反对倒退的斗争。1938年12月，汪精卫逃离重庆，公开叛国投降日本，遭到全国人民的强烈声讨。1939年1月4日，张伯苓在重庆南开中学学生集会上斥责汪精卫所谓和平之论调，号召抗日到底。1939年1月11日，西南联大与云南大学等大中学校师生举行声讨汪精卫投敌叛国的火炬大游行。1940年3月30日，汪精卫汉奸集团在南京粉墨登场，成立伪国民政府。4月2日，张伯苓出席第一届国民参政会第五次大会第一次会议时，提出"声讨汪逆兆铭南京伪组织"的动议，获

---

① 《新华日报》（重庆），1939年1月10日。

第三章 抗日御侮 刚毅坚卓

得一致通过。4日,西南联大与云南大学等专科以上学校校长及全体师生联合通电,声讨汪精卫叛国投敌在南京成立伪政府,一致拥护坚持抗战。

1941年1月,皖南事变爆发,国民党掀起了第二次反共高潮。是年2月初,由重庆南开中学考入联大的地下党员邢福津等人组织成立西南联大学生团体"群社",出版壁报《群声》刊出《皖南事变剪报特辑》,揭露皖南事变真相和国民党顽固派消极抗日、积极反共的罪行。

南开人还在争取国际社会对华援助,促成国际社会对日制裁方面做出重要贡献。全面抗战爆发后,南开大学教授张彭春受国民政府委派开始从事外交活动。1937年9月29日,他赴伦敦参加自由教会主政者会议,痛陈日军轰炸天津之情形,促使大会通过决议案:对日机轰炸中国不设防城镇之震怒,并促请英政府与国联采取种种方法制止日军暴行。10月5日,他在英国阿尔伯特皇家大厅举行的抗议集会上发表演讲,揭露侵华日军暴行,题目是《日本对于平民的战争》。1939年1月,张彭春向西南联大请假一年,赴英美等国家宣传抗日,争取外援。1月19日,他在美国发起成立了"不参加日本侵略委员会",成功游说美国国会,促使其通过了《对日经济制裁案》,美国政府由此取消《美日商约》,沉重打击了日本战时经济和侵华政策。中国驻纽约总领事向外交部特别赞扬张彭春的贡献:"此次美政府骤然取消《美日商约》,国际情势及内部党派原因虽多,而舆论方面督促政府采取积极步骤之力实大。抗战以来在美各方宣传救济工作,实促成舆论要素,不参加日本侵略委员会及张彭春博士奔走甚力。"①

报国从军

2017年,习近平总书记在给南开大学8名新入伍大学生的回信中说:"自古以来,我国文人志士多有投笔从戎的家国情怀。抗战时期,许多南开学子

---

① 郭荣生,张源编:《张伯苓先生纪念集》,见沈云龙主编:《近代中国史料丛刊续编》第18辑,台北文海出版社1975年版,第218页。

就主动奔赴沙场,用鲜血和生命诠释了爱国、奉献的精神内涵。"

正如习近平总书记所说,南开人素有爱国从军的光荣传统。自建校以来,历次革命、救亡运动中,都能看到南开人的身影。1937年七七事变后,一批南开学子奔赴抗日前线,刘毓璠、袁永懿是其中的杰出代表。刘毓璠1935年考入南开大学商学院经济系。1936年加入中国共产党,并担任南开大学党支部组织委员。七七事变后,刘毓璠奔赴山西八路军总部。1942年5月,在太行山区"反扫荡"战斗中壮烈牺牲,时年27岁。袁永懿1936年考入南开大学经济研究所读研究生,七七事变后毅然投笔从戎,南下抗日,并参加了抗日民族解放先锋队。1938年秋加入中国共产党。同年冬,被任命为山东纵队参谋处作战科科长。他作战勇敢,指挥有方,屡建战功。1939年8月,袁永懿壮烈牺牲,时年29岁。

1937年,南开大学、中学、女中、小学被日寇炸毁不到月余,张伯苓的四子张锡祜,作为空军飞行员开赴前线与日作战,不幸遭遇雷雨,飞机失事,以身殉职,年仅26岁。牺牲的12天前,他在最后一封家书里写下对父母的惦念问候,也有着对敌寇暴行的愤怒,更有着不辱校训家风,慨然奔赴战场的刚毅决绝。信中言道:

> 去年十月间,大人于四川致儿之手谕。其中有引孝经句:"阵中无勇非孝也。"儿虽不敏,不能奉双亲以终老,然亦不敢为我中华之罪人,遗臭万年,有辱我张氏之门庭……望大人勿以儿之胆量为念。①

字里行间表现出那种融入在中国人、南开人骨血里的爱国情怀和民族大义。张伯苓听闻儿子牺牲的噩耗后,默然许久,缓缓说道:"吾早以此子许国,今日之事,自在意中,求仁得仁,复何恸为!"②

---

① 张元龙:《南开为中国而牺牲》,见南开大学党委宣传部,南开大学校史研究室编:《抗战烽火中的南开大学》,河南大学出版社2015年版,第449页。
② 梁吉生:《张伯苓年谱长编》下卷,人民教育出版社2009年版,第418—419页。

第三章 抗日御侮 刚毅坚卓

1937年8月2日，张锡祜写给父亲张伯苓的亲笔信

许多南开学子受张伯苓鼓励从军报国。1937年8月下旬，张伯苓在南京召见南开大学学生会负责人，称：现在是全国抗战时期，不愿意继续在校学习的学生随意到哪里去都行，愿加入共产党抗日军队的，我可向周(恩来)校友介绍。同月，张伯苓向周恩来推荐冷新华(冷冰)、王玉堂、傅承爵、张恩田、袁永一、沈士杰、赵维蕃等7名学生到南京八路军办事处，由叶剑英安排奔赴延安陕北抗日根据地。

长沙临时大学成立后，校方记录学生有295人参加抗战工作，其实这一数字并不完整。据不完全统计，至1938年初，南开大学从军学生70余人，其中一些奔赴八路军抗日根据地。何懋勋是他们中的杰出代表。何懋勋1935年考入南开大学经济系。在校期间曾组织诗社，出版诗集。他成绩优异，思想进步，投身一二·九运动，加入了中华民族解放先锋队。全面抗战爆发后，何懋勋进入长沙临时大学读书，并继续进行抗日宣传活动。1937年11月，他响应共产党的号召投笔从戎，北上抗日。1938年3月赴鲁西抗日根据地参加抗日工作，任山东省第六区游击司令部青年抗日挺进大队参谋长，同年8月壮烈牺牲，时年21岁。何懋勋牺牲后灵柩运到山东聊城。聊城民众隆重

举行追悼抗日阵亡将士大会,并立碑纪念。他的同学刘兆吉一年后创作两幕话剧《何懋勋之死》以示缅怀。在1995年所立西南联大烈士纪念碑基座镌刻的15位英烈中,何懋勋名列首位。

西南联大期间,出现过3次较大规模的从军热潮,充分体现了青年学生爱国主义的崇高情怀。在西南联大纪念碑碑阴,由校志委员会纂列的"国立西南联合大学抗战以来从军学生题名"就有834人[①],实际从军人数远大于此数。从军学生有的去中央军校、空军学校、陆军机械化部队及空军作战、通讯、机务、气象等军事部门从事技术工作,有的赴延安和到八路军、新四军工作。1943—1944年西南联大应届毕业身体健康的男生,有400余人应征为陈纳德将军飞虎队和盟军来华助战人员担任翻译。还有的参加中国远征军入缅甸作战;有的报考飞行员,训练后担任副驾驶员参加举世闻名的飞越驼峰的运输任务等。"从军学生题名"中明确注明殉职的有黄维、缪弘、曾仪、吴若冲、朱谌,未注明殉职的有杨大龄、雷本瑞,还有未录入名录的戴荣钜、李嘉禾、朱晦吾、沈宗进、王文、吴坚等烈士。

"国立西南联合大学抗战以来从军学生题名"中南开大学籍学生有黄振威、边立本、徐璋、陈毓善、杨育文、魏宗华、张华栋、倪民有。未刻列的有1935年考入南开大学化工系,后来成为中国科学院院士的申泮文;1936年考入南开大学机电工程系,后来成为著名历史学家的黄仁宇等。一些南开教师在国家危亡时刻也挺身而出,加入抗战洪流。例如,1938年4月22日,张伯苓致函周恩来,介绍南开大学教师傅大龄赴陕北参加抗日救国工作。1942年,西南联大毕业留校,后来任教南开大学的著名诗人、翻译家查良铮(穆旦)参加中国入缅远征军,经历了震惊中外的野人山战役。抗战胜利后,他写出诗作名篇《森林之魅——祭胡康河上的白骨》。包括南开在内的西南联大人用鲜血和生命诠释了爱国奉献的精神内涵。

---

① 碑上列有834人,但有两人重复刻名,西南联合大学北京校友会编《国立西南联合大学校史》认为应属错列,实为832人。

团结抗战

全民族抗日统一战线，是抗日战争能一改以往屡战屡败之辱，扭转国家命运的重要因素，南开人对抗日民族统一战线做出重要贡献。

最突出的代表当数周恩来，他是中国共产党统一战线政策的主要决策者之一，而且是统战工作的主要领导者和直接执行者。他代表毛泽东多次参加国民参政会，并出任国民革命军政治部副主任、中共派驻国民政府代表，为最大限度地孤立国民党顽固派，争取中间力量，壮大进步力量，巩固和扩大抗日民族统一战线，立下了永载史册的丰功伟绩。同时，他还积极开展与苏联、英国、美国、法国等驻华使节的交往，促成中外记者参观团考察延安、美军观察组进驻延安和董必武代表中国共产党出席联合国大会，赢得了国际社会对抗日民族统一战线的大力支持。

另一个突出代表是张伯苓。早在九一八事变之后，南开学校及其师生即积极参加反对内战一致抗日的活动。1932年张伯苓参加"废止内战大同盟"并任常委，又在南开召开天津各界参加全国废止内战大同盟筹备会。1938年，他出任国民参政会副议长。国民参政会是在中国共产党提议下组建的战时民主机制，是抗日民族统一战线的重要机构，先后由汪精卫和蒋介石担任议长，而张伯苓是唯一的副议长，后改为主席团制，他亦多次担任主席团主席，为抗日民族统一战线做出了特殊的贡献。1938年6月17日，张伯苓发表谈话，称"参政会之目的，乃政府在抗战期间为集思广益，团结全国力量，争取最后胜利"。"盖中国今日之局势，非全国共同一致奋斗，不足以挽救危亡"①。此前张伯苓专心教育，从未担任公职，出任国民参政会实为抗日，亦是他一贯爱国精神使然。张伯苓能立身于众多社会贤达之中且充任领导，除自身威信外，他对南开的贡献和南开对抗战的贡献，亦应为不可忽视的因素。

---

① 《新华日报》(汉口)，1938年6月18日。

"民主堡垒"

抗日战争中后期，国民党顽固派推行消极抗战、积极反共政策，对内加强专制统治，压制民主，横征暴敛，激起全国人民的强烈不满。西南联大具有五四运动和一二·九运动革命传统的进步师生同昆明社会各阶层爱国民主力量相结合，形成了一股强大的进步力量。在中共中央、南方局、省工委和昆明党组织的领导下，西南联大成为当时大后方爱国民主活动的一个重要策源地，赢得了"民主堡垒"的光荣称号。

1942年1月6日，西南联大学生举行声讨国民党行政院院长、财阀孔祥熙示威游行，反对国民党的腐败行径。云南大学等昆明各校学生也结队参加。这次活动团结教育了广大师生，成为大后方民主运动的先声。

1945年4月6日，西南联大学生自治会发表《国立西南联合大学全体学生对国是的意见》，提出"停止一党专政，组织联合政府，取缔特务活动，保障人民民主自由，制止通货膨胀，根绝党化教育"等6项要求。4月30日，西南联大师生打破当局的阻挠和封锁，举办"五四周"纪念活动，吸引昆明各界群众参加，推动了昆明抗日民主斗争的蓬勃开展。

抗战胜利后，全国人民渴望和平安定，重建家园，而蒋介石则要发动内战，消除异己，建立国民党独裁统治。1945年11月25日晚，西南联大、云南大学等4校学生自治会联合发起，昆明大中学生及社会人士6000余人在西南联大大草坪召开反内战时事晚会。反动当局派军警破坏、恫吓，并造谣诬蔑与会师生。为此，从26日起，昆明全市大中学校学生罢课，抗议并揭露反动派的罪行。12月1日，反动当局派出军警特务镇压罢课师生，打死师生4人（联大学生李鲁连、潘琰，昆明南菁中学教师于再，昆华工校学生张华昌），伤20余人，制造了震惊中外的一二·一惨案。惨案发生后，全国人民对昆明学生的正义斗争给予广泛支持。一个以学生为主、社会各阶层参加的反内战、争民主的爱国运动，迅速席卷了整个国民党统治区。迫于社会压力，云南省政府被迫接受"罢课委员会"提出的惩凶、保障人身自由、取消非法

"禁令"等复课条件。1946年3月17日,西南联大等昆明大中学校3万学生举行隆重的四烈士大出殡,运动胜利结束。一二·一运动揭开了解放战争时期第二条战线斗争的序幕,继五四运动、一二·九运动之后,在中国青年运动史上树起了又一个里程碑。其后,在解放战争期间,有许多西南联大师生投身革命,包括闻一多在内,有15位联大师生壮烈牺牲。

■ 南开大学校园内的西南联大纪念碑和碑阴镌刻的抗战以来联大从军学生姓名

胜利北归

1945年8月,中国人民取得了抗日战争的伟大胜利。西南联大师生归心似箭,急切盼望复员北返。复校工作是一项浩繁艰巨的工程,涉及北方校舍的接收修缮、师生迁移、物资输送、联大校产的分配处理、复员费用的申领、交通工具的组织等一系列问题。8月23日,常委会决定设置三大学联合迁校委员会,筹划迁返平津事宜。三校还成立了各自的迁校委员会。南开大学迁校委员会召集人为邱宗岳,后为刘晋年,委员有董明道、普宝澄、鲍觉民等,领导复校工作有条不紊地展开。

1946年4月23日,国民政府教育部电令南开大学、北京大学、清华大学恢复原校。5月4日,西南联合大学举行结业仪式。至此,与全面抗战相始终的西南联大在完成历史使命后正式宣告结束。为纪念这段可歌可泣的光辉历程,校方勒石立碑,"以此石,象坚节,纪嘉庆,告来哲"。西南联合大学纪念碑由著名学者冯友兰撰文、闻一多篆额、罗庸书丹,《碑文》总结了西南联大艰辛的办学历程及其卓越的历史贡献,其言曰:

> 河山既复,日月重光,联合大学之战时使命既成,奉命于三十五年五月四日结束。原有三校即将返故居,复旧业。缅维八年支持之苦辛,与夫三校合作之协和,可纪念者盖有四焉……今日之胜利,于我国家有旋乾转坤之功,而联合大学之使命与抗战相终如。此其可纪念一也。……三校有不同之历史,各异之学风,八年之久,合作无间。同无妨异,异不害同,五色交辉,相得益彰;八音合奏,终和且平。此其可纪念者二也。……联合大学以其兼容并包之精神,转移社会一时之风气,内树学术自由之规模,外来"民主堡垒"之称号,违千夫之诺诺,作一士之谔谔。此其可纪念者三也。……吾人为第四次之南渡,乃能于不十年间,收恢复之全功,庾信不哀江南,杜甫喜收蓟北。此其可纪念者四也。①

西南联大结业式后,三校开始迁移。云南社会各界纷纷前来送别,感谢西南联大8年来为云南经济、文化、教育的发展所作的努力。其中云南省暨昆明市商会分别赠送三校屏联一幅,赠给南开大学的是:"天教振铎泽被南滇看到满门桃李正开时为金碧湖山平添春色,夜话避戎事同西土列诸欧洲文艺复兴史愿乾坤抖擞早放曦光。"

---

① 西南联合大学北京校友会编:《国立西南联合大学校史》,北京大学出版社2006年版,第73—74页。

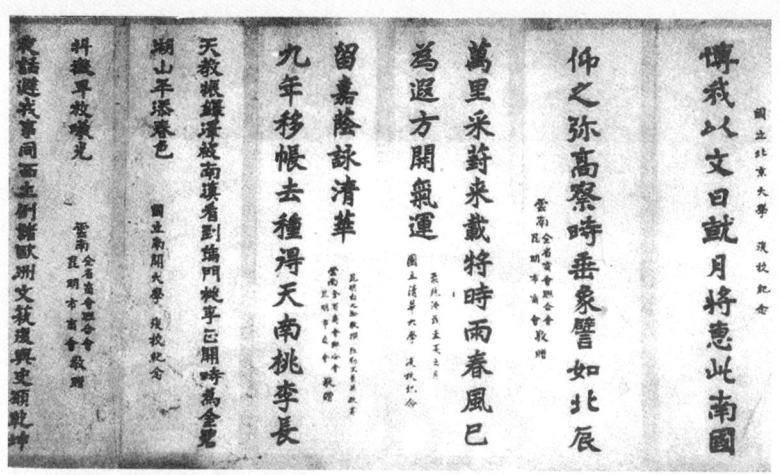

■ 云南省暨昆明市商会为三校题写的屏联

西南联大结束后,南开大学师生开始陆续北归。学生们先乘坐卡车,翻过贵州"十八拐"等险峻崇山,进入湖南,然后从长沙乘江轮至汉口,乘船到南京,转赴上海,再乘船直赴天津。三校公物分两批运送。受西南联大第二次复员迁运委员会的委托,南开大学青年教师申泮文担任主任押运员,负责300吨北迁物品的运输任务。他们历经千辛万苦,耗时一年,圆满完成任务。与此同时,南开大学未参加西南联大的员工及眷属和学校有关物资也陆续北迁,计有:昆明办事处人员10人并眷属10人、新聘教师40人、工友2人,公物50吨。经济研究所教职员13人及眷属20人也离开重庆返回天津。

第四章　北返复校　艰难重建

抗日战争胜利后，组成西南联大的三校复员北返，改为国立的南开大学在一片废墟上开启了新的奋斗历程。面对中国两种命运、两种前途的抉择，师生们发扬光荣的革命传统，在中国共产党的领导下为争取和平民主进行了英勇的斗争，为天津解放做出了突出贡献。

一、南开大学改为国立

复校筹备会议的召开

早在1941年，日寇发动了太平洋战争之后，张伯苓便预见到"暴日徒自速其败亡"，随即将复校问题提上议事日程。1942年2月13日，张伯苓面见蒋介石，谈及复校问题。蒋介石表示恪守"有中国即有南开之承诺"，南开大学复校时，"与国立大学同等对待"。1942年2月17日，"南大复兴筹备会"首次会议召开。在接下来的20多天中，张伯苓在他的重庆寓所连续召开了4次会议。前后出席会议的有何廉、邱宗岳、杨石先、伉乃如、姜立夫、陈序经、李卓敏。经过充分讨论，得到了以下几点共识：

第四章　北返复校　艰难重建

一是学校性质，南开大学"本以前奋斗之精神，仍维持私立"①。

二是院系设置，学校内部组织分文学院、理学院、法商学院与工学院。文学院设中文学系、英文学系、历史学系、教育学系；理学院设算学系、化学系、物理学系；法商学院设政治学系、经济学系、商学系；工学院设电工学系、化工学系、机械学系。②

三是复校经费，除请政府协助以外，还要积极向国内外募款。国内募款由张伯苓与何廉在重庆进行。国外捐款分为三方面：捐募现款、捐募仪器书籍、捐募讲座教授。设立国外募款团，函请美国各大学校长为委员，并请中美各一人为干事。③

四是延揽师资，"应注重在青年同志，南开学生或新由国外归来之学者"④，"延揽人才以全校为准，不必拘于院系，并宜谨慎，宁缺毋滥"⑤。成立聘任委员会，以杨石先、黄钰生、陈序经、邱宗岳、姜立夫、冯文潜、孟广喆7人为委员，杨石先为召集人。

五是科学研究，优先发展算学、经济、化工3个学科。其他学科的研究工作，"待有主持之人才再行设立"⑥。会议召开后，大部分工作便开始进行。张伯苓一并致函蒋梦麟、梅贻琦，"关于敝校复校事，拟先作人事上之准备。现时敝校教授人数，在西南联大占全校不及十五分之一，较之敝校战前相去悬殊，将来复校必感才荒。……兹为复校计，不得不有所增聘，以为复校之准备"，南开大学拟增聘教师10至15人，其经费由西南联大拨付。⑦1945年7月，张伯苓指示当时在美国任访问教授的杨石先，积极物色理学院各系教师，凡受聘南开大学的教师"或参加联大或从事研究均无不可。我校待遇在

---

① 1942年2月17日"南大复兴筹备首次会"记录，南开大学档案馆藏。
② 1942年2月17日"南大复兴筹备首次会"记录，南开大学档案馆藏。
③ 1942年3月3日"南大复兴筹备会三次会议"记录，南开大学档案馆藏。
④ 1942年3月1日"南大复兴筹备会二次会议"记录，南开大学档案馆藏。
⑤ 1942年3月7日"南大复兴筹备会四次会议"记录，南开大学档案馆藏。
⑥ 1942年3月1日"南大复兴筹备会二次会议"记录，南开大学档案馆藏。
⑦ 张伯苓致蒋梦麟、梅贻琦函，南开大学档案馆藏。

战时以联大为准则,战后则与北大、清华两校相等"。他还授权杨石先,"如有优良人才",即可"负责接洽,全权办理"。①

复校指导思想的确定

南开大学复校问题,为全校上下所瞩目。对于复校后学校教育的发展,何廉等人曾经提出系统的建议。何廉认为:复校工作,不论在重要性及紧迫性上,都以延揽人才为第一。学者之聚集,如磁石引铁屑。学者吸引学者,教师吸引学生,学生吸引教师,相辅相成,相得益彰。他们分析南开大学当时的情况为"现有十余名教授,独力复校,非但数量不足,即以之为核心,其吸引力也不强"。因此,"教授人才之延揽,不但为复校之首要,抑且为复校之亟务"。在院系设置上,"以暂复旧有为原则",发展方向"必为人所少有,我们专长;人尚未及,我能先登者"。②这个建议,总结了南开大学以往办学的经验教训,切中问题的关键,而且切实可行,尤其强调"教授人才之延揽",对复校后南开教师队伍的构建和发展有重要的影响。

在广泛征求意见的基础上,学校形成了《关于复校问题之意见》(以下简称《意见》),对南开大学复校地址、办学体制、院系设置、教学研究、经费来源、联络其他学校等,进行了详细的规划。《意见》的主要内容有:

一是南开复校后的教育,应为建国的教育。"南开须依照其自身的历史,在全部建国工作,择其最适宜之工作,以集中其精力。"为保持南开特有的地位,并发挥其特殊的社会功能,"南开大学仍以私立为原则"。

二是南开大学的经费,复校最初数年之经常费、特别费,必须仰赖政府。天津敌产划作学校基金一事,其法律手续,要尽快促使政府定案。生产机关要成为合法的有限公司,学校则处于投资者地位,与公司的职权、责任要划分清楚,不要互相累及各自的发展。除政府补助经费外,还要向社会募捐。

---

① 张伯苓为招募人才致杨石先函,南开大学档案馆藏。
② 何廉关于复校问题的建议,南开大学档案馆藏。

三是院系设置与学科发展上,继续发展商学院,尽早成立工学院,如有机会可增设医学院。工学院与商(或法商)学院的研究方向应"力求与国家的实业计划合拍"。除应用学科之外,也要重视"纯粹科学以及人文学科"。因为"科学为现代知识之基础,人文为一切学问之归宿,学术之昌明,文化之进展,舍此莫由。大学之职责,亦舍此无他。南开大学本乎'务本'之义,理文(或文法)两院,须尽力充实。所谓充实,与扩大不同。两院之设系、招生,均宜贵精不贵多,重质不重量"。

四是教学与研究二者,相辅相成,互生互利,不可偏废。"研究部门,除经济研究所继续发展外,其他则视人才与机会而定。但鼓励研究,以求学术之进展,以培植青年学者,则为一贯之政策。"

五是与其他学校的关系上,南开大学与南开中学仍保持其传统的联络。除天津、重庆两中学外,但凡能力所及,要在各地增设中学,以扩大南开大学的学生来源。如局势许可,在津的中学可与南开大学合作,成立一培植中学师资人才的机构(并非师范学院)。南开大学仍与北大、清华在交换教授、学生,互认学分,流通书籍仪器等方面保持密切联系。

南开大学复校指导思想的关键是确定"以私立为原则",即保持"私立民有"的办学管理体制。在抗战后方,南开人目睹当时国立大学的种种弊端。这些弊端又集中体现在国立大学官僚化、衙门化,大学校长的任命几如官场所谓"差缺",学校没有办学的自主权。有鉴于此,南开主要负责人及管理层决心维持私立。

南开大学改为国立

根据南开大学维持私立的复校指导思想,1945年8月11日,张伯苓致函蒋介石,提出:

> "七七"事变,天津沦陷,南开数十年惨淡经营之校舍设备图书仪器,荡然全毁。……今者胜利已临,还京有期,南开复校,急

需筹划,而最要者乃为经费问题。按南开现与北大、清华合并为西南联大之一部,经常经费年来均承政府全数拨付。战事结束后,联大各部,势必各自分立,恢复原校。关于南开部分,拟请求于政府三事:

1.南开大学未来之发展,需费颇巨。在最初十年所需之款,拟请按照北大、清华经费数目,由政府拨付。

2.南开原有之校舍设备,均被敌人破坏无余,兹拟请政府就华北敌产中,指定相当财产,予以赔偿,并作学校永久基金。

3.上项敌产,在未能奉拨变价以前,并请准先由政府拨借相当款项,以便赶工兴建校舍,并积极进行复校工作。①

蒋介石接到张伯苓呈文后,令文官处会见张伯苓,"商改国立"。文官长吴鼎昌立即与张伯苓详加商议。对此,张伯苓再次呈文蒋介石表示:"愿仍以人民社团立场,继续努力,以贯彻为国服务之初衷",表达了维持私立的愿望。同时对前函所提办法作了修正,即"请就接收华北敌产中,指拨相当价值之产业,作为重建校舍及购置设备费,并以部分留作学校基金。在敌产未能处理变价以前,其急需支用部分并恳准由政府先行垫借"。"对于南开复校第一年所需经费准照北大、清华两校经费比例,由政府全数补助,嗣后逐年递减十分之一,至第十一年,即全由南开自行筹措"。②但是,蒋介石坚持南开大学改为国立,并允诺复校后每年经常费由政府"扶助资助"。"南开如不改国立,实无法维持"③,张伯苓鉴于办学艰难,只得同意。但仍然表示:以10年为期,10年后改为私立。1946年4月3日,蒋介石亲自批准教育部所拟南开大学改归国立的"签呈"。9日,国民政府教育部宣布南开大学改为国立,张伯苓任校长。从此,南开大学开始了国立时期。

---

① 为复校费用呈文蒋介石,南开大学档案馆藏。
② 为复校费用呈文蒋介石,南开大学档案馆藏。
③ 《大公报》(天津),1947年8月19日。

第四章　北返复校　艰难重建

南开大学正式改为国立之后,不仅办学经费仰仗于国库,办学规划和决策也须得到教育部认可,其自主权较之私立时期大大削弱。1946年夏,张伯苓呈报《南开大学复员计划》,拟将复员后的南开大学建成由5个学院、20多个系组成的具有相当规模的综合大学。但是,教育部的批复却只同意设立文、理、工、商4个学院、16个学系,原计划中预备筹建的医学院和法律、新闻等系未获批准。

1947年1月6日,张伯苓函请教育部核拨复员费28亿元法币。5月,教育部仅给扩充改良费10亿元法币,并要求南开大学"深体时艰","就已核拨者撙节支用"。1947年8月,教育部部长朱家骅到南开大学视察,张伯苓提出了包括图书馆、教员和学生宿舍建筑费等在内90多亿元法币的特拨经费要求。然而,实际下拨经费仅为40亿元法币,尚不及所需一半。何廉后来回忆说:"在离开南京以前,我曾去教育部查询1948—1949年度政府拨给南开大学的预算数额。这一预算,按照人均战前购买力标准合计,还不到1936—1937年度南开大学预算的20%。修复校园的设备供应少得可怜而且不切实用。"①

一些研究者认为,朱家骅之所以不同意南开大学的发展计划,是因为其子违反校规被重庆南开中学开除,他怀恨在心,公报私仇。但根本原因是国民政府并不打算公平合理地划拨经费。

张伯苓被国民政府免去南开大学校长职务一事也是一桩典型的背信弃义行为,背信弃义者正是专制独裁的蒋介石。

1948年5月,国民党导演"行宪国大",蒋介石出任总统,他提名张伯苓担任考试院院长。考试院与行政、立法、司法、监察院并称"五院",乃国民党实行"宪政"的五大支柱之一。1948年6月15日,蒋介石致电天津市市长杜建时转张伯苓,请其出任考试院院长。张伯苓说:"我不愿做这些事。黎元洪当总统时曾约我当教育总长,说什么我也不干。""我是办教育的,还是

---

① 何廉著,朱佑慈等译:《何廉回忆录》,中国文史出版社1988年版,第292页。

办教育的好。"① 张伯苓请杜建时"婉陈恳辞"。6月18日，南京总统府秘书长吴鼎昌致电杜建时："伯苓先生出长考院，业经中常会通过定案，如不允，就将使总统万分为艰。望就近尽力敦劝，务请其打消辞意。"② 这封电报将张伯苓逼入了死胡同，但他仍以身体不好，无行政经验为由婉辞。蒋介石又几番敦请，张伯苓最终答应去南京"跑跑龙套"。但是，他提出两个条件：一是仍兼任南开大学校长；二是只任职3个月，因为"南开离不开我，我也离不开南开"③。蒋介石满口答应。6月24日，经蒋介石提名，监察院同意，张伯苓被任命为国民政府考试院院长。

1948年7月2日，张伯苓主持南开大学校务会议，他报告说：

> 奉蒋总统命，出长考试院，肯辞不获，只得应命，定七月五号晋京，三星期后仍回津，以后至少三分之一时间在津。学校为个人终身事业，决不脱离，望同人仍本既往精神，合作一致，为校努力。在京期间，以杨石先先生、陈序经先生、黄钰生先生三人为校务委员，主持校务，并以杨石先为代理校长。④

但是，蒋介石并没有兑现承诺。教育部部长朱家骅援用"国立大学校长不得兼职之定章"，提出张伯苓必须辞去南开大学校长的职务。重压之下，张伯苓被迫退让。1948年8月，张伯苓急电当时在美国的何廉，要他速归代理南开大学校长一职。何廉提出由张伯苓居校长之名，由他实际主持校务。蒋介石同意仅以何廉代理校务，并指令朱家骅照办。何廉回国后立即去南京与张伯苓面谈。何廉发觉"张伯苓内心里并不愿意放弃南开大学的职位，这是一种感情上的依依不舍而非对权力的恋栈问题"。⑤ 随即，何廉接受朱

---

① 杜建时：《蒋介石拉拢张伯苓的经过》，见中国人民政治协商会议天津市委员会文史资料研究委员会编：《天津文史资料选辑》第8辑，天津人民出版社1980年版，第160页。
② 周利成：《楮墨留芳——天津文化名人档案》，天津古籍出版社2015年版，第72页。
③ 《大公报》(天津)，1948年7月11日。
④ 1948年7月2日张伯苓在"南开大学校务会议"的报告，南开大学档案馆藏。
⑤ 何廉著，朱佑慈等译：《何廉回忆录》，中国文史出版社1988年版，第292页。何廉接受朱

家骅召见。朱家骅反复强调，南开大学是国立大学，属教育部管辖，张伯苓不应再在教育部属下的国立南开大学任职。何廉提出了一个两全其美的建议：张伯苓在考试院长任期内，向南开大学请假缺勤，他自己以经济研究所所长的身份代行校长职务。对此，张伯苓很是赞同，而朱家骅没有表态。10月14日，何廉正式上任，张伯苓主持了他的就职仪式，还腾出了自己在南开大学的办公室，搬到南开中学办公。谁知第二天一早，行政院的人事变动决定见诸报端："中华民国三十七年(1948年)10月13日行政院第二十次会议决定接受张伯苓辞去南开大学校长职务的辞呈；任命何廉为南开大学代理校长。"何廉看到报纸后，非常震惊，立即到南开中学访谒张伯苓，询问情况。张伯苓情绪激动地说，他从未提出过辞职。何廉认为："行政院的这一决定必定是要由教育部先提议的"，"很明显，这是教育部搞的对张伯苓的一次突然袭击，将他从南开大学校长职位上拉下来"[1]。何廉愤怒地给朱家骅写了一封抗议信，却没有得到任何回音。何廉上任仅仅一个多月，就挂冠而去。

许多人将此事的责任加在朱家骅一个人头上，这种见解未必允当。张伯苓明确提出：仍兼任南开大学校长，在考试院只任职3个月。蒋介石当时是满口答应的。何廉只是代理校务，张伯苓无须辞去校长职务，这也是蒋介石同意并当面指令朱家骅照此办理的。结果却是蒋介石违背承诺，教育部背信弃义。

出任考试院院长不久，张伯苓便深感后悔。1948年11月的一天下午，重庆南开中学学生代表到津南村见张伯苓。张伯苓在庭院与学生座谈。有一段对话是这样的：

学生：校长过去不是讲学校不要过问政治吗？

张伯苓：我是办教育的，本来不想过问政治，政治却要来过问

---

[1] 何廉著，朱佑慈等译：《何廉回忆录》，中国文史出版社1988年版，第295页。

我。从抗日时期在重庆参加国民参政会,就开始参政议政了嘛!

学生:听说您当考试院长才几个月,怎么就……

张伯苓:唉,跟着"跑龙套"罢了!原想给咱们南开多找些路子,多化点缘,早点把南开大学赎回来。其实那里也是无官不贪,无吏不污,快烂透了!①

正如许多南开校史研究者所指出的:当初张伯苓入阁受命,"即是出于依靠政治强势扶助教育(学校)的现实考虑。他之所以不惜在政治上'跑跑龙套',未始不是出自同样想法。当然,他也曾不止一次地向南开同人和校友表示,要摆脱政治,专心教育,但事实上已难以做到"②。

二、重建复校

与众多兄弟院校不同,南开大学基本上是在一片废墟上重建的。广大师生发扬越难越开的南开精神,自强不息,百折不挠,重新焕发生机的南开园再次傲然屹立于渤海之滨。

重建南开园

重建南开大学的工作,是从接收校产开始的。1945年10月,南开大学先后派喻传鉴、黄钰生回到天津,具体负责校产清点与接收工作。10月5日,在天津警察局有关人员陪同下,喻传鉴视察南开大学。此时,南开园已是满目疮痍,昔日的秀丽景象不复存在。校园内"荒林土阜",野草丛生,电网纵横,战壕遍地,万余株树木砍伐殆尽,莲池水溪已被填平,秀山堂荡然无存,男生宿舍夷为瓦砾,木斋图书馆只剩断壁残垣。百树村仅存7所房屋,尚有

---

① 丁润身:《忆张校长1948年一席谈话的启示》,《南开校友通讯》(复刊24期),2001年。
② 张晓唯:《旧时的大学和学人》,中国工人出版社2006年版,第77页。

第四章 北返复校 艰难重建

日兵居住。思源堂被用作武士道教练室、柔术教练室、音乐教室、武器库、农具仓库。芝琴楼改为八纮塾。校园内"一切美化设备,皆成荆棘,满目凄凉,仅于路旁见数丛紫色野菊,夕阳之下,迎风颤动,似欢迎故人者"。①17日,喻传鉴代表张伯苓向记者作长篇谈话,说道:"南开过去已对国家、社会有贡献,今后更当本南开之地位与声望,对国家、民族作更进一步之努力。"他同时转达张伯苓的号召:"南开过去为抗战而牺牲,今后更为培育建国人才而努力。"②

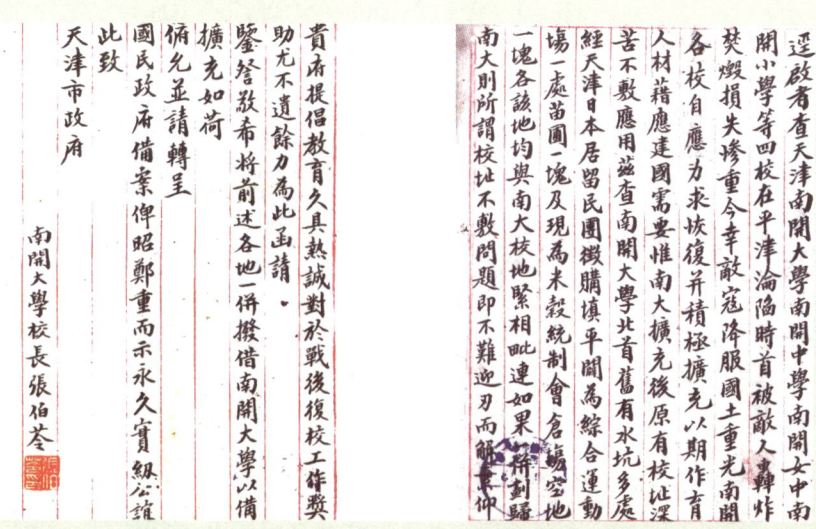

■ 1945年11月13日,张伯苓为扩充校舍致函天津市政府

1945年10月,黄钰生继喻传鉴之后来到天津,负责复校事宜。11月7日,张彭春受张伯苓委托,也从美国返回天津主持募捐活动,他说:"相信重建之南开,必具更大意义,对国家有更多之贡献。"③1946年1月,学校在重庆道租房成立"南开大学复校筹备处",开始办公。与此同时,张伯苓多次致函天津市政府、河北平津区敌伪产处理局、天津警备司令部、天津市警察局

---

① 《南开四校视察记》,《民国日报》(上海),1946年10月7日。
② 关健南:《复校一周年》,《南开四二校庆复校周年特刊》,1946年10月17日。
③ 《大公报》(天津),1945年11月8日。

等,请求扩充校舍,拨给敌产,保护校园,以利复校。

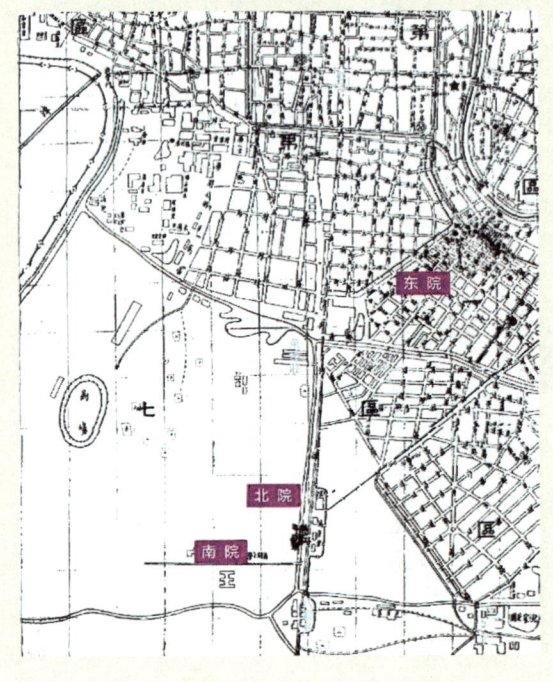

■ 南院、北院、东院位置示意图

1946年1月7日,南开大学收回八里台校舍基地853亩。后来,六里台一带的敌产中日中学、苗圃、农场等110亩也收归南开大学所有。位于迪化道(今鞍山道)的日本国民学校、高等女子学校及天津日本工业学校等校舍及其设备,也经政府拨归南开大学,使学校的占地面积较先前有了成倍的扩展,为将来发展预留了很大的空间。复校后,八里台校区称南院,六里台校区称北院,迪化道校区称东院。南、北、东三院成斜三角形,构成了南开大学的基本布局。

1946年3月底,黄钰生返回昆明。4月初,南开大学派伉乃如、孟广喆来津主持复校工作,主要任务是修葺校园、购置校具、购买设备、分配校舍等。经过近一年的艰苦努力,修葺了芝琴楼、思源堂和胜利楼(原日本所留三层楼),分别作为女生宿舍、教室和校部办公室,修葺原中日中学作为男生宿舍,新建

第四章 北返复校 艰难重建

东、西百树村作为教授宿舍,从而为复员后的南开大学初步奠定了基础。

复校后的南开

1946年8月,南开、北大、清华三校联合招生。10月初,新生、复员生、保送生及北平临时大学等拨来的学生开始报到。南开大学设文、理、工、政治经济4个学院,16个系。另有经济研究所、应用化学研究所(1947年7月,改为化学工程研究所)、边疆人文研究室。10月17日,南开大学在天津八里台原址举行复校开学典礼。这所与中国命运休戚与共的著名学府重新屹立于渤海之滨。

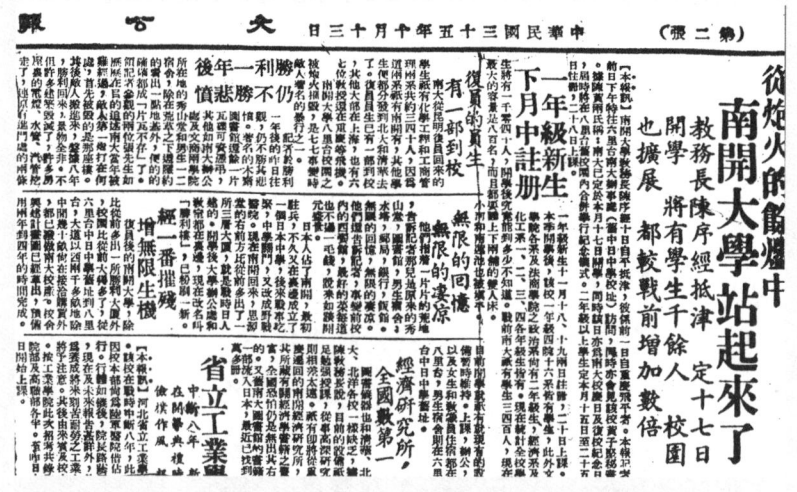

1946年10月13日《大公报》报道南开大学复校

复员后的南开大学由校长主持校务。设秘书处(黄钰生任秘书长)、教务处(先后由陈序经、杨石先任教务长)和训导处(先后由鲍觉民、傅恩龄、王文田任训导长)。校务会议是最高决策机构,由校长、秘书长、教务长、训导长、各院院长等成员组成,校长为主席。学校刚刚复员时,主要召开行政会议,参加行政会议的人员有各院院长、教务长、秘书长、训导长等。除校务会议、行政会议外,还有教务会议、训导会议和教授会议。有关学生课业与成绩者,则取决于教务会议。有关学校风纪与学生操行者,则取决于训导会议。教授会议由本校专任教授、副教授组成,"以促进教学效率,协助学校发展并与学术界作应有之联系为宗旨",评议全校校务。教授会议由9名理事组成执行机构,由理事互推3人分任理事会主席,秘书、总务之职。

南开大学复员后,实际主持学校工作的主要是黄钰生、伉乃如(1947年10月病逝)、陈序经(1948年7月任岭南大学校长)、鲍觉民、杨石先、王文田等人。1946年,张伯苓因病去美国治疗。1948年,他出任考试院院长。国民政府教育部任命何廉为南开大学代理校长。何廉主持校务仅一个多月即南去广州。南开大学一度出现没有校长而由黄钰生、杨石先等人为核心的集体领导局面。

复员以后,南开大学的师资队伍得到很大充实。学校按照既定复校方针,把加强师资力量作为头等大事来抓。学校积极地在西南联大教授、讲师和毕业生中物色人才,在四川、北平、天津等地选聘教师,同时积极吸收在美国留学的青年学者来南开大学工作。彭仲铎、李广田、杨潜斋、卞之琳、卢延英、王维诚、庞景仁、张致远、吴大任、陈鹜、江安才、萧采瑜、顾昌栋、綦秀惠、高振衡、朱剑寒、姚玉林、严仁荫、鲍家善、王德辉、汪德熙等都应聘来校。同时,抗战期间一度离校或请假的南开同人如司徒月兰、柳无忌、张克忠、袁贤能、皮名举、张彭春、张文裕、杨志玖、张友照、陈荫毂、刘恩荣、杨学通等,也从海内外返回学校。1947年上半年,全校有教师133人,其中教授、副教授41人,另有职员70人。1948年教师计有177人,职员103人,教职工人数是抗战前的2倍。在教师队伍建设中,学校注重发扬南开的优良传统。1948年6月,张伯苓召集邱宗岳、杨石先、陈序经、黄钰生、鲍觉民等人谈话,特别指出,"本校各院系聘请教师,素有同舟共济之精神,今后当复如此。本校私立时代,节省人力,用人少而效率高,今改为国立,望仍保持传统精神"①。复员后的南开教师队伍初具规模,这些教师绝大部分成为新中国南开大学发展事业的第一代奠基人和开拓者。

---

① 张伯苓与杨石先、陈序经等谈招生及聘任问题,南开大学档案馆藏。

第四章　北返复校　艰难重建

学生人数也有成倍增长。据统计，复校后第一学期实际到校学生805人，其中本科生604人，先修班195人，研究生6人。1947年暑期招收新生436人，全校共计学生1215人，其中男生962人，女生253人。1948年暑期招收新生368人，全校共计学生1225人，其中男生999人，女生226人。学生人数为战前的3倍。这期间，学校"重视学术研究自由"，"强调热心社会服务，发扬'公能'精神"，"一切设备、教员皆正规化，重视课程，考试严格，学生素质好、朴实，学习研究风气盛"。① 学校在经济异常困难的情况下，仍然坚持自由活泼的优良传统，制定《课外活动行事计划》，开展有组织的实践活动，以活跃学生的第二课堂。各种学生社团相继成立，特别是进步社团如雨后春笋蓬勃发展，推动了爱国民主运动的开展。

师生挣扎在饥饿线上

南开大学复校后，虽然学校规模有所扩大，课程设置也更加整齐，但重建南开百废待举，复校工作举步维艰。国民政府所拨经费本就"无一项充足"，又遭通货膨胀而迅速贬值。最初政府拨给西南联大的30亿元法币复校经费，南开得8亿，北大得10亿，清华得12亿。南开大学的经费根本不敷支用。1946年4月5日，伉乃如急电黄钰生火速来渝，就南开大学复员经费问题向教育部洽商。5月，梅贻琦又代表西南联大要求教育部追加复员补助费，但无结果。1946年6月18日，孟广喆致函黄钰生，报告学校情况，"物价上涨不已，办事倍感困难，八亿专款月余又贬值一半，全用修房恐不够，理工设备能置齐桌椅已是难题，其他更说不上矣"。后经多方努力，教育部又续拨复员修建费3亿元法币，但仍捉襟见肘，入不敷出。天津《大公报》报道："学校包工者，索积欠亿元，催迫日急，校方限于经费，颇有难于应付之感。如果短期内不能解决，修建工程势须停顿，复员南大，遭遇到第一个'阻

---

① 《南开中学学运工作讨论及情况调查》，天津市档案馆藏。

碍'。"①"南开大学经费极为困难,虽勉强开学,但经费不足"②,这极大掣肘了学校的恢复与发展。

缺乏充足的图书资料、仪器设备,一直是复校后教学科研工作面临的难题。南开大学的图书在抗战时期遭受严重损失,当时冒险抢运出一部分南运,主要是西文书籍。抗战胜利后不久,第十一战区司令长官部从原日本司令部参谋处找回南开图书451册。学校复员后,从昆明运回西文图书14288册(其中期刊252册),西南联大分发3528册,此外还陆续接受国内外有关方面赠送的一些图书。1947年上半年,学校又多方采购图书35903册,期刊1173册,截至这一年暑假前,学校共有图书57796册,期刊5096册。是年7月,又从日本东京追查到一部分南开被劫走的图书,共计中西文图书194箱,10566册。但是,这些图书都很晚才运抵学校。所以,复员开学时可供师生使用的图书很少。1946年12月18日《大公报》"南大点滴"报道:"图书馆业已开放,因书籍不多,同学时有僧多粥少之感。"学校的教学科研工作受到严重影响。

学校的仪器设备也非常匮乏。南开大学被毁前抢运出去的仪器设备,在南迁过程中"以时间促迫遗失甚多",复员后自昆明运回的,"已不及当年之十分之一"。例如,物理系除了从西南联大运回几件光学仪器外,一无所有。电机工程系和机械工程系赤手空拳,一穷二白。但师生在极端困难的条件下,自力更生,艰苦奋斗。化工系师生凭着当年的记忆,在原来工业分析实验室旧址,安电路,通下水,做家具,逐渐恢复旧观。电机工程系和机械工程系教师自己动手设计制造仪器设备,重新建起了实验室和锻铸实习厂。经过艰苦努力,到1947年上学期,普通物理、普通化学、普通生物等实验室已经可以使用,有机化学、理论化学、定量分析、定性分析、光学电磁、近代物理、动植物实验室初步恢复。这一年,学校自美国订购的仪器设备、

---

① 《大公报》(天津),1946年12月30日。
② 《大公报》(天津),1946年12月3日。

药品标本分批陆续到校,初步缓解了基础实验的困难。但总的说来,仪器设备既不充实,又比较陈旧,远远不能满足实际需要,但由于学校经费极端困难,扩充仪器设备已经无能为力。

■ 学生在工厂实习

蒋介石实行独裁,发动内战,社会动荡,经济形势急剧恶化。抗战结束时,法币发行总额为5000亿至6000亿元,到1947年4月就陡增至16万亿元。1948年8月19日金圆券代法币时,发行总额竟达660万亿元,等于抗战前夕发行额的47万倍。在百业萧条中,"唯一仍然全力开动的工业是印刷钞票"。天津《大公报》刊登了一首打油诗:"煤球昂如元宵价,大便完毕钞票拣。"① 这是国民党统治区经济危机形象而又深刻的写照。

通货膨胀达到了惊人的程度,物价"似脱缰之马一日数涨"。南开大学教职工"收入微薄,月薪不足一周温饱",校医李廷光为穷困所迫投湖自尽。1946年12月11日,北京大学、清华大学、南开大学三校教授联名致函国民政府,要求合理调整待遇。1948年10月27日,南开大学教师罢教3天,要求当局增加薪水。学生自治会发表声明,声援教师,并致函蒋介石,提出改善

---

① 《不要见怪》,《大公报》(天津)1947年4月20日。

教师待遇等要求。为解燃眉之急,学校与中央银行天津分行支借经费一个月,"以供本校员生工役生活救急之用"。堂堂公立大学,落到借债度日的境地,是对当时教育的莫大嘲讽。

学生生活同样艰苦,连一日三餐都不能保证。1948年1月13日天津《大公报》报道:南开大学学生断粮,"炊事员发愁无米为炊。学生遍贴卖衣广告"。《1948年的南大》记载:"在南大比较成问题的要算吃饭问题了。仅仅东院,这短短一年内就断过三次炊。"《南开三日刊》大呼:"吃饭第一,自费同学作活命呼吁","吃饭难,自费同学债台高筑"。贫苦学生纷纷被迫辍学,南开大学师生挣扎在饥饿线上。

三、爱国民主运动与护校斗争

国民党的倒行逆施擦亮了人们的眼睛。富有光荣革命传统的南开大学师生,在中国共产党的领导下,奋起投身于日益高涨的爱国民主运动,与全国其他城市的学生运动一起,筑成与人民解放战争相配合的反抗国民党反动统治的第二条战线。

中共南开大学党组织发展壮大

1946年6月,全面内战爆发后,国民党反动派为了稳固后方,加紧对中国共产党及其领导的爱国民主运动进行镇压。白色恐怖笼罩整个国统区。在这种严峻形势下,天津学运系统党组织根据上级指示,做出"撤退已暴露党员和进步力量"的部署。8月,撤退基本结束。当时,全市在校地下党员一度不足20人[①]。由于国民党当局的镇压和学运骨干的撤离,天津爱国民主运动暂时进入低潮。

---

① 于建:《天津现代学生运动史》,天津古籍出版社2007年版,第248页。

第四章 北返复校 艰难重建

1946年秋,抗战时期由天津迁往大后方的一批院校陆续返津,这些学校素有爱国的光荣传统,而且中国共产党在这些学校中有一定的组织基础和思想影响。1946年南开大学复校后,一批从西南联大复员来的学生、北平有关院校分配来的学生,以及全国各地招收的新生进入学校。师生队伍中既有在各地参加过学运斗争的积极分子,也有被派来津工作的中共地下党员,为天津爱国民主运动注入了新的力量。

在当时复杂尖锐的斗争形势下,根据党中央提出的"转地不转党"原则,各地转到平津的党员,关系暂不交地方,仍由原系统领导。因此,南开大学复校后,校内有3个分属不同系统的中共地下党组织,分别为:中共中央华北局北平学委领导的党组织,简称"北系",1947年6月,建立了以沙小泉为书记的党支部;中共中央南方局平津工委领导的党组织,简称"南系",1947年10月,建立了以刘焱为书记的党支部;中共中央冀察热辽分局领导的党组织,王祖陶为负责人。此外,南开大学还有教师党组织,原属"南系",1948年初夏独立建制,由胡国定负责。教师中党员和民主青年同盟(简称"民青")成员逐步发展到10余人。按照组织原则,各系统党组织互不联系,单独开展工作。后来由于斗争需要,各系统党组织在不建立横向组织关系的前提下,建立了工作联系,在领导全校性的学生运动时密切配合,统一行动。时任"南系"党支部书记的刘焱回忆道:"1947年冬,上级党指示我去找属北平学委领导的南开大学党组织负责人刘芳庭(即沙小泉),并指示我见面时只谈工作配合问题,不谈组织情况,今后平时不必联系。""到1948年春季连绵不断的全校性的学运斗争中,为统一步调,配合工作,我又找过她一次。"① 南开大学各系统党组织不但密切配合,还与天津其他学校建立了联系。这是中共地下党在严酷环境中总结出来的正确斗争策略,既坚持了党的保密工作原则,又加强了对天津爱国民主运动的领导。经过各系统党组

---

① 刘焱:《解放战争时期中共地下党"南系"在南开大学和天津的工作》,见中共天津市委党史研究室:《解放战争时期天津学运史料》下册,天津古籍出版社1996年版,第672—673页。

织深入细致的工作，天津大中学校的进步学生活动更加活跃。

1948年11月，为加强统一领导，按照上级党组织要求，校内各系党组织合并，成立中共南开大学总支委员会，下设4个支部，刘焱任总支书记，钱传钧、郭玉祺、杨思复、胡鑑美为总支委员，同时各兼任一个支部书记。学校中共地下党组织不断发展壮大，全校党员最多时达到近百人。与此同时，党领导的民主青年同盟(简称"民青")和民主青年联盟(简称"民联")等一批外围组织在进步学生中得到比较广泛的发展。天津解放时，南开大学在校党员54名。①党员与"民青""民联"成员积极宣传党的政策，争取和团结广大师生，不断发展进步力量，建立了广泛的爱国民主的统一战线。

中共南开大学地下党组织从复校开始就积极开展群众工作，利用学生自治会争取学生中的多数。自治会是学生运动公开的领导机构，理事会是其执行机构，一般由17—21位理事组成，每学期改选一次，由全校同学投票普选产生。学生代表大会是其权力机构，由各系级按人数多少比例，一般每10人选出一位代表组成。当时自治会的章程规定，罢课、游行示威等全校性的重大行动，一般要由全校学生代表大会讨论通过，或由2/3以上同学签名同意，理事会才能执行。因此，谁掌握学生自治会，就意味着谁掌握了学生运动的公开领导权。每次自治会的改选，都是中共地下党和国民党争夺学运领导权的一场尖锐激烈的斗争。在党的领导下，进步学生开展了学生自治会的竞选工作。学校的五届学生自治会，除第一届混入个别国民党、三青团分子外，后几届基本上为进步学生所掌握，从而为爱国民主运动的深入开展创造了有利条件。在自治会的具体组织下，南开大学的学运斗争取得一次又一次的胜利，进步力量占了绝对优势，反动党团分子更加孤立。1947年秋以后，校内的这些反动分子已基本不敢公开活动了。

党联系师生的另一纽带是群众社团。南开大学复校后陆续成立了近百

---

① 《天津解放时期南开大学在校党员、民青组织系统表》(附名单)，1949年1月，天津市档案馆藏。

个社团。这些社团大多是在学运斗争中成立和发展起来的,其中多数是在中共地下党领导和影响下的进步社团,如"南雁社""火社""生活社""新诗社""文艺社""南星合唱团""虹光剧艺社"等。他们以出壁报、举办公开半公开的时事座谈会、演讲会,或通过歌咏、戏剧等形式抨击时政,这些进步社团是党团结教育群众的阵地,是学生运动的中坚力量。1947年5月15日,在地下党的组织推动下,全校绝大多数进步社团联合起来,成立了"南开大学社团联合会"。该组织后来成为党领导学生运动的重要力量。

在第二条战线的斗争中,中国共产党十分重视做好知识分子的团结、教育工作。中共南开大学地下党组织根据上级指示,加强教师工作,不但成立了教师党组织,还派专人重点负责做学校中影响大、声望高的教授的工作,收到了很好的效果。广大知识分子,包括许多受过欧美教育的著名教授、学者支持爱国民主运动,反对蒋介石的独裁统治。例如南开大学主要负责人黄钰生、杨石先,南开大学教授会主席、生物系主任萧采瑜,南开大学代教务长、数学系主任吴大任,电机系主任陈荫毂以及邢公畹、周基堃、滕维藻等一批教师,在支持爱国学生运动和后来的护校工作中,发挥了很大的作用。新中国成立后,他们都先后加入了中国共产党。1948年4月5日,在中

1947年5月18日,虹光剧艺社公演反内战话剧《凯旋》

共地下党组织的大力推动下，学校正式成立"讲师助教联谊会"，进一步团结广大青年教师。

中共地下党组织在加强教师工作的同时，也加强了校内工友的工作。1947年冬，在学校秘书长黄钰生和哲学教育系主任冯文潜的支持下，学校成立工友夜校，受到热烈欢迎。工友们不仅学到科学文化知识，还提高了思想政治觉悟，涌现出一批同情和支持进步学生运动的积极分子。中共地下党组织以新成立的工友夜校为阵地，在工友中秘密发展党员和党的外围组织成员。天津解放时，南开大学工友党员和"民青"成员有10余人。

中共地下党组织还特别加强了对中间力量和后进群众的争取、团结、教育工作，一批能广泛团结不同觉悟程度、不同兴趣爱好的群众需要的学术性、文体性、服务性社会团体，也先后组织起来。到1948年夏，学校16个系中有14个建立了系会（全系同学都可以参加）。

爱国民主运动持续高涨

中共南开大学地下党组织认真执行党的政策，带领广大师生有组织、有计划地配合人民解放战争，开展一系列轰轰烈烈的爱国民主运动。

抗日战争结束后，美国采取支持国民党发动内战的政策，不仅提供各项援助，而且直接派美军进驻北平、天津及华北的许多城镇，在中国土地上恣意横行。从1945年8月到1946年11月，在上海、南京、北平等5城市，美军所犯暴行就有3800多起。1946年12月24日，美军士兵强奸北京大学先修班女生沈崇，引发了大规模的抗议驻华美军暴行的斗争。"沈崇事件"传到天津，南开大学地下党员和进步学生24人，于12月27日首先贴出抗议美军暴行的海报，得到了全校乃至全市同学的积极响应。28日，北平学生代表与南开大学、北洋大学学生自治会商定：平津学生联合行动。当晚南开大学学生自治会召开理事会，通过抗暴斗争的决议。29日，又与北洋大学联合发表《告全国同胞书》，并派代表向正在天津维斯理基督堂布道的司徒雷登大使面交抗议书,要求美军赔偿损失、就地严惩美军士兵、美军立即撤离中国。30日,全校罢课。当晚,南开大学、北洋大学、南开中学等天津大中学校代表60余人在南开大学召开会议,决定成立"天津学生抗议美军暴行联合会",推举南开、北洋大学代表组成主席团。南开大学学生抗议美军暴行委员会广泛发动群众,邀请青年教师滕维藻作报告,揭露刚刚签订的《中美商约》的实质,并举行校内教授座谈会。很多同学捐出节余菜金,作为抗暴活动经费,在很短的时间内,募捐3万多元法币。其间,天津政府当局多次同南开大学校方接洽,竭力阻止抗暴运动。学校代理教务长刘晋年明确表示:"对学生此次行动,校方无法干涉。"

▬ 南开学生在美军驻津司令部前游行示威

1947年元旦,天津大中学校学生3000余人举行抗议美军暴行的示威游行,并派代表向市政府提出抗议条件。天津市市长杜建时不敢出来接见,学生便奔向美军驻津司令部。当游行队伍行至老西开教堂附近时,又发生一起美军吉普车撞轧中国6岁幼童后扬长而去的事件。愤怒的学生立即折返市政府,冲进大楼。杜建时被迫答应"美军立即撤退""美军当局须向中国当局道歉"等要求。1947年1月4日,南开大学学生抗议美军暴行委员会发表复课宣言。26日,北平"抗暴联合会"代表来津联络。28日,"平津学生团体抗议美军暴行联合会"成立。从2月3日起,平津"抗暴联"发动了"要求美军立即全部离华"的全国学生签名运动,各地学生纷纷响应,并得到全国人民的积极支持。抗暴运动一扫半年来天津学运的沉闷空气,广大师生进一步认清了美帝国主义和国民党政府的丑恶面目,为爱国民主运动新高潮的到来打下了坚实的基础。

1947年,由蒋介石集团发动内战所造成的国统区经济、政治、教育危机日益严重,大批工人失业,学生失学,人民挣扎在饥饿死亡线上。是年2月,中共中央起草了《在白区对国民党对策》,提出"反饥饿、反内战、反迫害"的口号,南开大学师生在党的领导下开展了一系列反对国民党内战独裁政策的斗争。5月4日,天津各大中学为继承五四革命精神,在南开大学联合举行盛大纪念活动。17日,南开大学召开学生大会,发动"反内战"签名,成立"反内战委员会",决定从18日起开始罢课。18日晚,南开大学学生公演反内战话剧《凯旋》,遭到特务破坏。19日,学生自治会召开会议,推举15人就"五一八"演员被打事件向市政府抗议。60余名教授、讲师发表《告同学书》,坚定地表示:"凡是对于国家的现状感到痛心的人都愿和你们站在一起",旗帜鲜明地支持学生的正义行动。与此同时,南开大学与

■ 南开学生参加"反饥饿、反内战、反迫害"运动

北大、清华等11校成立"华北学生反饥饿反内战联合会"。5月20日,南开大学与南开中学学生参加"反饥饿、反内战"游行,遭到200余名"身着短衣"特务的袭击。南开大学学生20多人受伤,6人被捕。与此同时,北洋大学游行队伍也遭到镇压。为了避免更大损失,中共地下党组织决定将游行队伍撤回南开大学北院,天津警备司令部随即宣布戒严,派武装军警包围了南开大学。

敌人的残暴激起了广大师生的强烈愤慨。五二〇事件以后,南开大学共贴出壁报1000余张,标语20000余条,传单60000多份,就连天津警备司令部、三青团部、市政府门口都贴上了宣传品。学生在校园内举办"五二〇事件血衣展览",编印《南开周刊》"反内战特刊"。萧采瑜、张志远、刘晋年、庞景仁、李广田、刘荣恩、何炳林、张肇科、周基堃等教师慰问受伤学生。22日,南开大学教授会表示"决与同学采取一致行动"。28日,陈序经、李广田等89名教授在《北方教授联合和平宣言》上签名,反对南京政府独裁内战政策。五二〇血案警醒并教育了更多的师生,校内群众的觉悟进一步提高,甚至有的国民党员也转变了态度,参加了进步社团,校园内到处洋溢着反内战的热烈气氛。6月2日,华北学生联合会在"华北学生反饥饿反内战联合会"基础上正式成立。6月15日,全国学联在上海重建。华北乃至全国的爱国青年进一步团结起来,展开新的斗争。

1947年下半年,伴随着人民解放战争的不断胜利,国民党政府为了维护独裁统治加紧了对进步力量的迫害。根据国统区形势的变化,党中央要求:城市斗争多取防御性的合法形式,组织群众把争生存和反迫害斗争紧密结合起来,形成以反迫害为中心的斗争。根据党中央的指示精神,天津学运系统地下党组织不再提"反内战"的口号,而是在"反饥饿""反迫害"的旗帜下,领导群众继续开展斗争。南开大学师生在党的领导下,掀起了反迫害、争人权的持续抗争。

1947年10月29日,浙江大学学生自治会主席于子三惨死在狱中。反动派的残暴只能激发人民更加强烈的反抗。11月5日,南开大学学生自治会做出响应华北学联号召、罢课3天的决定。6日，南开大学学生成立人权保障委员会，并于晚上召开"反迫害晚会"。8日，学生自治会召开于子三同学追悼会，以诗文、悼词呼吁："我们要团结起来，争人权！反迫害！"此后，反迫害斗争结合"抢救教育危机"等活动，更加深入地展开。

1948年1月，国民党政府先后颁布《修正学生自治会规章》《戡乱时期危害国家紧急治罪条例》，对学生运动实施更加严重的迫害。1月29日，上海发生反动军警镇压同济大学请愿学生的血案。2月7日，南开大学部分学生赴北平参加平津学生支援同济学生联合控诉示威大会。3月27日，南开大学及天津各校学生500余人，又赴北平参加华北学联组织的平津学生春季大联欢。29日，北平警备司令部查禁了华北学联的活动。4月2日，南开大学代表赴北平参加平津七校学生反对政府查禁学联请愿活动。5日晚，南开大学召开抗议解散华北学联的控诉大会，部分学生遭到反动军警和特务的殴打。南开大学党组织抓住特务行凶事件，发动广大群众形成围剿特务的强大舆论。5月4日，全市青年五四纪念活动在南开大学思源堂举行，天津各大、中学的学生和部分工人、店员、教职工集会于此，思源堂挂上了"科学"匾，升起了"民主"旗，显示了南开大学与天津青年学生继承五四光荣传统，发扬科学、民主精神的战斗决心。

1948年下半年，中国人民解放军在全国各个战场上取得节节胜利。国

■ 1948年5月4日，师生在思源堂前纪念五四运动

民党政府为了挽救败局,更加紧了对进步力量的迫害。8月17日,天津警备司令陈长捷主持制定了大逮捕计划。中共地下党组织对此有所获悉,提前转移了部分党员和进步学生。8月19日晚6点左右,中共地下党员、天津《大公报》记者傅冬菊(傅作义的女儿)来到南开大学北院通知消息。学校地下党组织负责人立即指示有关人员迅速转移隐蔽。20日凌晨,大批军警特务包围南开大学东院和北院,逮捕了张义哲、阚甸民、郝鸿明、江德平、谭桂荪、白耀堃、薛暮棣7名学生。次日,反动当局登报通缉韩敬庸等南开大学学生23人。10月,天津反动当局成立"特别刑事法庭",迫害被捕学生,同时又公布通缉南开大学等校学生116人的名单。危急时刻,吴大任、邢公畹、周基堃等教师都曾在各自家中保护进步学生。学校负责人得知逮捕名单后,也曾向有关人员透露消息。许多学生或是掩护被通缉同学离校,或是把他们隐藏在自己家中。八二〇大逮捕后,南开大学立即成立"被捕同学营救委员会",学校负责人杨石先、黄钰生、王文田等人亲自出面交涉保释,社会各界也纷纷要求释放学生。12月中旬,特别刑事法庭迫于社会压力,只得以证据不足为由,释放被捕学生。

在严酷的白色恐怖下,按照党中央的指示,学校党组织有计划、有秩序地开展革命师生的转移疏散工作。在解放战争时期,先后进入解放区的南开大学师生达200多人,既保存了革命力量,又为解放区输送了干部。平津解放后,他们大多随军返回参加接管城市的工作。一次次的斗争使广大师生进一步认清国民党当局的反动面目,涌现出一批批新的进步骨干力量,他们在党组织的带领下,开始了新的战斗。

保护学校,迎接解放

天津解放前夕,学校师生开展护校斗争,挫败了国民党政府策动学校南迁以及反动军警破坏学校的阴谋。

1948年11月,东北、华北野战军进击平津地区,北平、天津解放已成定局。国民党当局企图将重要院校和工厂南迁,南京国民政府教育部发来密电,令南开大学南迁广州,校内的国民党、三青团分子也开始大造声势。中共地下党立即发动群众,开展针锋相对的反南迁斗争。

学校地下党通过学生自治会和社团积极分子,采取个人谈话、召开座谈会、张贴海报、散发传单等方式,在广大师生中做深入细致的工作。地下党员梁有根、曾常宁等负责在自己家中收听、记录新华社广播,向师生宣传党的知识分子政策和文化教育政策。11月28日,学生自治会做出"学校当局不得临时蹓走"的决议。12月8日,华北局城工部派曾经担任南开大学学生自治会常务理事的张法文秘密返回学校,在机械工程学系助教顾福兴的掩护和协助下,先后拜访张克忠、孟广喆、冯文潜、吴大任、黄钰生、鲍觉民等,动员他们参加护校工作。中共天津工作委员会书记黎智,委员魏克、李之楠等,都曾以共产党代表身份会见学校秘书长黄钰生、教授会主席萧采瑜、教务长吴大任等,向他们说明党的有关政策,这些教师在后来的护校斗争中都发挥了很大的作用。12月10日,南开大学举行校务会议决定"不迁校",次日下午,提交教授会议讨论,通过"不迁校"的决议,使国民党政府劫走南开大学的阴谋宣告破产。

为了抢夺教育界、学术界知名人士,为新中国制造人才荒漠,国民党政府实施了所谓的"抢救大陆学人计划",将南开大学负责人及著名学者都列入"抢救"名单。12月21日,教育部发来电报,表示愿意"协助教授离津南飞",为每人免费提供机票。学校负责人杨石先、黄钰生、吴大任、萧采瑜等不为所动,绝大部分教授也拒绝南下,坚持留津"与同学共甘苦",并积极开展了保护校产、迎接解放的斗争。

面对南京政府的即将崩溃,张伯苓曾称自己任考试院院长是"一脚踏在臭沟里",此时已避居重庆。周恩来得知消息后,通过香港校友捎信给张伯苓:"老同学飞飞不让老校长动"。张伯苓知道"飞飞"是周恩来的笔名,立即感悟到这是周恩来在关键时刻对他的关照和爱护,坚定了不去台湾的决心。国民党逃往台湾前夕,蒋介石、蒋经国父子多次到张伯苓重庆住所劝其迁往台湾,均被谢绝。1949年11月27日,蒋介石第二次来时,态度表示得非常恳切,只要肯走,什么条件都可以答应。一个坚决地劝走,一个坚决地不肯走,场面十分尴尬。张伯苓夫人见状走出来向蒋介石说道:"我们的三个儿子都在天津和北平了!我们哪里也不去!他舍不得南开学校,舍不得儿子,你叫他辞职吧!"①在自知不可挽回后,蒋介石起身告辞,由于心情沮丧,头竟然撞在车门框上。1949年11月,张伯苓在重庆迎来了山城的解放。

师生在护校斗争中将贵重仪器转移至东院

1948年冬,解放军兵临天津城下。负隅顽抗的国民党守军大肆修筑城防,并计划破坏城市。南开大学八里台南院、六里台北院外,到处是堡垒和掩体,学校成为前沿阵地。保护学校在战火中免受损失既是共产党的政策,也是广大师生员工的一致心愿。12月11日,南开大学成立公开的护校组

---

① 张锡祚:《先父张伯苓先生传略》,南开大学出版社2016年版,第87—88页。

织——特种委员会，统一领导护校工作，并制定"为保存校产，策划全校员生工人之安全"等5项组织原则。特种委员会由萧采瑜任主席，吴大任为秘书，下设纠察队、运输队、救护队、消防队。学生自治会也成立了应变机构。

12月13日，特种委员会改名为安全委员会并召开会议，杨石先、黄钰生等出席。为避免被反动派运走或破坏，会议决定将南院贵重仪器和图书运到相对安全的东院，师生员工与家属同时搬迁。经过几天紧张的抢运，八里台南院95%以上的物资全部运出。同时，学校还购置粮食、咸菜、煤炭，以保障师生、眷属生活。

集中到东院以后，学校师生"宛如一个大家庭"。当时，国民党军队占领东院周围各处高层建筑，用机枪对准南开大学。但是，广大师生毫无畏惧，用各种方式坚持斗争。安全委员会、学生自治会及政治学习性社团，半公开地组织师生学习党的各项政策、文件。学校召开各种讲演会、座谈会，几乎每晚都举办歌舞联欢会等文娱活动，俨如民主的堡垒。因东院人员拥挤，师生中还混有少数反动党团特务，中共地下党员们一时找不到合适的开会地点。当时学校负责人黄钰生的办公室是一个套间，里面比较隐蔽，一位"民青"工友掌握着办公室的钥匙。这样，白天的办公室晚上就变成了党员们的会议室，他们在这里分析时势、研讨问题、草拟文件，时常通宵达旦。黄钰生对此采取了默许的态度。在党组织的领导下，南开大学师生以大无畏的斗争精神回击国民党反动派的暴行。

为配合天津解放，学校师生在中共党组织的领导下，开展了广泛的宣传工作。学校安全委员会设立宣传情报部，负责人为时任讲师助教会主席的滕维藻。他们利用学校的一台收音机，抄收解放区新华社广播。地下党还指派专人收听、记录新华社战报和评论，印制《中国人民解放军宣言》《告国民党官兵书》《约法八章》等数万份，组织300余人的宣传队，将传单以各种方式向社会各界散发。宣传队还以"中国共产党解放天津行动委员会"的名义，向杜建时、陈长捷等天津国民党军政要员、青红帮头目投递警告信，在瓦解敌方士气上发挥了重要作用。时任南开大学党总支书记的刘焱回忆：

后据内线反映,敌党政军头目接信后异常恐慌,市长杜建时看信时手都发抖了!到天津解放前几天,敌人终于被迫释放了一批政治犯,其中有长期被关押的南开大学学生9人。

统战与情报工作是保护学校、保护城市的一项重要任务。有多名南开大学学生参加了对国民党军政要员的统战工作,并获取大量军事情报,为解放军完整接管城市做出贡献。早在1947年,地下党员周福成在傅冬菊的帮助下,取得"华北剿匪总司令部"主办的《平明日报》驻津特派记者身份。他利用可以公开出入敌军政机关和参加军政会议的机会,收集军事情报上报给党组织。北平解放前夕,他协助傅冬菊收集情报,开展对傅作义的争取工作,为北平和平解放做出贡献。

地下党员曾常宁的父亲曾延毅曾任国民党军界要员,与傅作义是把兄弟。1948年3月,受中共天津学委的指示,曾常宁开始做曾延毅的工作,并利用其父亲的社会关系,搜集敌情材料。曾常宁回忆,有一次,国民党塘沽专员崔亚雄来津,到曾宅临时借住。趁崔亚雄在客厅会客的机会,曾常宁悄悄打开了他随身携带的公文包,发现里边有一份绝密文件——《咸水沽兵力驻扎表》。她急忙把上面的内容抄写下来,并设法转给了党组织。此后,在其父亲的帮助下,她还获取了国民党《塘沽城防图》等重要情报。曾延毅还积极参与了对傅作义的争取工作。

1948年11月,曾任中共南开大学党支部委员的蓝铁白(李钧)秘密返津,通过其父与国民党天津市政府秘书处处长王余杞的同学关系,做王余杞的争取工作,要求他保管好市政府的文件档案。天津解放后,王余杞完整地将档案交给人民政府。还有一些南开大学地下党员通过各种社会关系,调查大企业的资产情况,为解放后接收敌产做了准备。

学校师生还积极协助解放军侦察天津守敌的城防火力点,为精准消灭敌人,避免误伤学校创造条件。为了侦察敌情,南开大学地下党组织通过学校当局,以看管校产为名,派工友中的地下党员张德茂留守北院。他将敌人在此构筑的炮兵阵地位置、布防情况、大炮数量等一一摸清,通过党组织将这些重要情报发送给解放军前线司令部。1949年1月14日，解放军对天津发起总攻时，该据点敌人负隅顽抗，被解放军一阵炮火摧毁。张德茂当晚撤到东院，兴奋地向党组织汇报说：敌人边逃边骂共军的炮弹长眼睛啦！当年平津战役天津前线总指挥刘亚楼司令员在1960年10月28日的《人民日报》上发表文章指出：由于掌握敌情，"我军做到歼灭敌人而未破坏学校，南开大学院内有敌人炮兵阵地，对我攻击部队实施猛烈阻击，我炮兵只还击敌人的炮兵阵地，不打南开大学校舍"。南开师生为保护城市、解放天津做出了贡献。

天津反动当局把南开大学视为眼中钉。1948年12月中旬，国民党军警加强了对南开大学的控制，屡次扬言要武装进驻学校。师生立即掀起了声势浩大的反对军警进校的斗争。12月22日，学校44位教授联名致电华北"剿总"司令傅作义，呼吁维护文化教育事业，反对驻兵学校。28日，吴大任等教授又联名呼吁，保护平津400万人民的生命财产，"重视数千年古国文化"。学校安全委员会组织师生用沙袋、石块将校门堵住。纠察队日夜在校内值岗巡逻。

12月底的一天，突然开来一连全副武装的国民党兵，要强行进驻学校。学校安全委员会立即组织女学生一排排坐在大门口以示抗议，身后站立着男学生和教职工，校纠察队员则手持棍棒站在人群后面。一时间，敌我双方形成紧张对峙局面，流血冲突一触即发。这时，天津工委学生党委书记魏克闻讯赶来，与南开大学党总支书记刘焱研究决定改变斗争策略，避免流血冲突。于是，同学们主动给国民党士兵送水，与他们攀谈，展开宣传攻势。刘焱回忆说：一群群学生围着一群群士兵，大家谈得很热乎，许多士兵表示同情学生，不愿意打内战，队伍很快就乱了，国民党军官怕士兵被"赤化"，报告上级后集合部队撤走了。经过南开大学师生不懈的斗争，加之社会舆论的压力，国民党军队没能进驻学校。

1949年1月14日，解放军向天津守敌发起总攻。驻守海光寺的国民党军队向南开大学开炮，东院大楼北面的墙壁被炸开一个大洞，幸亏解放军很快占领海光寺,敌人对南开大学师生的屠杀未能得逞。

15日拂晓,解放军攻到南开大学东院周围。同学们冒着炮火,把用白床单连接而成、写有"热烈欢迎解放军"的标语挂到学校大楼外,几名学生主动在巷子中为解放军做向导。下午3时,天津解放。当日,一小分队的解放军奉命来保卫南开大学,驻扎在东院广场。当时正值数九寒天,黄钰生带领师生多次邀请解放军进楼休息,均被婉言谢绝,师生们深受感动。黄钰生招呼大家找来几筐劈柴和两口大铁锅,送给解放军烤火避寒。火苗映红了寒冷的夜空,也温暖着指战员的心。傍晚,南开大学地下党组织了300余人的宣传队,走向罗斯福路(今和平路),宣传党的政策。南开师生纵情欢唱,迎接新中国的曙光!

第五章 新中国 新南开

中华人民共和国成立后,南开大学在党和政府的领导下,开启了新的征程。从1949年至1956年,在新中国高等教育的起步阶段,南开大学以党的教育宗旨和教育方针为指引,除旧布新,转变办学方向,完成院系调整,进行教学改革,学校事业形成了良好的发展局面。

一、学校的接管和初步改造

人民政府接管学校

1949年1月15日,天津解放,天津市军事管制委员会和天津市人民政府宣告成立。在南开大学地下党领导下,师生们满怀激情地走上街头,和全市人民一起举行了欢庆天津解放的盛大游行。他们高举着"欢庆天津解放""热烈欢迎解放军"的横幅,抬着连夜赶制的毛主席和朱总司令的画像,高呼胜利口号,高唱革命歌曲,向市民们宣读《南开大学全体同学给人民解放军全体将士书》,沉浸在欢乐无比的气氛中。从此,天津获得了新生!南开大学进入一个新的历史发展时期!

第五章 新中国 新南开

■ 1949年1月15日，南开大学师生热烈庆祝天津解放

天津解放后，市军事管制委员会立即接管了南开大学，由军管会文教部直接领导。1月16日，军管会文教部视察员辛毓庄奉命到校巡视，并传达上级指示：学校领导负责保护学校，所有人员一律照旧任职并准备早日复课。19日，学校负责人黄钰生、杨石先、鲍觉民即携带清册至军管会文教部报到。校安全委员会在圆满完成护校任务后，于20日结束工作，将南开大学完整地交到了党和人民政府手中。在全校教职员工的共同努力下，学校于2月7日正式复课。从此，自创建后历经坎坷的南开大学，在党的领导下，开始了新的征程。

解放之初，党中央对教育事业采取先妥善接收、再逐步改革的政策。市军管会文教部接管南开大学后，立即采取了一系列维持秩序、稳定人心的措施：取缔校内国民党、三青团等反动组织；取消训导制度和反动课程；原有教师职工继续留任，暂时维持原薪金；实行人民助学金制度。当时，全校3/4的学生都享受了助学金待遇，解除了在学费和餐费上的后顾之忧。学生伙食也比解放前有了明显改善，同学们高兴地说："花费不多吃得好，早餐豆浆带丝糕，每月小米七十斤，秫米小米吃个饱。"

党对师生们生活上的关怀和思想政治教育工作的开展,使广大师生革命热情更加高涨,青年学生踊跃报名参军、参干。据统计,天津解放之初,南开大学在校学生为810人,至1949年4月参军、参干的学生达329人,其中党员24人,"民青"87人。① 也就是说,在天津解放后的3个多月里,南开大学即有超过40%的在校学生,积极响应党的号召,奔赴各条战线。仅在3月18日当天,就有117名南开学子举行了参加人民解放军南下工作团入团式,在祖国最需要的时候挺身而出,为革命的胜利贡献了力量。

自1949年3月召开的全国学生代表大会明确提出"加紧学习,培养自己成为建设新民主主义国家的有用人才,是当前学生运动的首要任务"后,在校学生纷纷以饱满的热情投入到学习中,学校里的秩序逐步恢复。与此同时,配合文化课的学习,社团和系级活动也广泛开展起来,同学们在社团里交流学习内容,讨论当前形势,研究党的文件。各系还成立了系会,推动和帮助同学们学习,组织到工厂参观,如化学系和化工系同学们到汉沽化学公司参观并与工人举行联欢会,机械系同学们到天津汽车修制厂向工人学习实际的生产知识。

■ 南开学子积极参加解放军南下工作团

---

① 刘焱:《南开大学地下党和革命师生为推翻旧世界建立新中国而英勇斗争》,见《共同回顾革命岁月 瞻望我国美好未来——胡国定先生纪念集》,2003年10月,第32页。

第五章 新中国 新南开

在市军管会文教部领导下,学校很快成立了新的领导机构——校务委员会。5月23日,市军管会主任黄克诚、副主任黄敬联名签发文字第二十八号委任状,委任杨石先、邱崇彦①、黄钰生、张克忠、冯文潜、袁贤能、吴大任、萧采瑜、陈荫榖、孟广喆、潘正涛、罗大刚、丁洪范、杨敬年、龙吟为南开大学校务委员会委员,杨石先为校务委员会常务委员兼主席,邱崇彦、黄钰生、张克忠、冯文潜、袁贤能、吴大任、萧采瑜、陈荫榖为常务委员,吴大任兼教务长,黄钰生兼秘书长,邱崇彦兼理学院院长,张克忠兼工学院院长,冯文潜兼文学院院长,袁贤能兼政经学院院长。除上述由军管会委任的15人外,首届校务委员会委员还包括校内讲助会及学生会推选的4名委员,共19人组成。

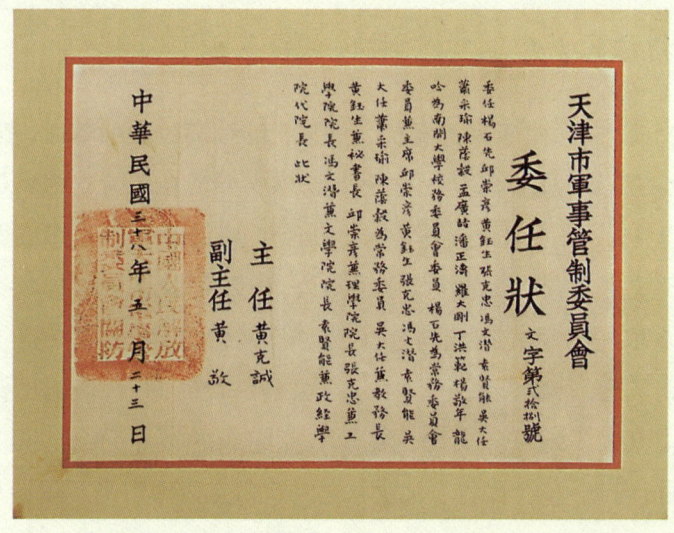

■ 天津市军事管制委员会第二十八号委任状

按照《校务委员会暂行规程》的规定,校务委员会为学校最高权力机关,以民主集中制的方式领导校务,党和政府通过校委会领导学校。校务委员会下设办公室、教务处、秘书处等机构,并设聘任委员会、财务委员会,又设

---

① 即邱宗岳。

特种委员会如校舍调整委员会、住宅宿舍评议委员会、校园管理委员会等。为加强人事工作，校委会于1951年增设了人事室。

学校在日常管理中，至1952年院系调整前，一定程度上延续了教授民主参与治学的传统，主要行政职务由教授担任，校内设有教授会、讲助会、职工会等组织，涉及学校发展重要事宜都要经过教授会充分讨论，校务委员会认真听取教授会的意见。

1949年6月，华北人民政府在天津成立了华北高等教育委员会，南开大学改由该委员会领导。中华人民共和国成立后，学校转归中央人民政府教育部直接领导。1950年4月8日，教育部通知，南开大学除由教育部直接领导外，并由天津市人民政府教育局辅助管理，学校工作逐步进入正轨。

党团组织的公开与工会、学生会的成立

天津解放之初，由于大批党员、"民青"陆续离校参加革命，留校党员不多，按照党的组织原则，南开大学地下党总支委员会改为支部委员会，支部书记为李万华[①]，副书记为吴开文[②]。1949年3月，在中共天津市委发出《关于建设新民主主义青年团的决定》后不久，南开大学地下青年革命组织——"民青"于3月22日率先在校内公开，并集体转为新民主主义青年团，成立了团总支委员会，杜立任书记。"民青"公开一段时间后，影响不错，群众反映良好。南开大学地下党支部也在上级党组织的领导下，开始酝酿组织的公开。当时，南开大学"民青"和地下党组织都是天津市高校里最早公开的。

1949年10月14日，南开大学正式召开了中共支部公开大会，市军管会文教部部长黄松龄莅会指导，宣布李万华任党支部书记，吴开文任副书记。黄松龄讲话指出：南大党支部的公开，是南大支部的光荣，也是中国共产党的光荣。南大党支部的任务，是团结同学师长，帮助同学师长，保证新民主

---

① 李万华为南开大学哲学教育系1946级学生，哲教系于1949年被撤销后，转入本校经济系。
② 吴开文1948年毕业于清华大学电机工程系，时任南开大学电机系助教。

第五章 新中国 新南开

主义教育方针的贯彻,保证高教委员会教学计划和课程改革的实行,造成学习政治课的热潮,务求把政治课学习好,不断地向党反映群众的意见,向群众进行宣传组织工作,吸收优秀分子入党,壮大党的队伍。经常教育党员,全心全意为人民服务。①党组织的公开,青年团的建立,使学校有了坚强的领导力量,能够更加广泛地联系和团结师生,组织和动员大家为完成改造旧南开、建设新南开的任务而奋斗。

▬ 1949年10月17日《天津日报》报道

1949年11月,中共天津市委学校工作委员会派郑秉泇任南开大学专职书记,李万华改任党支部副书记。1950年9月,随着校内党员人数的增加,为适应形势发展和工作需要,学校党总支委员会正式成立,郑秉泇任书记。1951年2月,郑秉泇调回天津市工作,张义和接任党总支书记,李万华、王祖陶任副书记。

---

① 《天津日报》,1949年10月17日。

中华人民共和国成立后，为充分调动广大教职员工的积极性，在党组织的领导下，南开大学工会、学生会也迅速组建起来并开展活动。1950年9月28日，校学生会改选顺利完成，新一届学生会正式成立，胡文杰同学担任学生会主席。10月15日，学校教育工会在经过半年的筹备后，召开了第一次全体代表大会，正式宣告成立。经过选举，萧采瑜出任首届校工会主席，申泮文、任联笏、胡国定为副主席，陶继侃、范正钊、冯文潜分别为东院、南院、北院工会主席。工会和学生会这两大群众组织的成立，对于团结全校教职员工发挥了重要作用，有力地保证了学校教学与行政工作的顺利推进，以及党和人民政府关于高等教育的政策法令在学校的贯彻实施。

教育教学的初步改革

中华人民共和国成立时，《共同纲领》明确规定："中华人民共和国的文化教育为新民主主义的，即民族的、科学的、大众的文化教育。人民政府的文化教育工作，应以提高人民文化水平、培养国家建设人才、肃清封建的、买办的、法西斯主义的思想、发展为人民服务的思想为主要任务。"1949年12月，教育部召开第一次全国教育工作会议，确定了逐步改革旧教育的方针、步骤，提出教育必须为国家建设服务、学校必须向工农开门的总方针。新的教育宗旨和教育方针为南开大学指明了办学方向。

1950年6月，教育部在北京召开了第一次全国高等教育会议，共300余名代表参会。南开大学校务委员会主席杨石先、常务委员兼教务长吴大任参加了会议。会议期间，代表们受到了毛泽东主席、周恩来总理的亲切接见。此次会议明确提出：高等教育的方向是以理论与实际一致的教育方法，培养具有高度文化水平的、掌握现代科学和技术成就的、全心全意为人民服务的高级建设人才；吸收工农干部和工农青年进入高等学校，培养工农出身的新型知识分子。高等教育要在各方面很好地适应国家建设的需要，首先是经济建设的需要。会议通过的《高等学校暂行规程》《关于实施高等学校课程

第五章 新中国 新南开

改革的决定》《关于高等学校领导关系的决定》等文件，作为新中国成立初期指导高等教育改革的纲领性文件，为南开大学教育教学的初步改革提供了遵循。

1949年至1951年，学校在党的领导下，对教育教学进行了初步改革。首先取消了国民党党义、"六法全书"等反动课程，开设马列主义课程，并在各学科中肃清封建的、买办的、法西斯主义的思想。从1949年10月8日起，全校师生开始上政治课，学习马列主义基础知识和基本原理。学校成立了政治课教学委员会和时事学习委员会，经常邀请天津市领导同志和有关专家来校进行时事政治讲座与专题报告，如邀请黄松龄作关于政协文件的讲解，黄敬作关于革命历史特点的报告，于光远作关于爱国主义的报告，梅汝璈作关于反对美国武装日本及对日媾和等问题的报告等，加强对师生的思想政治和爱国主义教育。这一时期，南开师生通过政治学习及参加土地改革、镇压反革命等政治运动，对党的方针政策有了更多了解，在思想上有了很大进步。1951年1月，全校500余名学生踊跃报名参加军干校，以实际行动支援抗美援朝，经天津市招生委员会批准最终录取61人。当年1月6日的《人民南开》以"祖国的好儿女光荣地走上国防线"为题，公布了61名入伍学生名单。

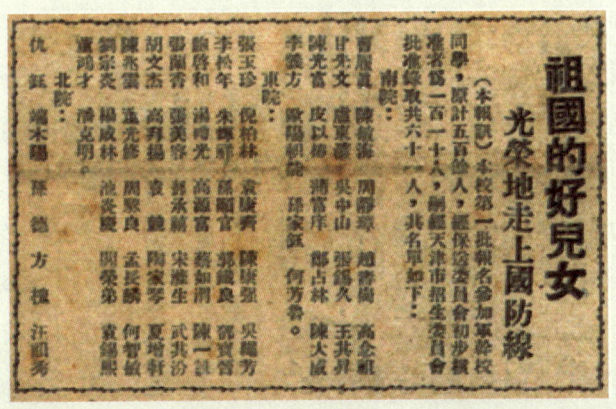

1951年1月6日《人民南开》报道

■ 欢送南开大学学生光荣入伍

其次，以"理论结合实际"和"以简求精"的原则进行业务课程改革。文科各系强调"用科学的历史观点研究和解释历史、经济、政治、文化及国际事务"；理工科维持和加强了必要的课程，删除、精减了繁杂重复的课程，并加强了理论联系实际的教学活动。1950年暑假，在教育部统一领导下，学校三年级的158名同学分赴青岛、太原、东北等地厂矿实习。这是南开大学在新中国成立后组织的第一次规模较大的实习活动，学校对此极为重视，各单位均有教师负责指导。校务委员会主席杨石先对同学们说："暑期实习之目的，在使所学理论与实际相结合，以为他日学成致用之地……在教者以实物为理论之征验，而学者用知识作技术之配合，发挥教学相长精神，吸收宝贵劳动经验，诚可为实习制度革新之发轫。"①

再次，为了有效地推进课程改革，进一步加强教学研究工作，从1950年暑假后，全校选择了23个有条件的学科，设立了教研组，加强教学的组织领导。教研组开始尝试制定各门课程的教学大纲和教学计划，有的教研组还响应教育部的号召，开始编写相关课程的讲义和教材。

---

① 《南开大学实习专刊》1950年。

第五章 新中国 新南开

这一时期，南开大学的院系、专业设置进行了相应调整。1949年6月，学校原有的政治系、哲学教育系奉令撤销，同时在政经学院内增设财政学系，政经学院亦改称财经学院。为使各系的发展方向更加明确，货币银行系更名为金融贸易系，工商管理系更名为企业管理系，经济系更名为政治经济系。为培养专门人才，金融贸易系分为金融系与贸易系，会计统计系分为会计系和统计系。根据当时向苏联学习而需要大量俄语人才的现实情况，外文系于1950年开设了俄语专业，开始培养俄语学生。为适应中华人民共和国成立初期各项建设事业对干部的大量需求，学校还分别在财经学院、工学院、理学院设立了贸易专修科、自动车专修科和医预科。此外，经上级决定，河北省立法商学院的商学系、北京中法大学的生物系和经济系相继并入南开大学，扩大了学校的规模。经过上述调整，至1951年底，学校共设有文、理、工、财经4个学院，中文、外文、历史、数学、物理、化学、生物、化学工程、电机工程、机械工程、政治经济、财政、会计、统计、金融、贸易、企业管理等17个系，经济、化工两个研究所，以及3个专修科。

在此期间，学校的师资力量也得到了加强。人民政府认真执行党的知识分子政策，对原有教师采取了"包下来"的方针，争取和团结一切愿意为新中国服务的知识分子加入人民教师队伍。很多知名教授和青年教师先后来到南开大学任教，如季陶达、钱荣堃、滕茂桐、石毓符、李霁野、吴廷璆、谢国桢、胡宜斋、刘毅然、戴立生等，李何林、温公颐等也受邀来校兼课。还有一批在海外求学的学者和青年学子在祖国的感召下，学成归来，执教南开，如王赣愚、陶继侃、陈舜礼、崔澂、王积涛、陈天池等。从1949年1月至1951年9月，学校总计增加教授、副教授、讲师57名，助教69名，有力地推动了教学、科研工作的开展。与此同时，为提高教师的政治思想水平，学校还先后选派滕维藻、陈舜礼、庞景仁、邢公畹、杨佩铭、潘正涛、华粹深等多名教师，到华北人民革命大学进行学习。

从1951年秋至1952年，根据上级精神，学校相继开展了思想改造运动和"三反""五反"运动，组织教师参加京津高等学校教师学习会，学习周恩来总理所作的《关于知识分子的改造问题》报告，总结思想，开展批评与自我批评。在"三反""五反"运动中，学校没有查出贪污问题，公私不分的情况也很少。这些举措使南开大学教职工的精神面貌发生了积极变化，进一步树立了为人民服务的思想。

由于精简课程，改进教学方法，实行计划教学，在学生中推行"五十小时学习制"，改善卫生环境，增添图书设备等一系列措施的施行，学校的教育教学改革稳步向前推进，各项工作都呈现出新的气象。

毛主席为南开大学题写校徽

毛泽东主席与南开师生的交往可追溯至1945年。抗战胜利后，为制止内战，毛主席到重庆与蒋介石谈判。9月6日，在南开杰出校友、中共中央副主席周恩来陪同下，毛主席到重庆沙坪坝津南村拜访了南开大学校长张伯苓。当时，张伯苓担任国民政府国民参政会副议长，他曾在国民参政会第四届第一次全体大会上的开幕词中谈道："吾人现时急应努力者，尚有二事：一、加强和平团结；二、实行民主政治。"[①] 毛主席对张伯苓十分尊敬，称赞他为中国的教育事业贡献良多。

1949年9月，南开大学校务委员会主席杨石先作为教育界代表，出席在北京举行的中国人民政治协商会议第一届全体会议。10月1日，在天安门城楼上，毛主席亲切接见了应邀出席开国大典的各界代表。周恩来总理亲自将杨石先介绍给毛主席："这是天津南开大学的负责人、老科学家杨石先同志。"毛主席紧紧地和杨石先握手，并说："你在教育工作岗位上付出了多年的辛勤劳动。"这是毛主席对杨石先工作的充分肯定，也是对南开教育事业的亲切鼓励。

---

① 重庆市政协文史资料研究委员会，中共重庆市委党校编：《国民参政会纪实》（下），重庆出版社2016年版，第862—863页。

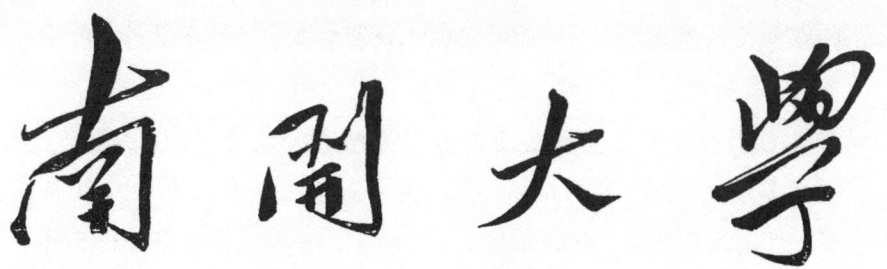

■ 1950年，毛主席为南开大学题写校徽

更令南开人骄傲的是，新中国成立不久，毛主席为南开大学亲笔题写了校徽。1950年清明时节，学校学生会组织同学们到北京八达岭郊游，中途住在了北京大学红楼。当从北大学生口中得知北大校徽是毛主席亲笔所题时，同学们都羡慕不已。回校后，大家一致商定，请毛主席为南开大学题写校徽，并推荐文笔好的同学给毛主席写了一封热情洋溢的信，表达了大家的真诚愿望。这封信寄出后十几天，毛主席就回信了。据时任学校南院学生会主席李赫喧回忆，毛主席在回信中写道："来信收悉，照写于另纸。"在随信寄来的一张八开元书纸上，毛主席用毛笔写了三四幅"南开大学"校名，有横幅也有竖幅，并在自己认为满意的一幅横写校名下挑了勾。学生会的同学们无比激动，立即把毛主席的回信和题字交给了秘书长黄钰生，并与学校总务部门一起找校徽制作厂家订制了学生用(白底红字)和教工用(红底白字)的两种款式。广大师生佩戴上由毛主席亲笔题写的校徽，都感到无比自豪。

老校长张伯苓辞世

1951年2月23日，南开大学老校长张伯苓逝世，享年75岁。张伯苓病危期间，委托黄钰生代拟遗嘱，全文如下：

一八九七年，余愤于帝国主义之侵略，因严范孙先生之启发，从事教育，五十年来，矢志未渝。凡余所致力而未逮之科学教育、健康教育、爱国教育，以允公允能，日新月异，与我同学共勉者，今将在人民政府之下，一一付诸实现。余所尝效力之南开大学、南开中学、重庆南开中学，在人民政府之下，亦将积极改造，迅速发展。今日之人民政府为中国前所未有之廉洁良好政府，其发展生产、友好苏联之政策，实为高瞻远瞩，英明正确之政策。凡我友好同学，尤宜竭尽所能，合群团结，为公为国，拥护人民政府，以建设富强康乐之新中国。无限光明远景，余将含笑待之。友好同学，务共努力。

张伯苓
一九五一年二月二十三日

张伯苓逝世翌日，周恩来总理赶到天津亲赴张宅吊唁，客观评价了他一生的历史功过，并对其家属、亲朋和南开校友说："看一个人应当根据他的历史背景和条件，万不可用现在的标准去评价过去的人。张校长在他的一生中是进步的、爱国的。校长晚年失节，但毕竟没有跟蒋介石跑到台湾。我们要用历史唯物主义来看问题。"[①]在津时，周总理领衔组成张伯苓先生治丧委员会，并在敬献花圈的挽带上书"伯苓师千古 学生周恩来敬挽"。吊唁后，周总理又到南开大学和南开中学看望了两校师生，这是周总理自1920年赴欧洲留学后第一次回到母校。

周总理的讲话消除了各界顾虑，人们纷纷前来，向为教育事业奋斗一生的张伯苓表示衷心哀悼。3月4日发引，移灵永安公墓，参加葬礼仪式的各界宾客近千人。4月8日，张伯苓校长追悼会在南开女中召开。黄钰生致悼词，他说："在这追悼会中，我们怀念那个身体魁梧，声音洪亮，谈笑风生，豪爽豁达，性格中充满了矛盾，而能在工作中统一矛盾的人——这个人，机警而天真，急躁而慈祥，不文而雄辩，倔强而克己；这个人，能从辛苦中得到快乐，能从失败里找成功，严肃之中又有风趣，富于理想而又极其现实。我们

---

① 中共中央文献研究室编：《周恩来年谱(1949—1976)》上卷，中央文献出版社1997年版，第132—133页。

怀念十五年前，二十年前，三十年前，教训我们，号召我们团结合作，硬干苦干，指教我们，百炼钢化为绕指柔，不取巧，不抄近，随时准备自己忠实地报效国家的那个人。我们怀念，十五年前，二十年前，三十年前，每到一处，青年们争先恐后，满坑满谷，去听他演讲，爱护青年而又为青年所敬爱的那个人，国士，教育家，新教育的启蒙者，一代人师，张伯苓先生。"①在场者闻之无不动容。

时隔35年，1986年4月5日，张伯苓诞辰110周年纪念大会在南开大学隆重举行，时任国务院副总理兼国家教委主任李鹏来校出席并发表"纪念爱国教育家张伯苓先生"的讲话，他指出："张先生的一生，是进步的、爱国的一生，他办教育是有成绩的，人民将永远记住他的功劳。"如今，南开大学中心花园里矗立着张伯苓的半身铜像，每到他的诞辰和校庆纪念日，南开师生和校友都要到此凭吊。遵照张伯苓遗愿，他和夫人的骨灰也移葬于此，南开与张伯苓再也难以分开。

二、院系调整与"新南开大学"成立

为适应国家建设的需要，从1951年底起，教育部参照苏联的经验，开始对全国高等学校进行院系调整。调整的方针是："以培养工业建设人才和师资为重点，发展专门学院和专科学校，整顿和加强综合性大学。"1951年11月，教育部在北京召开了全国工学院院长会议，研究拟定了全国工学院调整方案并于翌年4月公布。方案决定：南开大学、天津大学、津沽大学调整合并为两所大学，调整后的南开大学为综合性大学，天津大学为多科性工业大学。

按照教育部要求，天津市成立了天津、南开、津沽三校院系调整委员会，委员会由南开大学校务委员会主席杨石先、天津大学校务委员会主席刘锡

---

① 申泮文主编：《黄钰生文集》，百花文艺出版社2009年版，第128页。

瑛、津沽大学校长张国藩等人组成,市文教部部长黄松龄任主任委员。三校院系调整委员会下设办公室,负责院系调整的具体工作,王金鼎任办公室主任。南开大学院系调整筹备委员会也迅速组建,杨石先任主任委员,吴大任任副主任委员,领导院系调整工作有序进行。

按照最终确定的三校院系调整方案,南开大学工学院并入天津大学,天津大学理学院的数学系、物理系并入南开大学,津沽大学财经学院的国际贸易系、会计财政系、企业管理系并入南开大学。院系调整后,南开大学取消了院级机构,共设置了18个专业、3个专修科,组成14个系、26个教研组。经济研究所被撤销,研究生停止招生。各系主任人选经教育部批准后确定下来,名单如表5-1。

表5-1 院系调整后的系主任名单

系 名	系主任	系 名	系主任
数学系	曾鼎禾	政治经济系	季陶达
物理系	江安才	财政系	陶继侃
化学系	邱宗岳	金融系	滕维藻
生物系	萧采瑜	贸易系	鲁仲平
中文系	李何林	企业管理系	余新民
外文系	李霁野	会计系	石毓符
历史系	郑天挺	统计系	杨曾武

在院系调整中,南开大学工学院整建制并入天津大学,包括全部师生、仪器设备和图书资料。在1946年复校后正式组建的工学院包括化学工程系、电机工程系、机械工程系。这3个系在抗战爆发前即已创立,实力深厚,成绩卓越,因积极服务于民族工业的发展而享有良好的社会声誉。复校后,三系不但保持了原有规模,而且有新的发展。化工系名家云集,张克忠担任工学院院长兼化工系主任,丁绪淮、潘正涛、汪德熙、汪家鼎、伉铁儁、张建侯等名师都先后任教于此。电机工程系主任陈荫毂是著名的进步教授,组织

第五章 新中国 新南开

和管理能力突出,在他的领导下,电机系师生团结进取,师资力量和设备配置达到华北地区领先水平。机械系复员最早,1946年春学校即拨给经费法币5000万元,由系主任孟广喆回津购置仪器设备,上海朝鲜侨民孙昌植又捐助机器60部和地产作为创设费,金工、制模及锻铸等实习工厂技术装备亦相当可观。1949年8月,机械系新聘王守融开设并讲授"工具机械""工具机设计""汽车工程""金相及热处理"等多门专业课程,并编写了教材和讲义。

南开大学财经各系和专业于1954年再经调整。按照高教部当年制定的《全国高等财经院校一九五四年院系和专业的调整和设置计划》,南开大学财政、金融、贸易、企业管理、会计、统计6系撤销,政治经济学、会计学、统计学3个专业合组为经济系。经过这两轮调整,南开大学成为一所以文理基础教学和研究为主的综合性大学。

天津大学与津沽大学5系师资的调入,以及北京大学、清华大学、燕京大学、北京师范大学和上海沪江大学等院校一批教师的到来,如郑天挺、雷海宗、李何林、朱维之、曾鼎禾、杨宗磐、陈仁烈等,增强了南开大学的师资力量。院系调整后,全校共有学生1634人,教师277人,员工273人。

在此期间,南开大学校址由原先分散于市内的5处(八里台、六里台、迪化道、湖北路、承德道)全部集中至八里台。学校其他校址校舍交由天津市人民政府统一使用,后位于迪化道的东院划归天津医学院,八里台与六里台之间的部分校址划归天津大学。校址调整后,八里台校区的用房出现了紧张,为此,学校于1952年夏加紧修建了17438平方米的校舍,教学仪器设备与图书资料也得到了相应充实,为教学和科研提供了良好的条件。

与此同时,学校党政领导班子成员及各行政机构负责人相继任命到岗。1952年9月,杨石先被任命为南开大学副校长,校长职位空缺,直至1957年4月杨石先担任校长。10月,王金鼎被任命为南开大学党总支书记,张义和为副书记。校行政方面,在杨石先副校长领导下,吴大任为教务长,王金鼎、陈舜礼、滕维藻为副教务长，吴廷璆为总务长，张涛为副总务长，冯文潜为图书馆馆长，王金鼎兼任校长办公室主任。学校秘书长黄钰生调任天津市图书馆馆长。

为适应综合性大学新的教学科研任务，学校进行了必要的行政机构调整：成立了教务长领导下的教学科，协助各系推进教学改革；设立了总务长领导下的生活管理科，具体研究改进膳食、住宿等问题，使师生们能更好地安心教学和学习；增设了政治辅导科，指导全体教职员工的政治理论学习，协助马列主义理论课的教学，并组织教职员工的社会活动。

▬ 1952年11月29日院系调整后的南开大学开学典礼

1952年11月29日，学校举行盛大集会，庆祝院系调整的圆满结束。高教部部长马叙伦出席大会，杨石先在会上作了《新南开大学的成立和它的方针任务》的报告。报告指出：随着祖国经济建设的发展，也赋予新南开大学以新的历史任务，一是为国家培养全心全意为人民服务的人才；二是发扬学术与提高文化，从国家长远的需要来看，这是更为重要的任务。从此，学校的教学与科研工作进入了一个新的发展时期。

第五章 新中国 新南开

经过院系调整,我国初步形成了学科、专业设置较为齐全的高等教育体系,原来高等院校布局不合理的状况有所改变,适应了新中国成立初期进行工业化建设对专业人才的迫切需要。但对于南开大学来说,工学院划归天津大学以及财经类专业的调整、调出,改变了复校以来形成的文科、理科、商科、工科全面发展的学科布局,使传统优势学科受到一定影响,并在以后的学科发展上有所体现。

三、学校建设有序推进

1953年,我国进入国民经济第一个五年计划建设时期,高等教育也进入"全面学习苏联先进经验,进行教学改革"的历史时期。南开大学在党中央的领导下,认真贯彻党的教育方针,努力贯彻落实高教部于1953年9月召开的全国综合大学会议精神,围绕教学改革这一核心工作,推动学校各方面建设有序开展。

党的领导与管理体制逐步确立

为加强党对学校的领导,1953年10月,中央任命高教部教学指导司司长刘披云为南开大学第二副校长,1954年1月任副校长。①刘披云是知识分子出身的老干部,在校工作期间,还担任了党组书记职务,党组成员包括王金鼎、赵君陶②等人。这一时期,学校党组发挥了领导核心作用,党总支起到了监督保证作用。党政领导班子成员各司其职、密切配合,共同承担起建设新南开的重任。

---

① 刘披云(1905—1983),1953年10月至1958年8月在南开大学工作,历任学校党组书记、天津市高校党组组长、中共南开大学党总支委员、天津市委委员、南开大学第二副校长、副校长等职务。
② 赵君陶(1903—1985),无产阶级教育家,1926年入党,抗战时期是邓颖超同志直接领导的秘密党员,曾在延安大学、中央教育研究室工作。1953年从中央宣传部调任南开大学工农速成中学校长。她的哥哥是中国共产党早期领导人、著名工人运动领袖赵世炎;丈夫是革命烈士李硕勋;其子李鹏曾担任国务院总理、全国人大常委会委员长。

▬ 杨石先（前排左六）、刘披云（前排左五）等校领导与部分教师合影

按照高教部《高等学校暂行规程》的规定，学校建立了校长领导下的校务委员会制度。校务委员会由校长、副校长、教务长、副教务长、总务长、副总务长、图书馆馆长、副馆长、校长办公室主任、副主任、各系主任、附设工农速成中学校长、工会代表、学生会代表组成，杨石先任校务委员会主席。1953年12月3日，校务委员会召开了第一次会议，讨论通过了《南开大学校务委员会暂行规程(草案)》。校务委员会的职权包括：讨论全校教学、行政工作计划并听取工作报告；审查各系及各教研组的教学计划、研究计划及工作报告；审查学校预算和决算；讨论各种重要制度和规章；审查全校基本建设及重要设备计划；讨论全校重要兴革事项等。按照规定，校务委员会对一切事项的决议，经校长批准后施行。

为便于全面掌握学校情况，及时解决工作中的实际问题，学校建立了常态化、正规化的会议制度。如各系每周一次向校长汇报工作制度，规定了各系召开系务会议和教研组召开会议的次数。1955年2月14日，学校正式公布了《南开大学会议制度暂行办法》，对校务会议、行政会议、联合办公会议及校汇报会、外事工作会议、系务会议、系汇报会等各种会议做出具体规定。

第五章 新中国 新南开

会议制度的规范化为国家政策的上传下达、学校领导班子做出正确决策创造了条件，同时，这也是落实集体领导制度的有效措施。

在新南开大学发展的起步阶段，学校在健全行政机构、建立规章制度方面还做了很多基础性工作。为加强系里的工作，学校于1954年为各系配备了系助理（党员秘书）、教学干事、政治辅导员、行政干事，健全了系工作班子，使系主要领导得以从日常性事务中解脱出来，将主要精力放在领导教研组和指导教学工作上。1954年8月24日，校行政会议做出了《关于逐步健全工作制度和建立正规工作秩序的决定》。此后，经过充分的修订、征求意见，《南开大学章则汇编》于1955年底正式出版。汇编中分总类、校务、教务、科学研究、总务、人事、图书7大类，共63项工作条例、制度、规定和实施办法等。这是南开大学自新中国成立以来编制的第一本规章制度汇编，为学校各项工作的有序开展奠定了基础。

这一时期，学校的干部队伍构成主要包括三部分人员：一部分是老南开人，他们在1949年前甚至自私立南开大学时期起即在学校工作和学习；一部分是1946年复校后招收的历届学生，优秀者毕业后留校，补充到干部队伍中；还有一部分是被派到学校工作的工农干部，其中，有的干部担任了党政重要领导职务。

1956年5月，中共南开大学委员会正式成立，王金鼎任党委书记。7月，楚云调任南开大学党委书记。学校确立了党委领导下的分工负责制，党的领导得到进一步加强。

学习苏联经验，进行教学改革

在思想改造运动和院系调整的基础上，全国高等学校开始了以学习苏联先进教学经验为主要内容的教学改革。1953年，中央提出了"整顿巩固、重点发展、提高质量、稳步前进"的高等教育建设方针，以进行教学改革、提高教学质量为工作中心。是年9月，高等教育部在北京召开了全国综合大学会议，明确了综合性大学的办学方针和特定任务，同时提出学习苏联先进经验要与中国实际情况相结合，实事求是地进行教学改革工作。

学校认真贯彻党的教育方针，将教学改革作为中心工作，努力提高教学质量，建立新的教学制度。教务长吴大任在教改之初即明确提出："我们学习的是苏联的先进经验，创造的是正确地运用苏联的先进经验，把苏联的经验'中国化'用来改进我们的教学工作。"[①]这一指导思想始终贯彻于学校的教学改革工作之中。1954年，学校制定了第一个五年计划——《南开大学(1954—1958)事业发展和教学改革实施计划》，明确提出了学校发展的基本任务与要求，并对学校的发展规模、教学改革、科研工作及师资队伍建设等一系列内容提出了实施办法。围绕"一五"计划，学校采取了一系列教学改革措施。

苏联专家参观学校后与部分教职工合影

一是按教学计划进行教学，建立新的教学制度。在专业设置基础上，明确了各专业的教学目标和培养计划，参考苏联各专业的教学计划和各门课程的教学大纲，制订出适合自身条件与需要的教学计划和大纲，并且逐年修订，仅1954年一年内，全校就修订教学大纲61种，编写讲义和教材1120万字。

---

① 崔国良主编：《吴大任教育与科学文集》，南开大学出版社2004年版，第79页。

第五章 新中国 新南开

有的教师受教育部和高教部委托,编写全国高校适用的专业课程大纲和教材,如历史系主任郑天挺和武汉大学唐长孺合编的《中国古代史教学大纲》,雷海宗编写的《世界上古史讲义》,吴廷璆编订的《亚洲各国史教学大纲》。为了更好地翻译苏联教材,提高教材编写质量,教师们普遍地学习了俄文。基础课、专业课和选修课也根据需要,有计划地开设。此外,为增加教学工作的计划性,学校每学期都制订工作计划大纲和教学工作计划,各系、各教研组以至每个教师,都要在全校计划的基础上,根据实际情况拟定每学期的工作计划。

二是加强基础课教学,不断改进教学方法。重视基础课教学是南开大学的传统,因为基础课的教学质量对于培养人才的综合素质起着决定性的作用。所以,各系都十分注意让有经验的教师担任基础课教学,充分发挥教师的主导作用。教学中注重基础知识的讲授和基本技能的训练,培养学生理论联系实际、独立解决实际问题的能力。中文系主任李何林十分强调对学生的基本功培养,提出"三基""三好"要求,即:学好基本理论、基本知识、基本技能,写一笔好字、讲一口好话、作一手好文章,致力于全面提高学生的基本素质。在教学方法上,自1952年以来,学校陆续推行了课堂讨论、生产实习、学年论文、毕业论文等新的教学环节,形成了按照教学计划、教学大纲和教材的讲授为主,以实验、实习、课堂讨论、习题课为辅的教学模式。此外,学校还通过教研组集体备课、观摩教学等多种方式提高课堂讲授效果。

三是设立教研组,作为学校领导教学和科研的基本组织。① 自院系调整起,学校设立了26个教研组,几经调整,逐步加强。1955年4月9日,校务会议研究通过了《关于加强教研组工作的决议》,明确提出:学校的教学工作和科学研究工作全部是通过教研组进行的,因此,加强教研组工作是提高教学质量、深入教学改革的关键所在。各教研组根据专业实际情况制订工作

---

① 1962年1月,校务委员会决定将教研组全部更改为教研室。

计划，教务处负责对计划认真审查，明确重点，并加强系对教研组的指导。在教研组领导下，教师集体研究、讨论教学内容，并坚持集体备课、试讲、互相听课、集体写讲稿，有的教研组还专门成立了教学法研究委员会，发挥集体力量搞好教学。同时，教研组也是进行科学研究与培养师资的中心。

■ 历史系中国史教研组讨论教改问题（左一为郑天挺）

这一时期，学校采取多种措施加强师资队伍建设。以教研组为单位，发挥老教师传帮带的作用，有计划地培养青年教师。如物理系要求青年教师打好基础，练好教学、实验、科研的基本功，每学期制订详细计划，教研组负责检查；历史系要求青年教师三年内系统学习历史学经典著作15本，每学期至少详读2—3本。同时，学校采取"送出去，请进来"的办法，一方面选派教师到苏联或国内兄弟院校、中国科学院进修；另一方面积极延揽人才、引进师资。据统计，学校的教师人数由1952年的277人增加到1957年的465人。很多在国外留学的优秀人才也毅然回国执教南开，如严志达、何国柱、陈荣悌、何炳林与陈茹玉夫妇、查良铮（穆旦）与周与良夫妇等。在外文系任教的日子里，查良铮迎来了他译著生涯的黄金时期，至1957年其翻译出版的诗集和著作即多达17种，其中《普希金抒情诗集》印数高达7.6万册，在国内掀起了一场"普希金热"。学校还积极邀请知名专家学者来校讲学或作报告，进行学术交流。汉语言学家王力、史学家翦伯赞、数学家华罗庚、生物学家陈世骧、物理学家张文裕、化学家张青莲和梁树权等，都曾受邀来校作过学术报告。

按照党确定的"教育必须为生产建设服务，为工农服务，学校向工农开门"的教育方针，自院系调整后，学校在招收应届高中生的同时，招收工农调干生的比例逐年增加，1953年为12%，1957年即增加到27%。按照高教部1954年2月发布的《关于加强对工农干部学生的工作指示》，学校多次召开会议，专门研究对工农干部学生的培养计划和具体措施，各系教师也加强对这类学生的辅导，帮助他们顺利完成学业。此外，学校于1953年正式成立了工农速成中学，赵君陶任校长，制定了《工农速成中学助学金实施细则》，为国家培养工农出身的新型知识分子和建设人才做出了贡献。

在此时期，按照高教部发布的《高等学校教师进修暂行办法》，学校每年接收外校教师来校学习，制订进修计划，并安排导师负责指导。先后有河北大学、内蒙古大学、哈尔滨工业大学、东北工业大学、江苏师范学院、石油科学院等多所院校选派的人员来校进修。为规范管理，学校还制定了《南开大学接受进修教师暂行规定（草案）》，为兄弟院校师资和人才培养贡献了力量。

1956年前后，学校在教学上又做出了新的改进。9月，经高教部批准，中文、外文、历史、数学、物理、化学、生物、政治经济学各专业学制改为五年。在教学安排上，坚持"学少一点，学好一点"的原则，精减了一些课程，减轻了学生的学习负担，在考试、考查方面也做出了新的规定。这些改革措施使学校的教学秩序更加规范，教学质量也有较大提高。

发挥自身优势，开展科学研究

全国综合大学会议明确提出，综合性大学是一个教学机构，同时也是一个研究机构，教学与研究工作相互为用、相互提高。为了配合国家经济建设，更好地学习苏联先进科学和先进教育，提高教学水平，科学研究工作至关重要。综合性大学的任务是培养理论或基础科学方面的从事研究工作或教学工作的专门人才,而以培养科学研究人才为主要目标。综合性大学的科学研究工作应当走在其他类型高等学校的前面。

为贯彻综合大学会议精神,发扬南开大学"知中国,服务中国"的优良传统,伴随教学改革的深入,学校的科研工作也有计划、有组织地开展起来。1954年5月13日,校务委员会召开会议,讨论通过了《南开大学开展科学研究工作的初步计划》,明确了"结合教学,结合建设"的科研方针,并提出科研工作的两项基本任务是:(1)提高教师科学水平,提高教学质量,培养学生科学研究的能力;(2)发展科学,为国家过渡时期的经济建设与文化建设服务。同年11月,学校成立了科学研究委员会,杨石先任主任委员,吴大任、吴廷璆任副主任委员。教务处设立科学研究科,负责处理行政事务,1955年学校研究工作纳入计划后,经呈准高教部设立了科学研究处。

1955年5月11日,校务会议通过了《南开大学关于开展学术上的自由讨论和批评的决议》,指出:学术上的自由讨论和批评,是推动科学和文化发展的必要手段,是批评并清除学术研究中的资产阶级唯心主义思想、宣传马克思列宁主义唯物主义思想的有效方法;充分发扬学术自由和民主,反对忽视别人劳动成果,采取简单、粗暴、断章取义、乱扣帽子和全盘否定的态度,对于一切压制批评、妨害自由讨论的言论行为,则必须加以制止。这项决议的颁布进一步活跃了校内学术空气,推动全校的科研工作更加蓬勃地开展起来。

为了检阅科研成果、交流学术思想,学校于1955年5月29日至6月1日召开了第一次科学讨论会。这是南开大学历史上的首次科学盛会,高教部副部长曾昭抡、天津市领导、苏联专家、中国科学院和各兄弟院校共77个单位的397名代表,以及本校教职员工852人参加了大会。提交会议的论文47篇,初步显示了院系调整后各系科研工作的成绩。其中,《渤海区各机械农场旱直播水稻死苗问题的调查与分析》《苏联凭证整理单日记账核算形式在我国国营企业中应用的研究》等论文,因具有较大的现实意义而引起与会者的高度关注。这次科学讨论会的召开为学校科学研究的进一步开展起到了推动作用。

1955年5月29日,南开大学首次科学讨论会召开

1956年,党中央发出了"向科学进军"的号召,我国制定了《一九五六年到一九六七年科学技术发展远景规划纲要》(以下简称《十二年科技发展规划》,提出"争取在12年内使我国最急需的科学部门能够接近世界的先进水平"奋斗目标。全校师生积极响应党的号召,以饱满的热情投入到科研工作中,掀起了向科学进军的热潮。学校紧密结合国家科学发展规划,制定了《1956—1958学年三年规划》《1957年科学研究计划和长远科学规划》,对学校的科研工作做出具体部署。1955年,中国科学院始设学部,杨石先当选为第一批学部委员(院士)。他参加了由周恩来总理亲自领导的制定《十二年科技发展规划》会议,并担任化学组组长,代表南开大学接受了国家委托开展农药研究的任务。1956年,经高教部批准,历史系建立了全国高校第一个明清史研究室,成为南开历史学人开展明清史研究的重要机构。

这一年,学生也结合专业和生产实习,参加科研活动。1956年2月23日,南开大学第一届共青团代表大会召开,向全校青年学生发出了"向科学高峰挺进"的号召。广大同学热烈响应,在各系和教研组的指导下,先后建立起86个科研小组,参加人数超过400人。学校加强对学生科研小组和科研活动的领导,成立了学生科学研究协会,制定了协会章程,以各系为单位分别组织召开小型学生科学报告会,并于11月举行了首届学生科学讨论会。

■ 南开师生响应党的号召"向科学进军,学好功课"

与此同时,学校积极为师生进行科研创造条件、提供保障。如保证教师5/6的业务工作时间,补充助教和教学辅助人员,给部分有专长的教授配备研究助手,增加图书资料、仪器设备的供应,提高教师的政治待遇,改善教师的生活条件,加强对学生科研活动的指导等。

继首次学讨论会成功召开后,学校坚持定期召开科学讨论会。1956年10月19日至21日,第二次科学讨论会如期召开,共宣读论文53篇,并分别在11个分组会上进行了讨论。此次提交会议的论文,有的对专业问题进行了深入的理论探讨,如《现代汉语的构形法和构词法》《原子核对电子的非弹性散射》;有的课题反映了当时科学上的新成就,在理论或实际应用上有较高的科学价值,如《若干新植物激素的合成》《几种重要的离子交换剂的制造》《水稻水分生理及合理灌溉的研究》等。此次科学讨论会充分体现了"百家争鸣"的精神,为学校科学研究工作的深入开展奠定了基础。

根据高教部1953年11月发布的《高等学校培养研究生暂行办法(草案)》,学校除向苏联及外单位选派研究生外,于1955年恢复招收研究生,数学系、物理系、化学系、生物系、历史系率先招收了第一批研究生,开始为国家培养高等学校师资和科学研究人才。1956年6月,根据高教部关于教师晋升等工作的指示,南开大学成立了校、系两级临时学术委员会机构,杨石先任主任委员,刘披云、吴大任任副主任委员,并聘请22位系主任和学科带头人为校级临时学术委员会委员,开展教师职称评定工作。

加强学生管理与校园基本建设

严谨治校是南开大学的传统,新中国成立后,学校继承这一优良传统并贯彻于教学管理和对学生的严格要求之中,同时又融入了时代特色。

■ 学生们聚精会神上课

一是加强学生的思想政治教育。在课堂教学上,逐步形成以"马列主义基础""中国革命史""政治经济学""辩证唯物主义和历史唯物主义"4门课程为核心的政治理论课体系,对学生进行系统的马列主义理论教育。在队伍建设上,自1953年决定在各系设立政治辅导员,开始了建立高校辅导员制度的尝试。为改进和加强学生的思想政治教育，学校于1955年4月制定了《关于加强学生思想政治教育工作的决议》（以下简称《决议》）。按照《决议》规定，着手建立学生思想政治教育工作制度，要求每个教师、各系和教研组都要承担对学生进行思想政治教育工作的责任，并且将思想政治教育工作计划纳入教学工作计划之中，同时建立了定期检查制度、汇报制度，以确保学生思想政治教育的贯彻落实。

二是整顿学习纪律。在教学改革过程中，针对学生中时而出现的纪律松弛、考试作弊等问题，学校领导高度重视，多次召开全体大会作关于整顿学习纪律的报告，对种种不良现象提出严肃批评，杨石先、刘披云还联名公开通报上课秩序混乱等不良现象。为整顿校风校纪，学校于1954年9月制定了《南开大学学生守则》，对学生的学习、生活及体育锻炼等各方面均提出了具体而严格的要求。对违反校纪的学生进行相应处分，情节严重者开除学籍或予以退学。

三是开展评优活动。为贯彻培养全面发展的社会主义建设人才的方针，学校开展了优秀生和优秀班的评选工作，通过树立榜样和正面典型的方式激励学生努力进取。相继出台了《优秀生、优秀班评选及奖励办法》《奖励优等生条例》，成立了评选优秀生、优秀班委员会，定期召开优秀生、优秀班表彰大会。在积极争做优秀生和优秀班的过程中，同学们的精神面貌发生很大变化，彼此之间互助友爱、团结协作，集体主义精神得到发扬。

优秀班、优秀生表彰大会

四是鼓励学生参加体育活动，进行体育锻炼。重视体育是南开教育的一大特色,学校规定体育不及格者不能毕业。自1954年起,按照国家体委的规定,全国中等以上学校开始实行"劳卫制"预备级的锻炼活动,体育课依据"劳卫制"要求安排授课内容。同时,为推动课外体育运动的开展,增强学生体质,学校专门成立了课外体育运动委员会,定期召开会议,研究制定开展课外体育运动的计划。1954年青年节前夕,杨石先、刘披云在给全体同学的公开信中勉励道:"必须进一步加强体格锻炼,养成规律的生活习惯和卫生习惯,按时作息,并坚持每天下午的课外体育活动。"[1]20世纪50年代,学校体育教师人数虽然不多,却集中了一批精英,老南开人侯洛荀长期担任体育教研组主任,赵文选、廖蔚棠、张长江等名师都任教于此,各展所长。在他们的带领下,学校组织了各种国防体育和普通体育运动队,有摩托车队、自行车队、射击队、篮球队、足球队、排球队、乒乓球队、羽毛球队、手球队等,定期举行运动会,对优秀的锻炼小组、班级和个人给予奖励。在师生的共同努力下,南开学生的"劳卫制"锻炼和体育竞技水平都有了很大提高,很多同学在省市、全国范围的比赛中获得佳绩。

1953年校运动会入场式　　校内排球比赛

伴随办学规模的扩大,学校将校园基建工作摆在重要位置。铺马路、盖楼房、建实验室,完善基础设施,短短几年间,遍布洼地和水坑的八里台校园焕然一新。据统计,学校建筑面积在1952年前仅有22986平方米,到1957年底已达84829平方米。新修建的主要建筑物有:新开湖畔的图书馆(现理

---

[1]《人民南开》,1954年5月3日。

■ 新开湖畔的图书馆

科图书馆),第三、第四教学楼,第五、第六、第七学生宿舍,北村3幢教工宿舍楼和4幢教职工住宅。校园里坡屋顶的房子和850米长的大中路都是在50年代修建的。在当时资金紧张的情况下,学校还利用基建结余资金修建了体育场,并在天津市高校中第一个建起了游泳池。

为改善办学条件,学校下大力量修建图书馆和实验室,整理、购置了大批图书资料和仪器设备。截至1957年,图书馆藏书已达56万册。实验室也有很大发展,1954年,物理、化学、生物3系共有实验室25个,至1956年即增加到55个。在资金紧张、物资短缺的情况下,各系还自力更生,根据实验需要自制仪器设备。据1957年1月2日《天津日报》报道,南开大学物理系制作或改装成功"火花电源""电解槽自动描绘仪""微波驻波比测量仪""金箔验电器""测量α离子电离比值质谱仪""磁透镜""光栅摄谱仪""测微光度计"和磁场强度为18000高斯的磁场设备等十几套仪器。这些仪器都是国内没有或少有，而且无法从国外买到的，为教学和科研工作的开展提供了条件。

从1949年至1956年，伴随着国民经济的全面恢复与各项建设的展开，新中国初步建立起社会主义高等教育体系。这一时期也是南开大学在新中国成立后较快发展的时期，招生人数从1949年的254人增加到1956年的868人，在校学生人数增加约50%；在第一个五年计划期间，共为国家输送了约1500名毕业生，这些毕业生后来成为各行业的骨干力量。师资力量也有很大增强，开设了很多新课程，其中仅专门化课程和专门化实验就达60余门，还有很多课程是在全国高校中率先开设的，如历史系雷海宗讲授的"物质文明史"，生物系周与良开设的"真菌学"，中文系王达津开设的"中国文学批评史"等。总而言之，学校教学改革基本完成，科研工作成效初显，各方面建设有序推进，呈现出良好的发展态势。

第六章　积极探索　曲折前行

1956年后,我国高等教育在党的领导下,开始积极探索适合自己的发展道路。从1958年至1966年4月,南开大学的发展大致经历了三个阶段:1958年到1960年,是在"大跃进"背景下的教育大变革阶段;1961年到1963年,是在"八字方针"指导下的调整巩固阶段;1964年到1966年4月,是继续推进教育改革阶段。在全面贯彻党的教育方针过程中,学校工作在曲折中向前推进。

一、毛泽东主席和周恩来总理来校视察

毛主席来到南开园

1958年8月13日,毛泽东主席视察了南开大学,给全校教职员工带来莫大的欢欣与鼓舞。在南开园里,毛主席依次参观了化学系的敌百虫、马拉硫磷、离子交换树脂和硝酸钍4个生产车间。这些车间大都因陋就简,处于初建投产阶段,设备和仪器还很不完善。而毛主席进入校园后一见到前来迎接的学校领导就说:"我是慕名而来,请带我到化学系车间看看去。"日理万机的毛主席为何对这些车间感兴趣呢?

第六章　积极探索　曲折前行

■ 1958年8月13日，毛主席视察南开大学

众所周知，新中国成立初期农业灾害十分严重，每年因病、虫、草灾害，农作物要减产三成左右。当时，我国的农药工业刚刚起步，只有高残留有机氯杀虫剂"六六六""DDT"可供使用，大面积病虫灾害一旦出现，往往会引起重大损失。在这种情况下，只能依靠进口农药来满足农业生产的需要，而农药在当时作为战略物资，供给也十分紧张。学校化学系自20世纪50年代初就紧贴国家战略需求，开始在植物激素、有机磷化学等领域进行攻关研究。1956年，杨石先校长代表南开大学接受国家委托开展农药研究的任务后，毅然放弃了从事多年的药物化学研究，积极组织力量进行国家急需的有机农药攻关。1958年，陈茹玉带领青年教师合成了对人畜危害不大但对害虫有很好防治效果的敌百虫、马拉硫磷等有机磷杀虫剂，并在校内建成了生产车间，协助我国第一家有机磷杀虫剂生产单位——天津农药厂进行生产，填补了我国农药领域的一项空白。

■ 毛主席在"敌百虫"农药生产车间

■ 毛主席在生产车间查看原材料情况

毛主席到离子交换树脂车间参观更是别有深意。1954年，我国首次在广西发现了铀矿。铀是核能之本，但如何从贫铀矿中提炼出高浓度铀是一个重大技术难题。1956年从美国归来到南开大学任教的何炳林，在两年时间里合成出当时世界上已有的全部离子交换树脂品种，包括用于从贫铀矿中提取原子弹原料铀的强碱性阴离子交换树脂。毛主席视察离子交换树脂生产车间后，国家第二机械工业部又专项资助南开大学400万元，建成了我国第一个专门生产交换树脂的化工厂，从而开创了我国自己的离子交换树脂工业。南开化工厂生产的苯乙烯型强碱201树脂，被首先提供给国防工业部门，用于提取国家急需的核燃料——铀，为我国第一颗原子弹的成功研制和核能事业的发展做出了重要贡献。

在这些车间里，毛主席详细询问了工艺流程及生产情况，有什么用途，原料供应情况，生产成本如何，老百姓是否用得起，等等。陪同毛主席的杨石先校长等人一一作了回答。毛主席对南开大学几个生产车间给予了很高评价，他说："你们干得很好！学校就是应该有工厂，学生要多参加生产劳动，要理论联系实际。"毛主席还叮嘱师生们说："学校办工厂很好，希望你

毛主席与师生亲切交谈

们注意降低成本,提高质量,创造性地劳动。"

毛主席来到南开大学的消息不胫而走。师生们争先恐后地蜂拥而来,都想目睹伟人风采。一时间,人潮涌动,欢声震天,整个校园都沸腾了,大家不断地高呼:"毛主席万岁!"有的同学激动地流下了泪水。毛主席微笑着向师生们招手致意。师生们将毛主席团团围住,中文系的一名同学奋力挤到毛主席面前大声说道:"毛主席好,我是湖南人!"毛主席热情地与他握手,操着浓重的湖南口音说:"是老乡呀,你好!"这名同学叫陈漱渝,后来成为鲁迅研究专家。

视察结束后,毛主席邀请南开大学和天津大学负责人在正阳春饭店共进午餐。席间,毛主席对学校工作做出重要指示:"高等学校应抓住三个东西:一是党委领导;二是群众路线;三是把教育和生产劳动结合起来。"这个重要指示在全国高校师生中引起强烈反响,成为我国高等教育发展的重要指针。

当晚,全校召开广播大会,传达了毛主席视察学校时做出的重要指示。会后,广大师生纷纷通过创作诗歌、歌曲等形式来表达振奋、喜悦的心情,并以更大的热情积极投身于教学、科研和生产劳动之中,以优异成绩回报毛主席的亲切关怀。

8月13日从此成为学校重要的纪念日!每年的这一天,南开师生总要举行各种形式的纪念活动,重温毛主席的教诲和鼓励。

周总理重返母校

在毛主席来校视察前后,南开大学的杰出校友周恩来总理两次返回母校视察工作,给南开师生留下了珍贵而难忘的记忆。1957年4月10日,周总理陪同波兰政府代表团到天津访问,包括南开大学在内的天津6所高校的15000余名师生聚集在天津大学广场,热烈欢迎周总理的到来。周总理向全体师生发表讲话,深情回忆了他在南开受到的教育,勉励同学们在面对国家建设中出现困难时,要能够艰苦奋斗、克服困难,有能力寻求新的知识、增加新的知识,更好地创造未来的世界,使它能够不断地前进。周总理的殷切希望是对南开师生莫大的鼓舞。

1959年5月28日,周总理视察南开大学

周总理十分关心党的教育方针的贯彻执行,关心教育革命。两年后,他又在百忙中抽出时间视察南开大学,亲自调查访问,了解情况,研究解决出现的问题,指引教育革命的正确发展。1959年5月28日,周总理第三次重返母校视察,邓颖超同志也一同前来。这一天,周总理不顾劳累,深入到教学楼、实验室、研究所、图书馆、学生宿舍,每到一处就和师生们亲切交谈,特别关心教学质量的提高,仔细询问教学、科研、生活等各方面情况。

当天上午9时许,周总理到校后,先在第一教学楼听取了学校党委书记高仰云、教务长吴大任、副教务长滕维藻等人关于学校情况的汇报。听完汇报后,周总理本打算就近到思源堂参观,可听说全校师生已在图书馆东侧集合,他当即决定先赴会场与广大师生见面。面对3000多张热情洋溢的青春脸庞,周总理发表了亲切的讲话。他首先指出,"你们是在一个社会主义时代,毛泽东时代,你们的环境不同了,你们学的,你们做的,你们想的都跟从前不同,只从教育这一点上来说,我看到你们的确高兴。"他鼓励青年学生要超过过去,要一代胜似一代,在当前建设社会主义的跃进时代,抓住社会转变关头,站在时代前列,跟上社会主义建设飞快发展的速度,认识、熟悉、掌握社会主义建设与发展的规律。周总理还坦诚地向师生们讲到了国家在建设中遇到的问题,就中央发出的增产节约指示及其重要性做了具体阐释。

■ 周总理向师生发表重要讲话

接下来,周总理围绕教育革命中应处理好的几个关键问题做了重要指示。关于如何处理教育与生产劳动的关系,他明确指出:"在学校里什么是主要的呢?当然是教育。"生产也好,劳动也好,都是为了提高教学质量,学生参加劳动生产,学习与实际相结合,目的是为了吸收和丰富课堂上所学的知识内容,学习作为在校学生的主导方面,是毫无疑义的。"不然到学校来干什么呢?如果劳动为主导方面,你到工厂去当工人去,那就是生产为主导方面,学习是辅助它的。以两条腿走路一定要认识主导,不认识主导就会齐头平行前进,两个对立物就不能统一,就没有主导的方向。"针对当时大学招生规模急剧扩大的态势,他指出,学校学生一下增长太多,就会使师资不够,培养学生的质量就会降低,"要办好一个大学,总要控制一个数目,办好一个大学,大学人数不宜太多",强调高校要"保证质量"。最后,周总理向南开师生提出殷切期望:"南开在新的时代,有新的校风,有新的教学特点,要保证质量,真正能够很好地为社会主义服务,为将来共产主义服务。"周总理的重要讲话使师生们倍受鼓舞,也更加明确了今后学校教育革命的前进方向。

■ 周总理在教职工食堂用餐

周总理利用中午时间参观天津大学后,又回到了南开园,临时起意到学校的职工食堂看一看。"总理会来到我们这儿?"炊事员们有些不敢相信,一时不知所措。这时,周总理真的出现在他们的面前,热情地与他们握手。炊事员们要为总理做饭,他婉言谢绝,买了一份中午卖剩下的萝卜、两分钱的咸菜和两个窝头,与随行人员一起简单用餐。他拿起窝头一边吃,一边讲起上学时在张伯苓校长家吃贴饽饽熬小鱼的故事。吃完饭,周总理又一次来到厨房，与炊事员一一握手道谢，鼓励他们说："你们的工作很重要。"炊事员赵凤轩正在和玉米面，觉得手上沾满面粉不好和总理握手，便转过身来在水里涮了一下，结果更糟了，满手又湿又粘。周总理看透了他的心思，连声说不要紧，随即把手伸了过去与炊事员握手。此后多年，南开大学职工食堂里一直悬挂着周总理到食堂就餐的珍贵照片。

午饭后没有休息，周总理先后来到第二教学楼的化学系高分子实验室和第三教学楼的物理系实验室。在化学系实验室，周总理听取了何炳林对科研情况的详细汇报，他指着实验桌上的小瓶问："这就是你们合成的离子交换树脂吗？准备不准备生产？"在得到肯定的答复后，他又问规模多大？原料有没有问题？价格贵不贵？何炳林一一作了回答。当听说预期能年产两三百吨时，周总理高兴地说："科研与生产结合起来很好，这样可以理论联系实际。但刚开始生产，规模不宜太大，产量应逐步增加。"在物理系实验室，周总理听取科研人员的详细介绍后，仔细询问了正在试制的新仪器需要用哪些材料，是哪些工厂生产的，在工作中遇到哪些困难和问题，等等。他指示科研人员：要谦虚谨慎，科研工作要为国家经济建设服务，为生产服务。

周总理还视察了经济研究所。当研究人员告诉他正在研究人民公社问题时，他立即详细了解情况并指出："人民公社是新的事物，你们要多下到农村去，深入调查研究，搜集更多的材料，不要忙于下结论。"他还指示说："你们搞的调查研究成果，可以送给我，这是我的订货。"周总理对新中国成立前南开经济研究所的科研工作给予肯定，并指出不仅要研究国内经济问题，还要加强对英、美等国经济状况的研究，同时要重视经济数据统计分析。周总理还十分关心在国外的南开校友，向吴大任、冯文潜一一问起他们的情况，真切地希望他们回来，参加祖国的社会主义建设。

周总理这次调研的重点之一是大学的教育质量问题。他深入到学生中间了解情况。在化学系，与同学们座谈政治课教学，要求大家努力学习马克思主义理论和毛主席的著作；在物理系，翻阅同学的读书笔记，询问学生课时安排和科研小组情况，参加了学生的"增产节约"讨论会；在外文系，翻看书桌上的英文讲义，亲自检查学生的听读能力，并给同学纠正读音；在学生宿舍，了解学生订阅报纸的情况，阅览学生办的时事政治墙报，鼓励同学们关心国家大事；在图书馆，和历史系学生讨论有关曹操的评价问题，鼓励同学们独立思考，积极参加学术活动。他还一口气登上图书馆五楼，俯瞰操场上学生体育锻炼的情况。

▄▄ 周总理视察化学系高分子实验室

周总理不仅关心学生学习，而且关心他们的生活和健康状况。当他得知学生一上午要上五节课，一星期有40多个学时后，立即对教务长吴大任说："上午五堂课太多了吧？我以前上南开时也只有四堂课嘛！这样同学怎么受得了！"在学生宿舍，周总理亲手检查被褥的薄厚、寝室灯泡的亮度，指示要逐步改善学生的住宿条件。他嘱咐陪同的学校负责同志，要关心师生的生活，尤其要保证青年学生健康成长。

周总理回母校视察是南开大学的一件盛事。周总理的到来,极大地鼓舞了全校教职员工的工作、学习热情。周总理的讲话,使南开师生更加坚定了坚持教育质量的办学方向。一个月后,历史系毕业班学生给周总理写信,决心听从他的教导,服从祖国分配。学校修订了教学计划,合理安排学生学习、科研、社会活动和生产劳动的时间,减轻学生负担。多少年来,南开人始终牢记杰出校友周恩来总理的殷切希望,努力为中国教育事业的发展贡献力量。

二、"大跃进"中的教育革命

毛主席和周总理在这一时期先后视察南开大学,是与当时国内发展形势紧密关联的。1958年5月,党的八大二次会议通过了"鼓足干劲、力争上游、多快好省地建设社会主义"的总路线。此后,全国范围内掀起了轰轰烈烈的"大跃进"运动,教育领域也随之开展了声势浩大的教育革命。9月19日,中共中央、国务院发布了《关于教育工作的指示》,明确提出:"党的教育方针,是教育为无产阶级政治服务,教育与生产劳动相结合。"为贯彻落实党的教育方针,南开大学师生在教育革命中进行了积极探索与实践。

教育革命中的积极探索

教育革命开始前后,南开大学党政主要领导相继进行了调整。1957年4月29日,国务院正式任命杨石先担任南开大学校长,他是新中国成立后南开大学的第一任校长,并成为继张伯苓之后任职时间最长的一位校长。1958年3月,高仰云调任南开大学党委书记兼副校长,楚云任副书记。同年8月,副校长刘披云调任云南省副省长。按照中央规定,学校开始实行党委领导下的校务委员会负责制,党委对学校的领导得到进一步加强。

第六章 积极探索 曲折前行

1958年2月4日,教育部发出《关于大力支持团中央"关于在学生中提倡勤工俭学的决定"的通知》,指出:"实行半工半读、勤工俭学,是根据脑力劳动和体力劳动相结合的原则,革新我国教育制度,贯彻培养有社会主义觉悟的、有文化的、身体健康的劳动者的教育方针,是使学校教育与生产劳动相结合的重大措施之一。"①3月3日,中共中央发布了《关于开展反浪费反保守运动的指示》。根据中央指示,学校结合教学改革,于3月7日正式启动了"双反三勤"运动,即"反浪费、反保守"与"勤俭办学、勤俭生产、勤工俭学"。按照党委统一部署,"双反三勤"运动总的要求是以"双反"为纲、贯彻"三勤",实现"四个结合"(教育与生产结合、理论与实际结合、脑力劳动与体力劳动结合、知识分子与工农群众结合),横扫"五气"(官气、暮气、阔气、骄气、娇气),达到为国家培养又红又专的工人阶级知识分子的目标。②在"双反三勤"运动开展过程中,学校组织了系列相关活动。3月14日,召开了"双反跃进大会",提出了17条跃进规划建议。会后几天内,各系、各部门纷纷制定出"跃进计划",全校教职员工热情高涨,干劲十足,掀起了生产劳动热潮。截至4月底,学校承接了建筑的基建垫土工程,开辟出150亩的农场用地,成立了化学、物理两个工厂以及中文、外文两个业余干部讲习班,同时大力支援校外农场的农业生产,并积极参加市里的各项义务劳动。化学系和物理系都进行了工业生产的试制和研究工作。学生们自发组成各种勤工俭学小组,参加修补图书、出版校刊、挖砖、修路、开垦荒地等校内外服务性劳动和农业劳动。"双反三勤"运动的开展,使学校的风气发生了变化,师生们通过参加劳动,掌握了一定的生产技能,增强了劳动观点和劳动积极性。

在"双反三勤"运动开展过程中,学校还掀起了"思想大跃进"高潮,在全体教职员工中组织开展了"自我教育、向党交心、兴无灭资、红透专深"活动,批判资产阶级教育思想,进行红专大辩论,"拔白旗""插红旗"。

---

① 当代中国研究所编:《中华人民共和国史编年》1958年卷,当代中国出版社2011年版,第96页。

② 《人民南开》,1958年3月19日。

为建设新南开，师生们参加义务劳动

教育革命开始后，按照教育部"生产劳动必须列入教学计划"的规定，试行了"一、二、九"制，即"一个月假期、两个月劳动生产、九个月学习"的制度，并在试行之初强调学生九个月的学习时间一定要保证。但实际中由于各种运动过于频繁，师生参加劳动、活动过多，假期时间只能压缩，学习时间也无法得到有效保证，"一、二、九"制并未得到切实执行。

1958年5月，党的八大二次会议召开后，全国各级各类学校开始学习贯彻社会主义建设总路线，开展以破除"旧教育制度"为主要内容的教育革命。学校在党委领导下，正式启动了以贯彻执行党的教育方针为中心的教育改革，并将其写入《南开大学五年（1958—1962）跃进规划纲要草案》（以下简称《跃进规划纲要》）。这次教育改革旨在加强党对学校教育工作的全面领导，实行政治挂帅，贯彻群众路线，变学校为以教学为主的教学、科研、生产相结合的基地，不断提高培养质量，实现中央规定的"培养有社会主义觉悟的、有文化的劳动者"的目标。①学校这次教育改革先后经历了专题整改、教学与科研中两条道路的斗争、"大搞科研、大办工厂"的群众运动以及深

---

① 《关于南开大学教育改革工作的基本总结（草案）》，《人民南开》1959年1月3日。

入教育改革四个阶段。

党的八大二次会议在确定社会主义建设总路线的同时，做出了把党和国家工作重点转移到技术革命和社会主义建设上来的重要决定，发起了开展技术革命和文化革命的号召。国务院副总理聂荣臻在会上作了主题为"全党抓科学技术工作，实现技术革命"的重要讲话。学校积极响应党中央的号召，将大力开展科学研究作为教育改革的重要内容。《跃进规划纲要》中明确：学校科研工作要贯彻"科学为生产服务"和"百花齐放，百家争鸣"方针，文科的科学研究要密切联系我国革命和建设的实际，总结革命和建设经验，解决实际工作中的理论问题；理科的科学研究要密切结合生产，为工农业生产和技术革命服务。①8月10日，学校召开"大搞科学研究、大办工厂"誓师大会，校党委发出"过一个共产主义暑假"的号召，在全校组织了"苦战五十天、结合专业、结合生产、大搞科研、大办工厂、向国庆节献礼"活动，要求理科各系试制出高级、尖端、精密的产品，文科各系除办工厂外，要编写好各种教材、讲义及学术著作。

在"大搞科研、大办工厂"活动初期，各系均提出了高指标的科研跃进计划，如在"共产主义暑假"中编写出高水平著作，手抄几万张资料卡片，在科学发明上放"卫星"，有的系还宣布成立系"人民公社"，并纷纷提出挑战书、打"擂台"等。其中大多数项目因缺乏科学依据或条件所限难以完成，但有些项目因具备了一定的前期研究基础而取得了阶段性成果。例如，生物系在国内提炼出赤霉素；化学系在校内先后建立了敌百虫、马拉硫磷、离子交换树脂、硝酸钍等生产车间，毛主席来校视察时给予了很高评价；物理系完成了二百万电子伏静电加速器、中型磁透镜 β 谱仪、析钢仪、大型示波器、RC低频振荡器等项目，还在金属提纯、半导体及电子学仪器等方面取得了进展。

值得一提的是，生物系师生坚持实事求是原则，纠正了当时一些违反科

---

① 《南开大学五年(1958—1962)跃进规划纲要草案》，《人民南开》1958年6月28日。

学的做法。1958年,全国广泛开展"除四害"运动,麻雀被列为四害之一。生物系教授顾昌栋组织教研组全体教师解剖了上百只麻雀的肠胃,分析其食物组成,证实了麻雀并非以食谷类为主,而是以捕食害虫为主,提出了"麻雀不属害鸟"的论断。这一研究成果受到全国鸟类学家郑作新的重视,在做了类似的实验后,得出了同样的结论。这项实验结果上报中央后,消灭麻雀的错误举措很快就得到了纠正。

文科各系多组织师生下厂下乡,进行现场教学和实地调研,编写教材、讲义和专题报告。例如,历史系师生在暑期调研后迅速编写出《河北工人运动史》《白洋淀人民抗日斗争史》《天津简史(1911—1937)》《开滦煤矿史》《义和团调查》等。为撰写《义和团调查》,魏宏运带领学生走遍天津周围的村庄,访问了123位尚健在的义和团民,抢救了大量宝贵的口述史料。经济研究所重建后承担了"农村人民公社""天津解放十年经济史""中国社会主义经济问题"等课题的研究工作。在校内举办的"大搞科研、大办工厂"成果展览会上,学校理论联系实际的科研方向受到多方称赞。

■ 经济系师生在天津市郊新立村进行现场教学

此外,在当时"以钢为纲,全面跃进"的背景下,南开师生除以人力、物力、财力支援校外炼钢单位外,也在校园内兴建了土法小炼铁炉,建起了红旗钢厂,掀起了大炼钢铁的热潮。自1958年7月下旬起,学校响应天津市委

第六章　积极探索　曲折前行

号召，先后派出2000余名师生投身改造海河工程的义务劳动，出色地完成了任务，至当年冬季还有部分师生经常不分昼夜地苦战在工程现场。大家在艰苦的劳动中发扬革命乐观主义精神，创作诗歌鼓舞士气："渤海初冬北风寒，英雄大战海河边。热汗融化三尺雪，铁锹铲起万座山。"

南开师生积极参加海河治理工程

1958年教育革命开始后，中共中央相继发出《关于高等学校和中等技术学校下放的意见》《关于教育事业管理权力下放问题的规定》，决定加强地方对教育事业的领导与管理，招生和毕业生分配权限一并下放。7月29日，南开大学划归河北省领导。此后，学校发展呈现出一些新的情况。一是招生规模迅速扩大，1957年招收819人，1958年招收1088人，1959年招收1069人，1960年招收1597人。由于师资力量不能适应扩招的需要，学校采取了从三年级学生中抽调人员提前毕业留校任教的办法。二是财经系科再经调整。1958年9月，河北财经学院（现天津财经大学）成立，南开大学经济系会计、统计专业全体学生及部分教师并入该校，只保留了进行财经理论研究的政治经济学专业。①10月，在1952年院系调整时停办的南开经济研究所重

---

① 1960年7月，校务会议决定经济系改名为政治经济系。

新建立。①

　　这一时期,学校根据国家建设发展的需要和自身条件,开设或筹办了新的系科专业。例如,设立了原子核物理、放射化学、生物物理、力学四个尖端科学专业。化学系建立了由何炳林主持的高分子化学专业和教研室。物理系半导体教研室从1958年开始筹建,1960年经国务院批准正式成立,并开始培养第一批半导体专业学生。哲学系的复建工作也由温公颐牵头自1958年开始筹备,1960年首先在政治经济系设立哲学专业并开始正式招生。

　　在这一阶段的教育革命中,学校认真贯彻党的教育方针,进行了多方面的积极探索与实践,展现出新的气象,但同时也产生了"左"的倾向和问题。自1957年下半年开始的反右派斗争被严重地扩大化,全校200余名教职员和学生被错划为"右派分子",受到公开批判,有的被遣送回乡或送农场进行劳动改造,有的长期蒙冤,直到1979年才得以摘帽。雷海宗被列为批判斗争重点对象,剥夺了教学权利。查良铮被定为"历史反革命",到学校图书馆监督劳动,他的诗歌被诬为毒草,在《人民文学》等刊物上进行批判。这不仅严重冲击了这些师生的正常工作和学习,也造成了校内党组织和知识分子关系紧张的局面。此外,在教育革命中,师生参加生产劳动、政治运动和社会活动过多,正常的工作和学习无法保证;学校的教学秩序受到冲击,教师的主导作用被忽视,教育质量有所下降。需要指出的是,这些问题是包括南开大学在内的所有高校在探索社会主义高等教育发展道路初始阶段所遇到的共性问题,很快便引起了党和国家的高度重视。

恢复正常教学秩序

　　从1959年初起,配合经济领域的纠"左",中央开始着手整顿教学秩序。在1月召开的教育工作会议上,党中央针对1958年教育革命中出现的问题

---

① 经济研究所重建之初是河北省与南开大学合建,与南开大学经济系合作,实行双重领导。1961年6月,经济研究所完全划归南开大学。

第六章 积极探索 曲折前行

提出：1959年教育工作的方针主要是巩固、调整和提高，并在这个基础上有重点的发展。全日制学校应该贯彻以教学为主的原则；发挥教师在教学工作中的主导作用，建立正常的师生关系；纠正过去存在的宁"左"勿右的思想倾向和"资产阶级知识分子是革命对象"的说法。4月，教育部在青岛召开的工科院校校长座谈会上，正式提出了"恢复正常教学秩序"的口号。

在校内，从1958年10月起，师生们即开始围绕教育方针、教育质量、理论与实践的关系等问题展开讨论。1959年1月，校党委在《关于南开大学教育改革工作的基本总结》(以下简称《总结》)中，针对1958年教育改革中出现的问题，对1959年深入教育改革做出了原则规定和具体部署。其中，关于教学和科研工作，《总结》指出：要正确理解教学、科研、生产三方面的关系，妥善安排三方面的工作，把学校建成以教学为主的三结合基地。之所以强调"以教学为主"，是因为我国教育事业的发展必须采取两条腿走路的办法，一部分学校还必须较多地担负提高的任务，而南开作为一所综合性大学，就负有这个任务。

在党委领导下，校务委员会经过多次讨论研究，于1959年5月正式公布了《关于修订教学计划的几项意见》(以下简称《意见》)，要求各系按照中央新的教育工作方针，在原有基础上对教学计划进行一次比较彻底的修订，作为今后全面安排教学、科研和生产劳动的依据。《意见》提出了修订教学计划应依据的七项原则：(1)全面地贯彻党的教育为无产阶级政治服务、教育与生产劳动相结合的教育方针，注意加强对学生的政治理论教育和生产劳动锻炼；(2)修订教学计划要体现以教学为主，教学、科研与生产劳动相结合的精神；(3)正确地贯彻理论联系实际的原则；(4)要使广博与专精兼顾，基础课(包括专业课)和专门化训练都要加强，目前尤其要注意加强基础课，使学生在具有比较广阔与坚实的基础知识后，再进行专门化的学习；(5)体现"厚今薄古，古为今用"的原则，在文科各专业的课程设置和教学内容中，要继续注意扭转厚古薄今的偏向，但也不要不加分析地否定历史遗产；(6)在教学中贯彻群众路线，并在安排各个教学形式和课堂教学时数、自学时数时，既要注意体现教师的主导作用，又要发挥学生学习的积极性；(7)合理安排课程的顺序，加强各门课程之间的联系和配合，避免不必要的重复。①

按照学校要求，各系开始新一轮的修订教学计划工作。教务长吴大任还就教学中应加强基础课和专门化课做了重点说明。他强调：基础课要加强，主要是加多最新科学成就和操作，精简不是压缩内容，而是去掉一些陈旧、重复和脱离实际的内容；专门化课的开设，要改变过去因人设课、目的性不明、计划性不强的现象，改变过去单纯先生讲、学生听的现象，要求和生产相结合，土洋结合，发挥中国固有传统。②他同时指出，今后教学方式的改革是"三强一讲"（加强自学、辅导、领导和课堂讲授）、"少头并进"。

1959年5月24日，国务院发出《关于全日制学校的教学、劳动和生活安排的规定》（以下简称《规定》），提出高等学校每年教学时间一般定为7个半月至8个半月，学生生产劳动时间一般规定为2—3个月，假期一般规定为1个半月。《规定》同时强调，学生的学习时间，包括自学在内，每天要有9小时左右，大学生每天要保证睡眠8小时。南开大学结合自身情况，规定1959年各专业均为五年制，在教学、生产劳动和假期的安排上继续实行"一、二、九"制。

在中央"巩固、调整、提高"教育工作方针指导下，按照校党委关于深入教学改革的具体安排，南开师生开始将工作重心转移到如何实现教学、科研与生产劳动三结合，不断改进和提高教学质量上来。在教学方面，各系都制订了新的教学计划和教学大纲，并以此为指导进行教学。在边教边改过程中，教研组的领导得到加强，教学中的集体智慧得到发挥；许多课程成立了教学小组，任课教师在教学小组中研究每一单元或每周的教学问题，加强各环节的相互配合；教师在教学中的主导作用和课堂讲授的重要性被重新肯定；尊师爱生、教学相长的师生关系更加巩固。教师加强与学生的沟通和交

---

① 《人民南开》，1959年5月7日。
② 崔国良主编：《吴大任教育与科学文集》，南开大学出版社2004年版，第241页。

流，认真指导学生学习，关注学生们的成绩和不足，使学生切实感到教师的可亲可敬。在教师指导下，学生刻苦钻研、奋发读书的学风蔚然形成，学习质量不断提高。

与此同时，学校科研工作也进入有目的、有组织、有计划地进行阶段。有的项目瞄准尖端科学，有的涉及国民经济建设中的重大理论问题，有的联系教材建设，有的结合专门化的课程设置。例如，经济系在系主任季陶达主持下，编写了我国第一部完整的经济学说史教材，这部80万字的教材中既包括西方经济学说发展史，也包括马列主义经济学说发展史，在当时的高校交流中备受重视。1959年吴大任编写的《微分几何讲义》教材及修订版，印数达18万多册，后获得全国科技图书一等奖和国家教委教材一等奖。物理系在半导体和原子核物理研究方面取得进展，原子核组排出了多个专门化实验，基本完成了真空系统的安装。随着科研工作的推进，师生们普遍感到理论的重要性，自觉加强了基础理论的学习和研究。

在生产劳动方面，1959年师生以参加校内劳动为主。这一年，学校化工厂在历时8个月的修建后竣工，学校主楼也于8月间开工兴建，建筑面积达18202平方米，建成后成为天津的标识性建筑。全校大多数教职员工当年都

▬ 1959年动工兴建的主楼

参加了这两项工程的地基垫土劳动。因为南开园内多是水坑和洼地,要建楼,就要先把水引出,把坑填平。主楼地基就是全校师生用"轱辘马"从远处泥坑运来泥土填垫起来的。为鼓舞劳动士气,同学们还创作了《轱辘马号子》:"轱辘马,往前跑,垫地基,咱功劳/教学主楼平地起/人人夸咱南开好。"[1]经过调整,师生参加生产劳动的安排趋于正常化,学校的教学秩序逐步稳定下来。

值得一提的是,1959年初学校接到教育部委派援建山西大学的任务,经研究讨论,派出了包括陈舜礼、申泮文在内的来自数学、物理、化学、生物4系的骨干教师和干部8人。后来,陈舜礼历任山西大学教务长、图书馆馆长、校长,申泮文担任山西大学化学系副主任,他们代表南开为兄弟高校的发展贡献了力量。

第一次党代会的召开

1959年8月2日至4日,中共南开大学第一次党员代表大会召开,党委书记高仰云在会上作了工作报告。报告对校党委自1956年6月成立以来3年的工作进行了总结,对学校今后的主要任务做出具体部署。

报告指出,在过去3年中,南开大学党委在党中央和上级党委领导下,在学校中进行了政治思想战线上的社会主义革命和教育革命,党确立了对学校的全面领导,学校已初步成为教学、科学研究、生产劳动三结合的基地。经过整风运动和反右派斗争,广大党员得到了进一步的锻炼,党的队伍更加纯洁,党的组织也有了相当的发展。1956年党委刚成立时,全校只有28个支部、330名党员,许多单位没有党员。至第一次党代会召开时,全校已建立了58个支部,各单位党的领导加强了,各级党组织中的骨干力量增加了,党员人数增加到720人,其中正式党员619人,预备党员101人。各级党组织在各项工作中都起了核心堡垒作用。

---

[1]《轱辘马号子》由当时就读于南开大学历史系的张象创作,后张象留校任教。

1959年8月，中共南开大学第一次党员代表大会召开

报告强调，1959至1960学年的主要任务是：本着"兴无灭资"的精神，进一步加强党的政治思想工作，加强党对教学和科学研究的领导，调动一切积极因素，深入贯彻执行党的教育方针，为提高教育质量而奋斗。为完成这一任务，应紧密围绕提高教育质量这个中心环节，做好两方面工作：一是在保证质量、重点发展的原则下，确定学校发展规模，提高原有专业，加强、巩固新设专业，有计划地增设其他必要的新专业；二是妥善安排教学、科学研究、生产劳动，贯彻执行三结合的教学计划，进一步巩固三结合基地，提高教育质量。

会议选举产生了新一届校党委会，高仰云当选为党委书记。

中共南开大学第一次党员代表大会的召开起到了凝聚人心、鼓舞士气的重要作用。大会特别强调了增强党的团结的重大意义，指出不断加强全党的团结，加强全校教职员工的团结，是完成学校任务的重要基础。

持续跃进下的教育革命

1959年8月党的八届八中全会召开后，"反右倾"斗争在全党展开。在中央"反右倾，鼓干劲"的要求下，全国掀起了持续"大跃进"的高潮，学校亦受波及。在校内，一方面按照中央要求，组织师生学习党的八届八中全会决议及有关文件，开展反对右倾机会主义、保卫总路线的学习和辩论；另一方面开始采取措施，推动教学和科研工作的跃进。

9月9日，学校学年度第一次校务会议通过了《1959—1960学年教学、科学研究工作计划要点》，提出要继续深入贯彻执行党的教育方针，反对右倾思想，克服一切松劲、畏难情绪，鼓足干劲，大力提高教育质量和科学研究工作水平，并决定以开好全校第三届科学讨论会的实际行动，作为向国庆10周年和校庆40周年的献礼。10月17日，学校举行了建校40周年庆祝会。教育部部长杨秀峰发来贺电，称赞南开大学是我国历史较久的高等学校之一，近十年来取得了显著进展，勉励全校师生为取得更大的成就而奋斗。

学校第三次科学讨论会也于校庆日当天拉开帷幕。参加者除本校师生外，还有来自北京、辽宁、山东、山西、陕西等地277个单位的代表，规模盛大。受邀参会的著名学者有波兰科学院有机合成研究所所长乌尔般斯基院士，数学家华罗庚、王寿仁，历史学家吴晗、白寿彝、何兹全，文艺理论家杨晦，经济学家骆耕漠、宋涛、何建章、樊弘，化学家陈调甫、严仁荫等。

会上共宣读论文88篇，内容包括关于社会主义建设中一些重要问题的探讨、关于重要生产问题和理论问题的研究以及对尖端科学的探索等。例如，数学系《振动打桩机中的应力计算》和《巨型水轮机工作轮叶片设计的计算》对建设桥梁、水坝和水力发电站具有一定意义。生物系有关水稻和植物刺激素在农药中的应用问题的研究，化学系有关农药问题的研究，不仅有利于工农业生产，同时也有助于丰富专业课的教学内容。《有机磷杀虫剂 IV》《电子型离子交换树脂的研究》《定向聚乙烯》等论文，则反映了南开大学在元素有机化学、高分子化学等方面取得的成绩。

1959年11月，国家科委、教育部、中国科学院联合召开高等学校科学研究工作会议，国务院副总理聂荣臻作了题为《当前科学研究工作的形势、任务及如何充分发挥高等学校科学研究力量》的重要报告。会议明确提出，开

第六章 积极探索 曲折前行

展科学研究是高等学校的重要任务之一,是提高教师水平、丰富教学内容、使理论与实际更加密切结合,从而提高教学质量的重要途径。会后,党中央向高等学校发出了"立大志,下决心,鼓干劲,攀高峰"的号召。南开大学积极响应,出台了《关于制订科学研究规划及培养与提高师资规划的意见》,要求全校师生"反右倾、鼓干劲,为实现我校科研的继续跃进,培养一支又红又专的师资队伍而奋斗",在校内掀起了科研继续跃进的新高潮。各系、各教研组纷纷制订了1960年科学研究计划以及1960—1967年科学研究规划,提出了高指标的科研任务,有的系还召开了科学讨论会、科研誓师会,制定出"跃进纲要"。科研跃进又进而带动了学校在教学、生产劳动中的全面跃进。在教学方面,学校提出打破旧的教育体系,重新编写教学计划、教学大纲和教材,大搞实验室建设和生产基地建设。在生产劳动方面,全校师生自1960年4月起先后参加了全民性的"双革四化"运动、支援"三秋"农业活动、以粮钢为中心的增产节约运动。历史、中文、经济和外文4系师生于1960年12月下乡参加整风整社运动,直到翌年4月才返回学校。持续跃进下的教育革命使学校刚刚趋于稳定的教学秩序再次受到干扰。

1960年10月22日,中共中央发布《关于增加全国重点高等学校的决定》,南开大学被确定为全国重点高校,开始实行由教育部与地方双重领导。①

1959年至1961年,我国国民经济发生严重困难,波及学校,师生基本生活受到影响,生活供应品紧张,患浮肿病的师生人数增加。为渡过难关,校领导坚守在工作第一线,并经常深入基层,想方设法解决困难。学校支持生物系进行"小球藻"试验,试制成功后将这种富含高蛋白的食物加入副食;后勤部门大搞"瓜菜代",用玉米轴研磨糊糊,把向日葵叶子、瓜叶子和棒子面掺和到一起。当时,学校托人辗转弄到了一批毛蚶,主管生活的副校长娄平组织在全校进行统一分配,学生食堂、职工食堂和每位教职工家里都分配

---

① 1959年3月,中共中央发布《关于在高等学校中指定一批重点学校的决定》,指定北京大学、清华大学、中国人民大学、复旦大学等16所高校为第一批全国重点学校。

到不少，很多教职员工连夜参加了剥壳劳动。一位后勤工作人员几十年后回忆道："在那个年代，吃毛蚶成为轰动全校的一次盛典，将永远记在南开人的心中。"

三、贯彻"高教六十条"

1961年1月，党的八届九中全会正式提出了对国民经济实行"调整、巩固、充实、提高"的方针，文教领域的调整也随之展开。1月底至2月初，教育部召开了全国重点高等学校工作会议，着重研究如何贯彻"八字方针"，提高教学质量问题。2月7日，中共中央批转中央文教小组《关于1961年和今后一个时期文化教育工作安排的报告》，明确提出：当前文化教育工作必须贯彻执行"调整、巩固、充实、提高"的方针，高等教育要把提高教学质量摆到第一位。[①] 9月15日，中共中央批准试行《教育部直属高等学校暂行工作条例(草案)》(以下简称"高教六十条")。"高教六十条"是对新中国高等教育12年来，特别是自1958年教育革命开展以来正反两方面经验的总结，为教育工作的继续发展指明了方向。这一时期，学校认真贯彻"八字方针"，同时结合自身情况，因校制宜地执行"高教六十条"，对各方面工作进行梳理和调整，逐步回归有计划地稳步发展的轨道。

加强党对学校的领导

按照"高教六十条"规定，学校开始实行党委领导下的以校长为首的校务委员会负责制。从1960年到1964年，先后有7名老干部和专家受命担任学校党政领导职务：1960年，娄平调任南开大学副校长，1961年任党委副书记；1961年，翟家骏任党委副书记；1962年，何锡麟任党委副书记兼副校长；

---

① 当代中国研究所编：《中华人民共和国史编年》1961年卷，当代中国出版社2014年版，第98页。

1963年，郑天挺任副校长；1964年，臧伯平任党委书记兼副校长，娄凝先、陈序经相继担任副校长。

随着"八字方针"的贯彻执行，全党大兴调查研究之风。这一时期，为转变领导作风，改进工作方法，学校党委规定党政领导实行"一、二、三"工作制，即一天学习，三天深入第一线，两天研究总结。各级领导深入教学、科研、生产、生活第一线，进行实地调查研究，及时发现问题、总结经验，在转变作风的同时也提高了领导水平。

高仰云、滕维藻等校领导在中文系电化教学教室听课

在加强和改善党的领导的同时，校务委员会的作用得到了较为充分的发挥。1962年1月，经教育部批准，学校校务委员会进行改组。杨石先任校委会主任，高仰云、何锡麟、娄平、吴大任任副主任，校委会委员包括各系主任、学科带头人、党政干部代表等共32人。凡是涉及学校发展与改革的重大事宜，包括教学与行政工作计划、招生及毕业生分配方案、系科专业的调并裁撤、机构改革和基本建设、重要规章制度的出台等，都要经校务委员会会议讨论通过。此外，学校还实行了包括党政联席会议、校行政会议等在内的灵活多样的会议制度。

这一时期，按照"高教六十条"要求，学校党政领导和管理体制得到改进,党政领导力量得到增强,领导班子成员各司其职、相互配合,使各项工作扎实地向前推进,为学校由"大跃进、大发展、大变革"阶段向"调整、巩固、充实、提高"阶段的过渡提供了坚强有力的领导和保障。

努力提高教学质量

1961年1月,教育部在全国重点高等学校工作会议上提出:适当控制学校发展规模,适当调整专业设置,是贯彻"八字方针"的一个重要措施。根据会议精神,结合实际条件,南开大学压缩了招生规模,又根据缩短战线、保证重点的原则,适时调整了专业、专门化课程设置,停办了地质地理系(包括地质学、自然地理学两个专业),撤销了物理二系,合并、调整或停办了一些专门化课程。1962年10月,哲学专业从政经系中独立出来,正式建系。至此,学校共设置数学、物理、化学、生物、中文、外文、历史、政经、哲学9系,并一直延续了20年。

■ 1962年5月,聂荣臻元帅接见南开大学原子核物理班师生

第六章 积极探索 曲折前行

学校工作中心转移到提高教学质量上来。各系、各专业按照以教学为主的原则，重新制订了比较切实可行的教学计划和教学方案，恢复了课程的教学日历，使各门课程能严格按照大纲和计划进行教学。同时，也适当安排了教学、生产劳动、科学研究、社会活动时间，规定每周一般为46学时，其他活动不得随意侵占，全年劳动时间为4周，劳动强度不宜过大。

为提高教学质量，学校下力量加强基础课教学。过去取消的必要基础课重新开设，未学或学得不好的基础课安排补课，合并不当的课程重新分开设置。在总结以往教学经验的基础上，加强基础理论和基本技能教学，注重对学生基本实验操作技术和科学素养的培养；在基本工具课方面，加强外语教学以及对学生写作能力、阅读能力、收集和处理资料能力的训练。1962年11月，校务委员会通过了《关于继续加强基础课教学工作的几项决定》，明确提出了基础课的质量标准：(1)由业务水平较高，并具有一定教学经验能保证较好教学质量的教师担任讲授，其他各主要教学环节如实验、习题课、课堂讨论等，也要有比较有经验的教师领导；(2)有稳定的大纲和教材；(3)

杨石先校长带头讲授基础课

有合格的基本设备;(4)有比较系统的教学法总结和必要的教学参考资料。各系有丰富教学经验的中、老年教师都走上教学第一线,担任基础课教学。仅就1962年上半年的情况统计,文科系的全部讲师和65%以上的教授、副教授担任了基础课的教学工作;理科的65门基础课中,大多数是由业务水平较高或有经验的教师担任。为加强基础课的教学领导,教务处每学期都分别召开文科、理科教学经验交流会,教师们共同研讨,集思广益,取长补短,对改进基础课教学质量起到很好的作用。

学校将培养师资作为提高教学质量和科研水平的关键。校务委员会提出培养师资的总方针为"全面规划,加强领导,普遍提高,重点培养",相继制订了《关于建立对青年教师进行检查和考核制度的几项暂行规定》《关于加强培养师资工作的意见》。各系、教研室每学期都要制订出具体的提高师资水平的规划,教师制订出个人进修计划。学校经过统筹,按照教师情况,做好"四定"(定方向、定规格、定任务、定期限)工作,特别是有计划地培养青年教师,为有特殊才能、工作积极或已做出较大成绩的讲师和助教创造条件,帮助他们迅速成长。妥善安排老教师的教学、科研、培养师资和研究生的工作,为有突出成就的老教师配备了科学助手,帮助他们做出更大成绩。同时,充分发挥老教师传帮带的作用,如有的系建立了导师制度,导师为青年教师开小课、作专题报告、组织讨论班的情况形成风气。学校和各系领导都普遍重视控制教师的会议和社会活动时间,绝大部分教师可以保证每周有5/6的时间用于业务工作。

经过努力,教师在教学中的主导作用得到进一步发挥。大家钻研教材,认真备课,在讲授中注意从学生实际水平出发,做到深入浅出、重点明确、条理分明。同时加强和学生的交流,及时了解他们的学习情况,并注意对自学的指导。在此过程中努力做到因人而异、因材施教,使不同学习程度的学生都能顺利地完成学习任务,并在原有水平上有所提高。各系和教研室普遍设立了检查性听课制度,以便能及时了解教师授课情况,总结课堂讲授经验。

第六章 积极探索 曲折前行

积极开展科学研究

"高教六十条"提出：正确贯彻执行"百花齐放，百家争鸣"的方针，提高科学水平。在自然科学中，提倡不同学派和不同学术见解自由探讨，自由发展；在哲学、社会科学中，为发展马克思主义理论，必须批判地继承历史文化遗产，吸收其中一切有价值的东西，还要研究和批判现代资产阶级的各种学派，探讨各种学术问题，允许不同的见解，自由讨论。这一规定为学校科研工作的开展提供了有力的保障。

以此为指导，学校积极组织推动科研工作的开展，要求各系和教研室在安排科研工作时，以缩短战线、保证重点、集中力量、攻占尖端为原则，在确定科研任务时，要结合教学、结合社会主义革命和建设实际中的重大问题、结合基本理论进行，对重点项目加强人力安排和资源支持。各系、所、教研室不定期地举行各种学术讨论会、读书报告会等活动，邀请校外专家来校作报告或短期讲学。与此同时，鼓励本校教师积极参加校外学术活动，交流学术思想和工作经验。这些做法开阔了师生的视野，活跃了学术空气。

1962年和1963年，学校连续两年召开科学讨论会，且规模和水平都比前几次有很大提高。提交论文涉及革命实践和生产建设中重要问题、教学中重要问题和学术界争论问题、尖端科学和基础理论等方面的研究。其中既有对专门问题进行实验、研究后撰写的论文，也有深入生产和工作实际进行调研的报告。有的论文在一定程度上具备了理论性、科学性、系统性，有的还具有较重要的实用价值。在这些论文作者中，青年教师占了很大比重，70％的论文是讲师、助教、研究生提交的，反映了新生力量的成长和壮大。

1962年春，杨石先校长参加了国务院"十年科学技术规划会议"和"全国农业规划会议"。在周恩来总理和聂荣臻副总理的亲自关怀下，我国高校第一个化学研究机构——南开大学元素有机化学研究所于当年10月正式成立，杨石先担任所长，陈天池任副所长。元素所成立后，得到国家科委、教育部的大力支持,专门进行支援农业的科学研究。当时学校的元素有机化学和农药、离子交换树脂的研究等,在国内均处于领先地位。在此基础上,南开大学化工厂于1962年正式投产,生产各种型号的离子交换树脂和农药,为国家填补了一项项空白。

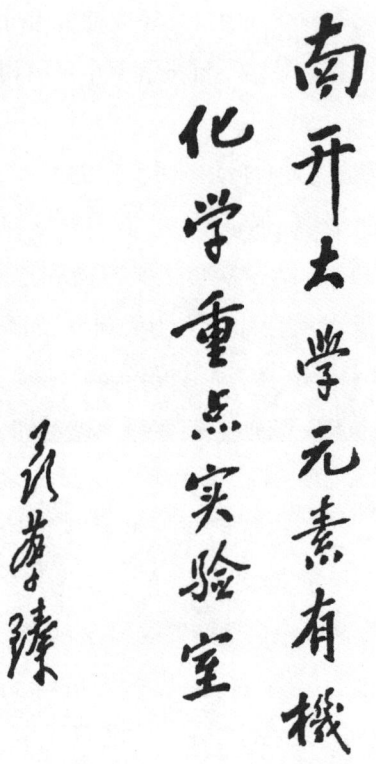

聂荣臻元帅为南开大学元素有机化学重点实验室题词

此外,在概率论、固体能谱、有机化学结构理论、昆虫分类等方面,学校也承担了国家十年规划中的重点项目或作为某些研究项目的主要负责单位。这些项目以及李群、拓扑学、应用光学、理论物理、植物生理、分析化学和仪器研制等,都取得了一定成果,形成了不少水平较高的论文和专著。数学系教授严志达主要从事对称空间、实半单李群、李代数研究,并得到了实半单李代数对合自同构的"严志达标准形"以及其分类的"严志达图"等一系列国际领先的重大成果。文科方面,美国史、明清史、日本史研究,鲁迅研究,中国和外国文学史研究,以及大型企业史调查和价值规律等方面的研究都取得了一定成绩,并结合教材建设,编写出不少较高水平的专著。随着学术活动的开展,《南开大学学报》在1963年复刊,季刊《南开经济学报》也于当年开始出版,为教师的科研成果提供了展示和交流的平台。

何炳林从1956年开始主持试制的离子交换树脂达到国际先进水平

认真执行党的知识分子政策

1962年3月2日,周恩来总理在全国科学技术工作会议上作了《关于知识分子问题的报告》,并在二届人大三次会议所作的《政府工作报告》中提出:"国家对知识分子的政策的出发点是,团结一切爱国的知识分子,逐步地建立起一支劳动人民的知识分子的宏大队伍。"① 根据中央指示和"高教

---

① 中共中央文献研究室编:《周恩来年谱(1949—1976)》中卷,中央文献出版社1997年版,第467页。

六十条"的规定,学校党委认真贯彻执行党的知识分子政策,努力做好团结知识分子的工作。

学校各级党政领导都十分尊重知识分子,注意听取他们特别是老教师的意见,不定期召开"神仙会",让大家能够畅所欲言;安排党外知识分子参加各级领导工作,使他们有职有权有责;支持校内民主党派开展活动。1961年10月,学校为72岁高龄的化学系主任邱宗岳在校工作40年举行纪念会。杨石先校长在会上讲话,号召大家学习邱宗岳教授丰富的教学经验,学习他一贯重视培养师资、热情关怀和帮助青年教师成长,学习他学而不厌以及40年始终如一的勤俭办学的精神,充分表达了对老教师的尊重和关怀。

这一时期,学校根据党中央《关于加速进行党员、干部甄别工作的通知》以及中央批转教育部党组、团中央书记处《关于高等学校学生甄别工作的报告》,对在以往运动中受到错误批判和处分的部分教职员工进行了甄别和平反。雷海宗摘掉"右派"帽子后,应师生要求,于1962年初重新走上讲台,讲授外国史学名著选读、外国史学史两门课程。当时,他的身体状况因慢性肾炎和严重贫血而日益恶化,全身浮肿,行动困难。每次上课,只得让助教用三轮车送他到主楼,再拄着拐杖,一步步挪进教室。当年12月25日,雷海宗因病逝世,终年60岁。

此外,学校积极采取措施,改善教师待遇,恢复了正常的教师职务晋升工作,组织召开年度先进工作者大会,对表现优秀的教职工进行表彰。经过这些扎实的工作,教师们心情舒畅,思想活跃,积极性大大提高。

培养学生德、智、体全面发展

全面贯彻党的教育方针,使学生德、智、体全面发展,是社会主义大学必须坚持的首要原则。在抓教学、搞科研的同时,学校在全校师生、特别是青年学生中不断加强思想政治工作,结合国际、国内形势的发展变化,相继开展了关于理想、前途和革命传统教育,"三好"活动以及学雷锋、学解放军

第六章　积极探索　曲折前行

活动，学习毛主席著作在师生中蔚然成风。这些举措推动了优良校风的建设，形成了勤奋学习、遵守纪律、关心集体、助人为乐的新风尚。历届毕业生都自觉服从分配，党团员争相带头报名到边疆去、到艰苦的地方去、到祖国最需要的地方去，受到社会的广泛称赞。

学生艺术团文艺演出

在着力提高教学质量的同时，学校注重建立良好的教学秩序，加强对学生的严格要求与管理。青年团活动严格执行团中央制定的团的工作"三十八条"，适当压缩社会活动，注意学生的学习和身体状况。1961年，由于学习比较紧张，学生的身体健康问题凸显，对此，学校高度重视。经过调研，很快制订了《我校开学以来教学工作和学生学习负担情况及对解决超学时问题的几项意见》，提出要贯彻劳逸

活跃的课外体育活动

教职工在做工间操

结合与提高教学质量相结合的原则,采取切实措施,减轻学生的学习负担。1962年6月15日,校务委员会会议讨论通过了《南开大学暂行学则》,对学生的升级、留级、降级、退学、毕业等重大问题做出明确、严格的规定,进一步推动了教学秩序的整顿。

这一时期,注重劳逸结合,增强师生体质,是校党委一项重要工作。学生会增设了军体部,校系有体协干部,班级设体育委员,同时加强对学生体育锻炼的组织和领导,坚持开展早操、课间操活动,各系、各班级之间经常举办简单易行的小型竞赛活动,教职工也进行工间操、太极拳、气功和武术的锻炼。通过这些活动,师生振奋了精神,增强了体质,活跃了生活,保证了教学科研工作的顺利进行。

1963年8月,海河流域的暴雨造成特大洪水,学校教职员工积极投入天津市的防汛抗洪斗争。从8月8日至9月23日,除完成修筑护校堤堰、保护校产的任务外,3次组成民兵团开赴抗洪前线,圆满完成了修筑梢子口铁路附堤、子牙河大堤和独流减河大堤等任务,还有部分师生参加了水上抢险、通信、运输、捕蛇等工作。在这次抗洪抢险中,全校共出勤13809人次,完成土方9393立方米。师生们在抗洪斗争中表现出的不怕苦、不怕累、坚持到底加油干的南开精神,获得了市民群众的充分认可与称赞。

四、新教改与政治运动

教学科研工作的新发展

1964年2月13日,毛主席主持召开了教育工作座谈会(后称春节座谈会),指出"教育的方针路线是正确的,但方法不对"。具体来说,"现在学校课程太多,对学生压力太大,讲授又不甚得法,考试方法以学生为敌人,举行突然袭击。这三项都是不利于培养青年们的德智体诸方面生动活泼地主动地得到发展的"①。这次座谈会后,高校又开始了新的教学改革。3月至4月,高等教育部在北京召开了直属高校领导干部(扩大)会议,学习毛主席关于教育工作的指示,就学制、课程、教学方法、考试制度改革等问题进行研讨,并交流了在教学工作中贯彻"少而精"原则的经验。6月24日,中共中央批转了高等教育部关于这次会议的报告。此次会议精神成为当时新一轮教学改革的指导思想。

本着"思想积极,行动稳妥"的精神,学校采取边学习、边调研、边改进的方法,组织各系和教研室就教学中存在的问题展开深入调查,探索改进的具体办法,并于1964年5月12日印发了《关于改革教学工作、减轻学生学习负担、提高教学效果的几项措施(试行)》(以下简称《措施》),对教学计划、课程安排和教学大纲,学习时间,教学环节,平时测验、考察与考试等四方面提出了指导性改进建议,旨在贯彻"少而精"原则,提高教学质量,减轻学生负担。《措施》印发后,各课程教学小组根据文件精神,结合课程情况,纷纷制定出具体的改进办法。

例如,政治学教研室以外文系一年级为试点,采取了以自学为主的教学方法,通过"启发报告、自学讨论、总结收获"的方式开展教学。在自学讨论环节中,教师深入到学生中,随时回答学生遇到的疑难问题,并在此基础上进行分析和总结。这种教学方法,学生自学讨论的时间增加了,老师又加强了辅导,大家普遍反映"学得深、记得牢、解决思想问题"。生物系在讲授"植物学"这门基础课的过程中,注意贯彻精讲多练,课堂讲授突出重点、难点,把主要的基本内容讲好,同时注意与实验紧密结合,还帮助学生成立课外活动小组,结合教学开展课外活动,复习所学内容的同时扩大了知识领域和视野。

1964年7月,学校召开了理科教学经验交流会,强调在教学中贯彻"少

---

① 中央教育科学研究所:《中华人民共和国教育大事记(1949—1982)》,教育科学出版社1984年版,第355页。

而精"原则,对于贯彻党的教育方针,培养德、智、体全面发展的人才,是具有重要战略意义的措施;各门课程的教学中,教师都必须通过认真的调查研究,根据课程的目的要求,按照学生的认识实际和认识规律办事,才能取得好的教学效果。会上,教师们围绕如何贯彻"少而精"原则、发挥教师在教学中的主导作用与调动学生学习主动性的关系、启发式教学、因材施教等问题展开了热烈讨论。吴大任副校长在会议总结报告中强调:当前的教学改革实行"小改",即在年制不变、教学计划基本不动的前提下,对教学内容、教学方法、考试制度等进行改革,减轻学生学习负担,提高教学质量。[①]这些改革措施汲取了历史的经验与教训,是本着谨慎和稳妥的原则组织实施的。

在学制改革方面,按照中央"大学可以有全日制和半工半读两种教育制度"的指示精神,学校出台了半工(农)半读试点方案,并于1965年2月至9月,在中文、历史、政经、哲学、生物系的部分年级试行了半工半读的教育制度。各系制订实施计划,选择劳动基地,中文系在杨柳青农场,历史系在东亚毛纺厂和天津铸锻件厂,政经系在工农联盟农场,哲学系在机车车辆机械厂,生物系在学校农场。每个试点单位都建立了党政干部和教师组成的领导机构,实行一元化领导。1966年3月,校党委制订了《贯彻全国半工(农)半读高等教育会议精神安排半工(农)半读试点工作的初步规划》,决定根据中央关于文科"五年实验,十年改完"和"理科也要改革"的指示,在继续搞好试点工作的基础上,文科除外文系外到1968年全部改为半工(农)半读,生物系到1969年全部改为半农半读。但随后"文化大革命"爆发,这项规划最终没有落实。

在科研方面,学校围绕国家战略需求做了很多工作。根据中央"在高等学校中建立研究外国工作机构"的精神,1964年,学校在历史系成立了美国史研究室、日本史研究室、拉丁美洲史研究室,在经济研究所设立了美国经

---

① 崔国良主编:《吴大任教育与科学文集》,南开大学出版社2004年版,第311页。

济研究室和大洋洲经济研究室，加强外国经济、历史、社会问题的研究。理科各系共承担了国家十年科学技术发展规划中的几十个项目。①1965年，高教部直属高校科学研究成果展览会在北京举行。南开大学参展的展品共计13项，农药方面有新型小麦锈病防治剂、有机磷杀虫剂和除草剂；化工产品方面有各种高强度多孔性离子交换树脂及纯水器；仪器仪表方面有双光束自动远红外分光光度计、微型拉压试验机、简单结构型回旋共振质谱计、线性扫描示波极谱仪、方波极谱仪，以及核物理方面的探测仪器和元件等，反映出学校在执行国家科学技术发展规划中取得的新进展。当时，主办方还为南开大学元素所的农药单独开辟了一个展室，作为重点项目展示。

元素所自成立以来，承担了"十年科学规划"任务，在人员和仪器设备等方面得到了充实。建所3年来，在农药方面共合成了400多种化合物，从中筛选出小麦锈病防治剂、除草剂及杀虫剂3种新药剂。1965年11月，国家科委在第662号《科学研究试验动态》上，专门介绍了元素所研制农药的新成果，节录如下："有机磷－47是一种新型有机磷杀虫剂，田间试验证明，它对抗性棉红蜘蛛、山楂红蜘蛛等害虫的杀除效能很好。每亩用药一两到二两时，杀虫效力达95％以上。其效能与国外常用的杀虫剂1059相当，但对人畜的毒性，却比1059低5～10倍，价格也便宜。"

1966年2月14日，由国家科委主办、南开大学负责筹办的"离子交换树脂科学研究成果展览会"在北京举行。展品包括来自20多个单位的60余项，其中由南开以及南开与兄弟单位合作制成的展品占1/2，南开大学展出了6种离子交换树脂新产品，还有纯水器、高效阻聚剂等，展示了学校多年来在离子交换树脂领域取得的研究成果。

1965年7月，按照国家进行三线建设的总体战略部署，南开大学原子核物理、放射化学两个尖端科学专业调整至兰州大学。

---

① 中央提出"调整、巩固、充实、提高"方针后，要求对各行各业的工作进行调整，经中共中央批准，决定在"十二年规划"执行的基础上，制定《1963—1972年科学技术发展规划》。规划于1963年6月定稿，12月经中共中央、国务院批准，由国家科委下达，并会同各有关部委组织实施。

■ 1965年7月12日，欢送原子核物理、放射化学专业全体师生合影

"四清"运动与突出政治大讨论

党的八届十中全会后，中央决定在全国城乡开展一次普遍的社会主义教育运动[①]（又称"四清"运动）。按照上级安排，1964年2月中旬至3月底，学校派出4000余名师生、干部分别到天津郊区、唐山专区参加运动。1964年10月，全校当年分配到校的新教师、文科1964级研究生及部分行政干部赴保定新城县参加运动，直至翌年6月返回学校。

1964年9月11日、1965年2月2日，党中央和国务院先后发出组织高校文科、理工科师生参加社会主义教育运动的通知。按照中央通知，1965年寒假期间，学校党委在《宣传〈农村社会主义教育运动中目前提出的一些问题〉的意见》中提出，用一个月的时间向党内外干部、教职员工及住校家属进行一次全面宣传，并组织师生进行讨论。同时，遵照高教部《关于高等学校师生参加社会主义教育运动的几项规定》，学校分期分批组织师生下厂下乡参加社教运动。4月，历史系师生到唐山地区参加"四清"运动，部分师生到东亚毛纺厂半工半读。9月，学校三、四、五年级学生以及大部分教师、干部分

[①] 农村的社教运动开始以"清理账目、清理仓库、清理财物、清理工分"为主，城市的社教运动主要为"反对贪污盗窃、反对投机倒把、反对铺张浪费、反对分散主义、反对官僚主义"。1965年1月《农村社会主义教育运动中目前提出的一些问题》（即"二十三条"）制定后，农村和城市的社教运动一律称为"四清"（清政治、清经济、清组织、清思想）运动。

赴河北省衡水、沧州两个专区参加"四清"运动,共计3115人,其中教师、干部725人,学生2390人(党员329人,团员1720人)。此外,还有169名师生留在天津市内参加"四清"运动,其中教师、干部44人,学生125人。当时,下乡参加"四清"师生的工作、生活条件十分艰苦,但他们按照组织要求,坚持"三同",自觉接受锻炼,进行思想改造。1966年3月后,参加"四清"运动的师生陆续返校。

1965年7月3日,毛主席看了《北京师范学院一个班学生生活过度紧张,健康状况下降》的调查报告后,在给中宣部部长的信中写道:"学生负担太重,影响健康,学了也无用。建议从一切活动总量中砍去三分之一。"①(简称"七三"指示)为贯彻这一指示,学校制定了《关于增进学生健康、实行劳逸结合的若干规定(试行草案)》,提出要控制学生的活动总量,保证学生的休息和自由支配时间,继续贯彻"少而精"的教学原则,加强对学生的指导。按照规定,学校五年制共有260周,其中教学175周,劳动39周,假期40周,机动时间6周。1966年3月18日,学校召开党员教师、干部大会,对贯彻"七三"指示的情况进行了总结。

在此期间,学校党委根据上级要求,先后进行了反修教育和党的方针政策学习,号召师生学习解放军、学习大庆、学习焦裕禄。同时,自1964年始,校党委组织开展了"深入学习毛主席著作、活学活用毛主席思想"的活动。1965年12月22日,学校召开了学习毛主席著作经验交流会,在全校评比出12个学习毛主席著作先进集体和110位学习毛主席著作积极分子。1966年,在学习毛主席著作活动发展到一个新高潮时,学校又开展了"突出政治"大讨论,要求全校师生认真学习毛主席著作,把毛主席思想当作一切工作的最高指示。

---

① 中共中央文献研究室编:《毛泽东年谱(1949—1976)》第5卷,中央文献出版社2013年版,第507页。

第七章 "文革"浩劫 守正抗争

1966年至1976年的"文化大革命",给党和人民造成了严重灾难,科学教育事业的发展更是受到巨大冲击。南开大学同全国高校一样,遭受了一场空前的浩劫。但在"文革"的十年间,南开人始终保持对党和人民事业的忠诚,对"左"倾错误进行了坚决的抵制和斗争,在困境中坚持教学与科研,终于迎来了党中央粉碎"四人帮"的伟大胜利。

一、"文革"的冲击

"停课闹革命"与红卫兵运动

1966年5月中共中央政治局扩大会议后,"文化大革命"异常迅猛地发动起来。5月25日,北京大学聂元梓等人公开贴出大字报,在社会上引起了极大震动,全国大中学校普遍停课闹革命,开始出现动乱局面。

南开大学的"文化大革命"以"六二风暴"为起始。6月2日,部分学生在第三食堂贴出《这是为什么?》《看南大校党委在这次无产阶级文化大革命中站在什么立场上?》等数张大字报,声援聂元梓等人,矛头直指校党委。

第七章 "文革"浩劫 守正抗争

3日，校党委紧急召开全校"文化革命"动员大会，号召全体师生充分运用大鸣、大放、大字报、大辩论的方法，积极投入到运动中来。会后，形形色色的大字报在校内铺天盖地而来，两三个小时内就达800多份，大中路旁贴出丑化教师、干部的"百丑图"，图书馆办起了"牛鬼蛇神"罪行展览。全校大多数教师、干部都遭到了"炮轰"，其中，影响最大的是揭露"何娄黑帮"的大字报，以及一份虚拟的"何娄黑帮"黑名单。副校长何锡麟、娄平被诬为结成了"反党反社会主义黑帮"，一批教师和干部被打成了"黑帮分子""资产阶级代表人物"，遭到了残酷的斗争和迫害。

7月，学校成立了"文化大革命"委员会，党委书记臧伯平任主任，各系各单位亦组成了战斗大队。在当时形势下，校文革委员会多次召开全校师生大会，对娄平、吴大任、郑天挺、滕维藻、娄凝先等所谓"黑帮分子"进行批斗。8月6日，到北京串联的南开大学学生同其他高校学生代表一起，受到了中央文革小组副组长张春桥的接见。张春桥煽动学生要敢于同教师和领导干部进行斗争。翌日，学校就发生了"全面开花"、批斗"牛鬼蛇神"的恶性事件。200余名党政干部和教师被打成"牛鬼蛇神"，遭到揪斗、戴高帽游街、剃阴阳头、殴打和劳动改造，186人被抄家，出现"游街一大串，劳改一大片"的混乱局面。

在党的八届十一中全会召开当天，毛主席写信给清华大学附属中学红卫兵，对他们的造反精神表示支持，此后，毛主席又在天安门多次接见到北京串联的各地红卫兵，推动了红卫兵运动在全国迅猛兴起。南开大学的红卫兵组织也相继成立。在中央文革小组的煽动下，红卫兵们在校内大肆进行打、砸、抢、抄、抓等非法行动，对所谓的"资产阶级知识分子""学术权威"进行残酷的批斗和迫害。与此同时，学校红卫兵组织还在康生的唆使下，竞相搜集、捏造关于老一辈革命家的黑材料，在中央文革小组发动的揪"叛徒特务"活动中起了极为恶劣的作用。

1966年10月，中共中央批转了中央军委《关于军队院校无产阶级文化大革命的紧急指示》，宣布取消"军队院校的文化大革命运动在撤出工作组后由院校党委领导"的规定。由此,全国掀起了"踢开党委闹革命"的浪潮。南开的校、系各级党组织和校文革委员会也很快陷入瘫痪,党委书记臧伯平遭到批斗,各级党、政、财、文权力被红卫兵组织夺取,全校陷入了无政府主义的混乱状态。

1967年春,根据中共中央和国务院的指示,人民解放军驻津部队派出指战员来到南开大学,对师生进行了为期约两个月的军政训练,外出串联的学生陆续返校。10月,中共中央、国务院、中央军委、中央文革小组相继联合发出《关于大、中、小学校复课闹革命的通知》《关于按照系统实行革命大联合的通知》。而学校的两派红卫兵组织由于对立情绪严重,冲突不断升级,在12月17日爆发了历次武斗中最为严重的流血事件,影响极为恶劣。消息报到中央,周恩来总理立即做出两派停止武斗的紧急指示。天津市革命委员会也发出关于制止南开大学武斗的紧急通知①,天津驻军派出指战员徒手进入学校,隔离武斗双方,此次事件才告结束。在这种情况下,学校既无法实现革命大联合,也难以落实"复课闹革命"的要求。

工宣队、军宣队进校与"斗、批、改"运动

1968年8月25日,中共中央发出《关于派工人宣传队进学校的通知》。26日,《人民日报》发表《工人阶级必须领导一切》文章,指出工人阶级必须"占领学校阵地,参加斗、批、改,并且永远领导学校"。根据中央指示精神,天津市革委会于27日派工人、解放军毛泽东思想宣传队(简称"工宣队""军宣队")进驻南开大学。第一批进校的工宣队、军宣队由来自全市160个单位的3519人组成,进驻学校后设立了天津市工宣队、军宣队驻南开大学指挥部,接管了学校的一切权力,并宣布解散两派群众组织,停止

---

① 1967年12月6日,天津市革命委员会正式成立。

第七章 "文革"浩劫 守正抗争

单方面活动,立即实现大联合,建立统一的南开大学红卫兵总部。当时,工宣队、军宣队进驻学校,对结束校内两派红卫兵组织的长期对立状态、控制混乱局面,起了一定作用。但受当时极左思潮的影响,在此后"文革"的历次运动中,也有一定的负面作用。

1968年9月,"文化大革命"在全国范围内进入"斗、批、改"阶段。所谓"斗、批、改"的主要内容,包括"建立三结合的革命委员会,大批判,清理阶级队伍,整党,精简机构、改革不合理的规章制度、下放科室人员"等。① 在驻校工宣队、军宣队领导下,学校的大揭发、大批判运动很快开展起来。9月19日,全校召开万人批斗大会,揪斗原天津市委及学校领导干部,掀起"大学习、大宣传、大落实毛主席关于知识分子接受工农兵再教育的指示"的高潮。紧接着,全校搞起各种类型的批判会、展览会、墙报、大批判专栏等,校内的"走资派、国民党残渣余孽、反动学术权威"被轮番揪到现场批斗。

1969年3月,学校革命委员会正式成立,革委会主任由工宣队、军宣队负责人担任,下设政工组、校务组、人保组、教育革命组、办事组等5个机构。各系和经济研究所、元素所、化工厂也先后建立了革命委员会,主任均由工宣队、军宣队队员担任。

1968年10月至1969年5月,学校开展了"清理阶级队伍"运动(简称"清队"),发动群众广泛揭发、批判历史的和现行的"阶级敌人"。驻校工宣队、军宣队指挥部提出:南开大学"叛徒成堆,特务成团,反革命分子成串;盖子硬,妖风大,问题多";教师队伍"政治情况极为复杂,存在'一个黑根,两条黑线'","是一个资产阶级的独立王国"。他们接管了原两派红卫兵组织所属的各专案组,又另调集上千人组成百余个专案组,对全校师生干部所谓"有问题"的人立案审查、批斗关押,并要求教职员工互相揭发或自我交待,

---

① 1968年9月7日,《人民日报》《解放军报》在庆祝全国各省、自治区、直辖市(除台湾省外)革命委员会全部成立的社论中,公布了毛主席关于斗、批、改阶段几项主要任务的指示。见当代中国研究所:《中华人民共和国史稿》第3卷,人民出版社2012年版,第82页。

"彻底揭开南开大学阶级斗争盖子"。在"清队"运动中，学校大多数的干部和群众都受到了不同程度的冲击和迫害。据统计，全校有298名师生干部遭到揪斗，其中，批斗116人、隔离142人、戴帽18人、定为"反动学生"37人，"挂起来"154人，甚至有人被迫害致死。

这一时期，天津市某些负责人根据国民党特务的诬陷材料，成立了"天津地下党专案组"，在南开大学成立了"三大系统特务专案组""南开大学地下党专案组"等，对解放前学校所有地下党员、地下党的秘密外围组织"民青""民联"成员和学生近300人（约占解放前南开大学学生总人数的40%）进行审查。其中一些同志长期被隔离审查，一些同志被捕入狱、判刑，他们的家属、亲友亦受到株连，影响波及全国。

中共九大召开后，整党建党运动在全国展开。这次整党建党的指导方针是毛主席提出的"五十字建党纲领"，即"党组织应是无产阶级先进分子所组成，应能领导无产阶级和革命群众对于阶级敌人进行战斗的朝气蓬勃的先锋队组织"。1969年5月，学校整党建党运动正式开始。驻校工宣队、军宣队指挥部与校革委会制定了《关于开展整党建党工作的初步意见》，校、系两级都建立了由正式党员和非党群众参加的整党建党领导小组，采取发动群众开门整党的办法，大致经历了思想整顿、斗私批修、整党补课等几个阶段，至1970年底基本结束。

在整党建党运动过程中，学校革委会党的核心领导小组于1969年11月正式成立，全校各单位全部建立了新的党支部，在校的大部分党员都恢复了组织生活，并吸收了51名新党员。但由于整党建党运动是以巩固无产阶级专政为根本目标，以无产阶级专政下继续革命为根本任务，因此运动始终围绕着阶级斗争和两条路线斗争进行，要求师生上挂下联、进行革命的大批判，将广大知识分子和领导干部作为批判对象和打击重点。党内组织生活也不正常，在"吐故纳新"过程中，曾担任学校党政重要领导职务的一些党员被"清除出党"。

第七章 "文革"浩劫 守正抗争

1970年2月起,按照上级安排,学校开展了以清查"五一六"①反革命阴谋集团为中心的"一打三反"运动,即"打击反革命破坏活动,反对贪污盗窃、投机倒把、铺张浪费"。这实际上是前一阶段"清队"运动的继续,全校再一次掀起新一轮大揭发、大检举、大清查、大批判的高潮。

1969年10月,林彪"第一号令"下达后,国家进入"战备疏散"时期。11月,驻校工宣队、军宣队指挥部和校革委会紧急制定了《关于加强战备、疏散人口、深入开展教育革命的决议》,学校大部分教职员工被疏散到位于河北省完县(今顺平县)的腰山基地,驻校工宣队、军宣队指挥部和校革委会机关也迁到腰山。学校在此开办五七干校,时间达半年之久。1970年5月,师生刚返校不久,又响应党中央"上山下乡插队落户"的号召,170余名教职工连同家属到天津郊区农村插队落户。是年冬天,学校又组织千余名教职员工进行了历时1个月、途经10县、长驱千里的野营拉练……接连不断的政治运动和繁重的劳动,给广大师生造成了一定的身体和精神负担。

"文革"中的"教育革命"

1969年3月29日,《人民日报》开辟了《社会主义大学应当如何办?》的专栏,在第1期发表了《我们主张彻底革命》一文,提出要"彻底批判旧综合性大学那一套学制、体制、课程、教材、教学方针和方法",培养"普通劳动者",废除"高考和统一分配制度"。从这一年4月起,学校的"教育革命"拉开帷幕。在工宣队、军宣队指挥部和校革委会领导下,学校成立了教育革命组,在很短的时间内派出了25个由各系师生组成的教育革命小分队,到厂矿、农村、部队开设短训班、实验班,进行教育革命实践。在此期间,教育革

---

① 清查"五一六"本是针对1967年5月北京极少数人成立秘密组织攻击和污蔑周总理的清查活动。这个组织后来很快被清查出来,为首分子被公安机关逮捕,问题基本解决。但到1968年,中央又成立了由陈伯达担任组长的清查"五一六"专案领导小组,在全国范围开展揭露和清查"五一六"运动。见当代中国研究所:《中华人民共和国史稿》第3卷,人民出版社2012年版,第83页。

命组主持文科4系联合举办了一期大文科班，招收了30名学员，还从工人和贫下中农里招收了108名学员，举办了为期一年的工农兵实验班。后因"战备疏散"，学校的"教育革命"暂停半年。

1970年7月，《人民日报》先后刊载了张春桥、姚文元炮制的《为创办社会主义理工科大学而奋斗》与《上海理工科大学教育革命座谈会纪要》，全国高校展开了学习和讨论。10月，校革委会据此制定了《南开大学教育革命方案》，提出：(1)彻底批判"教授治校"，确保工人阶级牢牢掌握教育革命领导权；(2)建立起以工农兵教员为主体，包括革命技术人员(革命干部)和原有革命教员三结合的无产阶级教员队伍；(3)废除旧的招生考试制度，面向全国招收工农兵学员，工农兵学员担负着上大学、管理大学、用毛泽东思想改造大学的重任；(4)彻底批判"三脱离"的旧教育制度，大学要办到社会上去，由工农兵直接管理学校；(5)课程设置要精简，教材要彻底改革；(6)彻底批判旧的注入式的教学方法，要运用毛主席一贯提倡的"十大教授法"；(7)文科学制2年，理科学制2－3年，外语专业3年。

按照这一方案，学校于1970年11月开办了技术工人班(简称"技工班")，培养适合校办工厂需要的技术工人，学制两年，首批招收600余名学员，主要是天津市1970届的初中毕业生。在工农兵实验班的基础上，学校从1971年开始招收工农兵学员，学制3年。经济研究所再次被撤销，研究人员及干部全部并入政经系。元素所也被摘掉了牌子，与化学系的一个专业合并。

1971年8月，中共中央批转了由张春桥、姚文元修订的《全国教育工作会议纪要》(以下简称《纪要》)，提出了所谓的"两个估计"，即：新中国成立后17年"毛主席的无产阶级教育路线基本上没有得到贯彻执行"，"资产阶级专了无产阶级的政"；大多数教师的"世界观基本上是资产阶级的"。《纪要》中强调：要巩固工人阶级在教育阵地的领导权；坚持《五七指示》的道路；建立"三结合"的教师队伍；充分发挥工农兵学员的作用等。"两个估计"和"文革"中的"教育革命"，基本否定了新中国成立后17年来的教育工作，否定了广大知识分子的地位和作用，给广大教师和干部造成了严重的思想冲击和精神震荡。

二、困境中的坚守与抗争

对极左思潮的抵制

九一三事件的发生,客观宣告了"文化大革命"在理论和实践上的失败。之后,周总理在毛主席的支持下,主持中央日常工作,领导了对极左思潮的批判并设法扭转局面。1972年5月10日至6月20日,国务院科教组在北京召开综合大学和外语院校教育革命座谈会①,提出要抓紧落实干部政策和知识分子政策,加强基础理论教学,提高质量,发展科学研究。10月6日,《光明日报》发表北京大学教授周培源根据周总理指示撰写的文章《对综合大学理科教育革命的一些看法》,对教育、科技领域的极左思潮进行批驳,强调加强基础理论研究。这篇文章的发表使广大教师和科研工作者看到了转机、振奋了精神。当时,《光明日报》还专门征求杨石先的意见。杨石先在回信中说:"周培源的意见很对,我还要补充一点,除了加强基础理论研究之外,也要加强实验工作。我们赶紧想办法把仪器制造和试剂生产抓上去。"10月14日,《人民日报》刊登了根据周总理多次讲话撰写的《无政府主义是假马克思主义骗子的反革命工具》等3篇文章,学校教职员工纷纷撰写文章、发表评论,坚决拥护周总理关于批判极左思潮的主张。在这种形势下,学校按照中央的部署,逐步落实政策,恢复教学秩序,使各项工作出现了转机。

1972年5月,学校各系重新建立党总支,机关设立机关党总支。自6月起,结合传达贯彻国务院科教组座谈会精神,学校把"批林整风"和教育革命结

---

① 1970年6月22日,中共中央决定撤销教育部,成立国务院科教组,接管原教育部和国家科委的工作,不设党的核心小组和革委会。李四光任组长,刘西尧、迟群任副组长。1975年1月17日,四届人大一次会议决定恢复教育部,国务院科教组即予撤销。

合起来，围绕政治与业务、理论与实践、批判与继承的关系问题，开展了"批、肃、划、订"活动。一批教师和干部陆续获得解放，重新走上工作岗位；教研室重新组建；系主任制度得以恢复，并选拔业务水平高、具备一定行政能力的教师担任，工宣队、军宣队的领导人不再担任各系第一把手。人心思定，广大教职工格外珍惜来之不易的安定形势，全力以赴地投入到本职工作中。

1972年9月，学校举办了教材编写经验交流会。11月，召开了教师代表大会，并在会上表彰了14个集体单位。为加强对学生的管理，制定了《关于工农兵学员考核、考勤、请假、学习纪律的暂行办法》，并从10月中旬至12月中旬开展了一次群众性的教育质量检查，重点对1971级学生的教育质量进行调查研究和分析总结。这些举措对于恢复学校正常教学秩序、调动师生教与学的积极性起到了促进作用。

在学校工作趋向稳定的形势下，中共南开大学第二次党员代表大会于1973年1月15日至17日正式召开，此时距第一次党代会已间隔13年之久。时任校革委会主任卢志斌代表革委会核心组，作了题为《在毛主席革命路线指引下为创办社会主义新型大学而奋斗》的工作报告。经统计，至大会召开时，全校共有12个党总支、74个党支部、1422名党员（另有6名党员尚未恢复组织生活）。会议选举朱子强为党委书记。1月21日，天津市委任命杨石先、娄平、吴大任等老干部为南开大学革委会副主任。

新一届校党委成立后，实行一元化的领导方式，着手加强组织机构建设，党委下设政治部（办公室、组织处、宣传处、青年处）、教育革命部（文科教研处、理科教研处、教务行政处）、校务部（人事处、保卫处、计划处、总务处、学生处、办公室）、人武部。在党委领导下，全校党总支和党支部进行了改选；机构进行改革，设置了一批科室及系党总支办公室、系办公室、教研室等机构，并相应任命了一批干部；建立了一周召开一次常委会和校革委会正、副主任集体办公会议，一个季度召开一次党委全会的制度。学校共青团第七次代表大会与第八次学生代表大会也分别于当年召开，团组织与学生会恢复了组建并开展活动。

第七章 "文革"浩劫 守正抗争

"文革"中被迫停止的科研活动也陆续开展起来。元素有机化学研究所和经济研究所恢复了建制，经天津市委文教组批复同意，杨石先任元素所所长，滕维藻任经济研究所副所长。《南开大学学报》复刊，重新发挥促进学术交流的作用，由杨石先任自然科学编委会主编，娄平任哲学社会科学编委会主编。这一时期，为贯彻毛主席"五七指示"，学校先后在津郊大苏庄、武清县大顿邱公社后河淤大队兴办五七干校。从1972年4月至1976年1月，共办了6期教师、干部轮训班，每期半年，先后有千余名教师、干部下乡参加了锻炼。

但是，在"文革"仍在进行的大背景下，全党纠正极左思潮的努力始终受到"四人帮"的干扰破坏。1973年10月，国务院科教组在北京召开理工科院校教育革命座谈会，迟群在会上鼓吹教育战线的主要危险是修正主义，要防止复辟，要抓林彪路线的极右实质，在教育战线上要进行阶级斗争和路线斗争教育。之后，"四人帮"在文化教育领域掀起了一场"反右倾回潮"运动，南开大学也受到波及。学校里搞起了大学习、大讨论、大总结活动，各系召开批判"修正主义教育路线"大会，一些学员贴出大字报，抨击恢复正常的教学制度。尽管受到一定程度的冲击，但广大教师仍然坚守岗位，坚持授课，并在教学方法、考试方式上进行了相应调整。

1974年1月，中共中央将北京大学、清华大学大批判组汇编的《林彪与孔孟之道》(材料之一)作为一号文件下发，并在文件中指出：这个材料对于继续批判林彪路线的极右实质，对于继续开展对尊孔反法思想的批判，对于加强思想和政治路线方面的教育，会有很大帮助。"批林批孔"运动随即在全国展开。截至当年7月，学校召开各种类型批判会，组织撰写大批判文章和"批林批孔"辅导材料，举办了多期"批林批孔"理论骨干学习班，并先后组织1800多名师生下厂下乡，与工人、贫下中农一道"批林批孔"。此外，学校还组织中文、历史、哲学、政经4系的近百名师生投入注释和研究法家著作与编写"五史"①的工作，如历史系师生同天津第一印刷厂合作注译《曹操、

---

① "五史"包括中国古代史、中国哲学史、中国小说史、中国经济思想史和中共党史。

诸葛亮著作选注》，政经系师生同天津市冶金局合作注译法家的经济著作《盐铁论》。

1974年底，为配合所谓反潮流、"反右倾回潮"的需要，"四人帮"抛出了"朝农经验"。1975年2月，《人民日报》和《红旗》杂志刊出了《马克思、恩格斯、列宁论无产阶级专政》的33条语录，并在"编者按"中公布了毛主席关于理论问题的谈话。据此，学校党委组织了"学革命理论，走朝农道路"活动，提出"把学校办成无产阶级专政的工具"，形成了"学习无产阶级专政理论"的热潮。这一时期，各系、各专业举办了很多短训班、业余教育班及函授教育班等，进行政治理论教育。如学校与蓟县、武清、静海、宁河、宝坻5县共同举办马列主义函授大学，自1975年3月开学后，共招收了来自150个公社、3059个大队的工农兵学员17732名，大多数是各单位的理论学习骨干或领导干部。

1975年，邓小平在毛主席、周总理的支持下主持中央和国务院的日常工作，领导包括教育、科技领域在内的全面整顿，并且迅速收到显著效果。但为阻挠整顿工作的进行，"四人帮"接连发起"评《水浒》""批邓、反击右倾翻案风"运动，使整顿工作被迫中断。

对于"文化大革命"，学校师生经历了一个认识过程，由最初的积极参与，到逐步冷静清醒，并开始自发抵制极左思潮。早在运动开始时，李霁野和李何林就受到冲击和迫害，他们约定"站稳脚跟，坚持原则，绝不动摇，绝不自杀"。李霁野曾写诗明志："生平志愿未曾忘，功过原当尺斗量。留得忠魂赤胆在，粉身碎骨又何妨！"他坚持写申诉材料和大小字报，仅在1968年一年内就撰写了30万字。抗战时期参加革命的历史学者巩绍英也给历史系革委会负责人写出"小字报"，要与她公开辩论。"四人帮"发起"评《水浒》"运动时，党委书记朱子强在全校党总支书记会议上指出，评《水浒》"要注意不能搞影射，不能乱猜测，不能把人民内部的思想问题、认识问题随便戴上投降派、投降主义的帽子"。结果，在学校师生撰写的文章中，没有一篇是影射周恩来、邓小平等中央领导人的。对于"批邓、反击右倾翻案风"，许多师生更是提出质疑:1975年全校及全国的形势比前几年都好,为什么又要当成"右倾翻案风"来反呢?不少师生在阅读完当时印发的供批判用的材料后,反而对邓小平有了更多的了解和信任,认为他的观点和做法是完全正确、符合民心的,并在以后的运动中一直处于抵制的状态。

在困境中坚持教学科研

"文革"期间,尽管受到极左思潮的干扰和冲击,但南开广大教职工出于对党和人民的忠诚、对国家前途的责任和对教育事业的热爱,仍能顶住压力、克服阻力,坚持开展教学与科研活动。

■ 首届工农兵学员入校

从1971年招收工农兵学员起,学校恢复了"文革"开始后中断了5年的教学工作。至1977年高考恢复前,学校共招收了6届学员,累计5157人。按照当时的招生指导意见,招收学员要选择"政治思想好、身体健康、具有三年以上实践经验、年龄在二十岁左右、有相当于初中以上文化程度的工人、贫下中农、解放军战士和青年干部"[①],有丰富经验的工人、贫下中农,则

---

① 中央教育科学研究所:《中华人民共和国教育大事记(1949—1982)》,北京教育科学出版社1992年版,第433页。

可不受年龄和文化程度的限制。招收办法为"自愿报名、群众推荐、领导批准和学校复审相结合"。

由于实行免试入学，学员年龄参差不齐，一些人文化程度偏低。如招收的第一届637名学员中，初中以上程度的占19％，相当于初中程度的占73％，高小以下程度的占8％，年龄最大的41岁，最小的16岁。针对这种情况，学校采取了集中进行文化补习的办法，补习时间一般为3个月到半年，不计入3年学制之内。1973年，按照国务院当年的招生工作意见，学校增加了文化考察。然而，这些措施却遭到"四人帮"的无理批判，"反右倾回潮"波及学校时，这些措施又被指斥为"修正主义教育路线的复辟"而被迫取消。

随着教学的恢复和进展，学校将编写教材作为一项重点工作。校党委制定了《关于教材改革的意见》，学校成立了教材改革指导小组，并多次召开教材改革经验交流会，各教研室都组织骨干教师投入这项工作。1973年9月，学校召开了修改《基础物理》教材讨论会，物理系介绍了该书的编写过程及存在问题。同年12月，学校又召开了修改《政治经济学》教材讨论会，政经系介绍了以社会为工厂、开门编写《政治经济学》资本主义部分和帝国主义部分教材的经验。1974年8月，历史系承担了国家出版局《简明中国古代史》的编写任务，"文革"结束后，这部教材由刘泽华主持修改，以《中国古代史》书名由人民出版社出版，成为影响广泛的中国古代史教科书。

按照中央规定，工农兵学员入学后的主要学习内容是"以毛主席著作为基本教材的政治课；实行教学、科研、生产三结合的业务课；以备战为内容的军事体育课"[①]，同时，各系学生都要积极参加生产劳动。因此，在课程设置上，"中共党史""政治经济学""国际共运史"与"形势教育课""军体课"是各系学员的必修课，文化课和专业课则有所减少。此外，按照"文科以社会为工厂，理科实行开门办学、厂校挂钩"的指导思想，截至1973年，学校

---

① 中央教育科学研究所：《中华人民共和国教育大事记(1949—1982)》，北京教育科学出版社1992年版，第433页。

先后开办了6个校办工厂(车间)、2个学农基地和30多个校外教学挂钩点。各系经常组织师生进行实践教学。例如,政经系组织学员定期到山西大寨及昔阳县各公社、开滦煤矿、天津三条石、东亚毛纺厂等地进行参观、调查或现场教学,在此期间,师生边劳动、边学习,并帮助所在单位和村社编写发展史、举办展览。仅在1975年上半年,全校就有84%的学员到200多个工厂、农村、部队学工、学农、学军,实行开门办学。1976年6月,学校又组织千余名教职员工到农村和部队支农、学军。这样的安排,对正常的教学形成了一定冲击。

除每年招收工农兵学员外,学校还根据当时的社会需求,开设了技工班、短训班、"社来社去"班等,为培养不同层次和专业的人员做了很多工作。1974年,数学系受燃料化学工业部委托,举办了为期一年的测井数字处理训练班。政经系也受国务院委托,在1974年和1975年招收了两届干部进修班,专门为全国党政机关和企事业单位培养理论干部。1975年,政经系和生物系还招收了一届"社来社去"班,学制为3年,学员为来自天津郊县的农民,毕业后仍回原来的社队工作。

1973年,学校根据中央批示先后邀请并接待了日本爱知大学4位中文教授、美国耶鲁大学5名经济学家来华访问,进行学术交流。1974年,学校接收了"文革"以来第一批外国留学生共10人,他们分别来自罗马尼亚、南斯拉夫、索马里、日本、法国、芬兰等6个国家,翌年,又接收来自加拿大、联邦德国、瑞士、丹麦等国家的6名留学生。学校还制定了《关于加强外国留学生管理工作的几点意见》,规范对留学生的管理。

"文革"期间,"四人帮"诋毁科技革命、摧残科研事业,几次要撤销南开大学元素所。当年一手创办元素所的杨石先,对自身遭到的无端批判和冲击都隐忍并承受下来,但当元素所的农药中试车间面临被拆除的危险时,他拍案而起,激愤而言:"元素所不是学校要办的,也不是我杨石先要办的,是根据毛主席'以农业为基础''要同病虫害作斗争'的指示和第二次全国科技规划会和全国农业会议精神,受周总理委托办的。国家花了那么多钱,又培养了这些人,你们拆了,我怎么向周总理交代?"在周总理的关怀和杨石先的奋力抗争下,元素所得以保留。其科研人员深入河北、辽宁、湖北、河南、江苏、甘肃、青海等地农村进行调查研究和科学实验,亲眼看到病、虫、草害对农作物的危害,了解到农民对防治病、虫、草害的迫切要求,更加坚定了科研为农业服务的思想。他们和生产、使用单位协作,在较短的时间内,研制出多种高效、低毒的新农药。其中,防治水稻白叶枯病的"叶枯净",更是填补了我国农药领域中的一项空白。

1970年,杨石先(右一)带领元素所科研人员在蓟县农田中观察"784-1"农药对玉米生长的影响

我国是水稻的主要产区,水稻种植中,最大的危害当属白叶枯病。20世纪五六十年代时,全国水稻每年因此减产约10%左右,个别地区减产高达四五成。至70年代初,世界上只有日本的一个厂家可以生产防治白叶枯病的农药,而我国每年都要花费大量外汇进口。1971年,元素所在极端困难的情况下,接受了国家交给的研制白叶枯病防治药剂的任务。当时,杨石先已被"下放"到元素所杀菌组做一名普通组员,他得知消息后十分振奋,立即将自己收集的相关资料交给研究小组,并鼓励大家说:"我们要走自己的科学发展道路,但是我们也要借鉴外国一些有益的东西,我们不买他们的专

第七章 "文革"浩劫 守正抗争

利,根据我国国情,自己摸索,发挥社会主义大协作的精神搞出来,给国家节省了人力、物力、财力,有什么不好?"在杨石先的带领下,科研人员顶住"四人帮"批判"洋奴哲学""爬行主义"的巨大压力,在天津农药实验厂的协助下,用两年半的时间,分析了30多条不同的合成路线,摸索了14条合成路线,终于在1974年成功研制出叶枯净农药。

除此之外,元素所还结合生产实际,相继成功研制出杀虫剂久效磷、螟蛉畏;植物生长调节剂"矮健素";杀菌剂五氯酚嗪、多硫磷;除草剂燕麦敌等品种。还与青岛农药厂、沈阳化工研究院协作,试制并生产出我国过去一直不能生产的有机磷杀虫剂的重要中间体——亚磷酸三甲酯,为有机磷农药的发展开辟了新领域。

20世纪70年代初,数学系承担了天津机械研究所、天津蜗轮减速机厂委托的"啮合原理的几何问题"项目,成立了"齿轮啮合研究组",吴大任担任项目负责人和研究组组长。他与严志达、骆家舜等同事通力合作、攻坚克难,从数学上严格论证了二次包络原理,做出了理论突破,为研制工作打下了坚实的理论基础,其齿轮啮合方面的研究在当时处于国内领先地位。后来,根据研究组的"平面二次包络环面蜗杆传动"研究成果,机械研究所成功研制出一种性能良好的新型蜗轮蜗杆副,产品行销海内外。吴大任牵头的关于齿轮啮合原理的研究也在1978年获得全国科学大会表彰和天津市1979年科技成果一等奖。

1972年,数学教研室承担了中国科学院地质研究所的"随机过程在地震预报中的应用"项目。项目负责人王梓坤和他的同事们提出了地震的随机转移预报方法,取得了较好的实际效果。1975年3月1日,数学系地震预报组成功发出预报:"1975年3月14日前后10天内,将在西藏地区发生6.25级左右地震。"此次预报在时间、地点、震级等方面都与后来的实震情况相符合。1979年,该项目获得天津市科技成果二等奖。

值得一提的是,在20世纪70年代"四人帮"形而上学猖獗、唯心主义横行的情况下,当时还是数学系讲师的王梓坤在钻研业务之余,"不顾天昏室暗，不顾毛巾结冰，被头凝霜，虽手指冻烂而三易其稿"①，终于写成了《科学发现纵横谈》一书。该书于1978年出版后连印6次，成为畅销至今的科普名作。

"文革"期间，生物系教授萧采瑜被打倒后，不争不辩，默默承受，只要能争取到一点人身自由和工作时间，就到工作室去，对未被抄走的数万个半翅目类昆虫标本逐一进行分析研究，分出数百种盲蝽，为盲蝽科分类研究奠定了基础。1973年恢复工作后不久，他就在当年召开的"全国动物志会议"上，承担了编写《中国蝽类昆虫鉴定手册》的任务。其后几年，他不顾年老体衰，加紧科研，在助手们的配合下，于1977年完成了该书的第一分册《半翅目异翅亚目》，成为中国半翅目昆虫研究领域的重要开拓者和奠基人之一。

从1973年开始，时任经济研究所副所长的滕维藻开始主持"跨国公司"研究，并于1974年12月受邀参加国务院科教组召开的部分高等院校世界经济研究问题座谈会。他与同事们团结合作、潜心研究，在1975年出版了专著《世界发展中的多国公司》《澳大利亚经济》，使南开大学成为国内最早研究跨国公司理论的基地。在滕维藻主持下，政经系于1975年招收了第一批世界经济专业学生，并开设出国际贸易与金融、世界经济概论、世界经济统计等专业性很强的课程。

"文革"后期，政经系组织教师翻译出版了一批国外较有影响的经济学专著，如《帕特曼报告》《垄断资本》《不稳定的经济》《美国第一花旗银行》《银行家》等，在研究当代资本主义经济方面做了大量基础性工作，使南开大学成为国内研究当代资本主义经济的重要基地。此外，学校还接受国务院下达的翻译联合国文件的重要任务，从1974年开始，在杨敬年、王赣愚等教授带领下，经济系、所先后有20余名教师参与到此项工作中，历时6年共

---

① 王梓坤：《科学发现纵横谈》前言，北京师范大学出版社2009年版。王梓坤于1977年1月晋升为南开大学教授，1984年调任北京师范大学校长，1991年当选为中国科学院院士。

第七章 "文革"浩劫 守正抗争

翻译了83万多字,圆满地完成了任务,得到国务院的高度评价。

自1957年以来近20年的岁月中,查良铮将写诗的热情投入到翻译外国经典诗作中,即使在最困难的时期也笔耕不辍。1975年,他曾在鲁迅文集《热风》扉页题写:"有一分热,发一分光,就像萤火虫一般,也可以在黑暗里发一点光,不必等候炬火。"以此明志。1976年1月,查良铮因摔倒而造成右股骨颈折断,但他仍抱病坚持从事普希金诗歌翻译和整理,共完成了近500首。

上述科研成果只是比较有代表性的一部分。1975年5月,天津举办了教育革命展览会,南开大学理科有多项重大科研成果入选,包括地震预报、石油测井、叶枯净农药、数控肋骨冷弯机、彩色电视显像管和摄像管、特殊用途的树脂等。这些科研成果是南开广大教职工在十分困难的条件下取得的,为国家发展做出了贡献。

"文化大革命"的结束

1976年极不寻常。1月8日,党和国家重要领导人、人民的好总理、南开杰出校友周恩来逝世。噩耗传来,全校悲痛。翌日,学校党委即召开了师生、干部和职工代表座谈会,各系各单位也纷纷组织悼念活动。然而,"四人帮"及其在津代理人不准人们佩戴黑纱和白花,不准开追悼会,不准张贴悼念周总理的大字报和大标语。他们将《南开大学学报》已印好的总理遗像、中央讣告、悼词和师生纪念文章强令撤掉,还下令追查到天津烈士陵园敬献花圈的师生。"四人帮"的倒行逆施激起师生们的强烈愤慨,学校领导甘冒集体受处分的危险,毅然决定在大礼堂设置灵堂,并于1月15日隆重召开了全校追悼大会。当年清明节前后,广大教职员工更是冲破"四人帮"的禁令,自发举行悼念活动,寄托对周总理的哀思。还有部分师生赶到北京,直接目睹或参加了在天安门广场举行的悼念周总理、声讨"四人帮"的伟大群众运动。

学校师生纷纷撰写回忆文章,深切缅怀周总理在南开的求学生活,缅怀他在新中国成立后3次回母校视察的情景,缅怀他对南开师生的深切关怀。杨石先在怀念文章中写道:

> 四届人大开会期间,周总理抱病坚持工作,并作了《政府工作报告》。总理这种彻底的无产阶级革命精神,给了我巨大的鼓舞力量。从那时起,我就下定决心,只要我一天还活着,就要为党的事业继续战斗。周总理对党、对人民、对毛主席的无产阶级革命路线,无限忠诚,鞠躬尽瘁。他代表党中央对知识分子进行的耐心教育和热情关怀,是我国广大革命知识分子所永远不能忘怀的。总理的革命一生,为我们树立了光辉的榜样。[1]

杨石先还向大家讲述了最后一次和周总理见面的情景。那是在1975年的四届全国人大一次会议期间,周总理百忙中抽空到天津代表团的休息室,跟每个代表握手交谈。杨石先看到周总理消瘦的脸庞,心里很难过,他向周总理转达了全校师生的问候。那时,周总理还笑着说:"向南开大学的同志们问好,将来有机会一定去看你们。"言犹在耳,敬爱的周总理却已与世长辞。但对南开人而言,无论时间过去多久,周总理都不曾离去。他的崇高理想和坚定信念,他的伟大人格和精神风范,永远是南开师生学习的楷模,永远激励着南开人砥砺前行!

1976年7月28日,唐山发生里氏7.8级强烈地震,波及天津,学校也蒙受重大损失,共有8名教工和23名学生不幸遇难,另有12名师生身受重伤,房屋震损2177间,实验室损坏稀缺、精密、贵重仪器设备43件。11月15日又发生强烈的余震。这两次地震,使学校房屋受损面积达95468平方米,占总面积的55%,直接经济损失超过500万元,南开园再次遭到重创。

在突如其来的灾难面前,广大教职员工没有退缩,而是团结一心,积极

---

[1]《南开大学教育革命通讯》第69期,1976年1月16日。

地投入到抗震救灾的各项工作中。学校紧急调运物资,在操场搭起地震棚,安置本校师生及教职工家属。当时,已75岁高龄的体育教研室主任侯洛荀,为了节约物资,坚决不让同事们为他搭建地震棚,和老伴睡在未倒塌的住宅外边。此外,学校还收纳了天津市和平区受灾居民970户,约4500人,直至80年代中期才全部撤出。恶劣的环境磨炼着南开人的意志,师生们在地震棚中坚持学习,教学科研工作从未中断。8月28日,党委召开全校大会,表彰了在抗震救灾中涌现出的16个先进集体和152名先进个人。此后,学校还派1975级全体学生和部分教职工千余人,奔赴宝坻县欢喜庄公社,参加当地的抗震救灾和支援"三秋"。

1976年9月9日,毛泽东主席逝世。学校师生和全国人民一道再次沉浸在巨大的悲痛中。毛主席逝世后,江青反革命集团加紧篡夺党和国家最高领导权的阴谋活动。10月上旬,中央政治局执行党和人民的意志,毅然粉碎了江青反革命集团。学校万名教职员工及家属隆重举行集会和游行,热烈庆祝这一伟大的胜利,愤怒声讨"四人帮"的滔天罪行。持续十年之久的"文化大革命"终于结束了。

南开大学在"文化大革命"中元气大伤。学校党政机构一度瘫痪,教学科研活动一度停止,校舍、教学设备、大批图书和贵重仪器也遭到严重破坏。许多教师几十年呕心沥血写就的论文、书稿,精心收集整理的图书、资料被抢劫一空;历史系教授吴廷璆积累的80余本教学、科研资料和学习笔记被付之一炬;中文系教授华粹深收集珍藏的京剧著名流派的近千张唱片,在全国都是罕见的珍贵资料,被毁坏殆尽……凡此种种,不可尽数。

在"文革"中,学校遭到打击迫害的干部、教职工人数之多,所占比例之大,以及受迫害程度之深,在天津基层单位中都是罕见的。学校党政主要负责人和各级领导干部都被扣上了"走资派"的帽子,绝大多数教师特别是老教师被打成"牛鬼蛇神""反动学术权威",青年教师被扣上"臭老九"的帽子。据"文革"结束后的不完全统计,全校有583人被非法立案审查,其中校级干部8人,中层干部56人,教授、副教授80人(占教授、副教授总数的

94%）；437人被牵扯进158件集团性冤假错案，246人受到不同程度的冲击，更有高仰云、陈序经、陈天池、戴立生、许政扬等21人被迫害致死。

但是，南开大学的教职员工，无论是遭受迫害还是一直坚持工作和先后恢复工作的，绝大多数是忠于党和人民的，对社会主义、共产主义事业的信念是坚定的。他们从没有动摇过热爱祖国和拥护党、拥护社会主义的立场！正因为如此，南开大学才能在拨乱反正后迅速进入发展的新阶段。

三、拨乱反正再踏征程

开展揭批查，落实党的政策

"文革"结束后，全校教职员工迫切期盼改变学校现状，尽快恢复南开的教学秩序和优良传统。1976年11月2日，校党委按照中央部署召开揭批"四人帮"反党集团罪行大会，各系各单位通过召开座谈会以及内查外调等方式进行自查工作。1977年11月，根据中央指示，驻南开大学工宣队、军宣队离校，结束了驻校9年零3个月的历史。1978年2月，臧伯平调任南开大学党委书记兼校长，崔希默调任党委副书记兼副校长。但由于受当时"两个凡是"错误方针以及天津市委某些负责人"捂盖子"、压群众的影响，"文革"错误在一段时期内没能得到彻底纠正，南开大学和其他高校一样在徘徊中缓慢发展。

从1978年上半年起，全国开展了真理标准问题的大讨论，从根本上否定了"两个凡是"的错误方针。8月15日，整顿后的天津市委派工作组进驻南开大学，王金鼎任工作组组长。[①]19日，学校揭批查运动领导小组正式成立，由臧伯平、崔希默、温宗琪[②]、滕维藻、胡国定组成，臧伯平任组长，崔希

[①] 1979年2月20日，天津市委驻南开大学工作组在完成任务后撤离学校。

[②] 1978年4月11日，中共天津市委组织部任命温宗琪为中共南开大学委员会委员、常委、副书记兼副校长。

默任副组长,下设揭批查运动办公室和落实政策办公室。在揭批查运动领导小组带领下,学校对"文革"中遗留下来的各类问题进行了系统、彻底的清理整顿,拨乱反正,正本清源。至1979年7月,学校的揭批查运动圆满完成。在此过程中,校、系两级共召开落实政策大会36次,为158件集团性冤、假、错案和437人平反昭雪,为228名被错划的右派摘掉帽子,对受到各种程度冲击的246人消除影响,对非正常死亡的21人做出实事求是的结论,并为其中的16人举行了追悼会和骨灰安放仪式。其间,学校于1978年12月12日召开了为"南开大学地下党特务集团"冤案落实政策平反昭雪大会,会上宣读了学校党委《关于为"南开大学地下党特务集团"冤案的平反决定》,正式为在这一冤案中受迫害的300余人平反昭雪,恢复名誉,并为他们受株连的家属、亲友消除影响。

政策落实,人心舒畅。受迫害的同志放下了包袱,仿佛重获新生。他们敞开思想,忘我工作,决心讨回被"文革"耽搁的时间。年近八旬的历史系教授郑天挺除给学生授课外,还积极撰写论文和著作,整理史集资料。他表示:"要放开胆子从事史学研究,为理论上的拨乱反正,提出自己的学术观点。"广大干部教师也在揭批查运动中普遍受到了教育,提高了认识,解放了思想,全校出现了安定团结的政治局面。

学校工作走上正轨

"文革"结束后,我国的教育和科学事业重新迎来了发展的春天。1977年8月,邓小平在中央召开的科学教育工作座谈会上指出,新中国成立以后17年,教育战线、科研战线的主导方面是红线,我国知识分子绝大多数是自觉自愿地为社会主义服务的。这就彻底否定了"两个估计"的错误提法。1978年3月,全国科学大会在北京举行,邓小平在会上强调"科学技术是生产力",并且代表中央明确提出,知识分子的绝大多数已经是工人阶级的一部分。这个客观公正的评价,一扫广大知识分子心头的阴霾,极大地鼓舞和调动了他们投身社会主义建设的积极性。1977年12月,根据中央精神,学校启动了多年未实行的调资工作,不久又恢复了"文革"期间中断的教师专业技术职称评定工作。

1977年末,党中央决定恢复高考制度,全国高校通过统一考试招收新生。① 南开大学成立了招生委员会,通过考试招收1977级新生896人。1978年2月17日,国务院转发教育部《关于恢复和办好全国重点高等学校的报告》。南开大学成为全国88所重点高校之一,开始实行教育部与天津市双重领导、以教育部为主的领导体制。1978年夏季,南开大学招收了877名本科生,并恢复了已中断12年的研究生招生制度,首批招收研究生116名。与此同时,学校还响应国家号召,按照天津市委的决定,在1978年开始试办分校,以数学、财经专业为主,为满足广大社会青年的入学需求做出了贡献。

1978年3月,邓小平在全国科学大会上代表党中央发出了"树雄心,立大志,向科学技术现代化进军"的号召,大会通过了《1978—1985年全国科学技术发展规划纲要(草案)》,并进行了表彰。杨石先参加了这次盛会,并荣获"在科技工作中做出重大贡献的科技工作者"奖。他回校后,向全校教职员工认真传达了大会精神。师生们精神振奋、热情高涨,学校的科学研究工作呈现出蓬勃发展的势头。同年,学校相继出台了《1978年—1985年教育事业发展规划(草案)》《关于发展电化教育的初步设想(1978—1985)》,成立了教学科研领导小组,提出要在今后8年为国家培养7000名大学生和1600名研究生,建立一批有特色的科研机构,使学校逐步发展成天津和华北地区教学科研实验基地的战略目标。学校开始有计划地选派教师和研究生出国进修,并积极地开展国际学术交流活动。

各系、各教研室的科研工作和学术交流活动也积极开展起来。物理系

---

① 1977年8月13日至9月25日,教育部在北京召开全国高等学校招生工作会议。10月12日,国务院向全国批转了教育部根据这次会议修订的《关于一九七七年高等学校招生工作的意见》。11月28日至12月25日,各地高等学校招生考试先后举行。被录取的1977级新生于1978年春季正式入学。

邀请物理学家任之恭和沈元壤,来校作有关微波激光和非线性光学方面的学术报告;历史系邀请全国政协常委、中国人民解放军军事科学院副院长何长工来校作革命传统教育报告;中文系召开了1978年度科学报告会,张清常、邢公畹等老教授和青年教师们共提交了11篇学术论文进行讨论。

是年10月,《全国重点高等学校暂行工作条例(试行草案)》(以下简称《条例》)开始在高校试行。《条例》是根据新时期的总任务和新经验、新情况,在1961年颁发的"高教六十条"基础上修改而成,仍为10章60条。按照《条例》的规定,学校的领导体制开始实行党委领导下的校长分工负责制,同时设立学术委员会,学校各方面工作逐步走上正轨,为改革开放时期的新发展奠定了坚实的基础。

第八章　改革开放 科教兴国

1978年12月，党的十一届三中全会做出把全党工作重心转移到社会主义现代化建设上来的战略决策，开启了改革开放和社会主义现代化建设新时期。伴随着中国特色社会主义实践探索的逐步深入，1987年党的十三大系统阐述了党在社会主义初级阶段的基本路线，其主要内容是"以经济建设为中心，坚持四项基本原则，坚持改革开放"。1992年邓小平南方谈话发表，进一步推动思想解放，深化社会主义改革。党的十四大明确了建立社会主义市场经济体制的改革目标。在这样的历史背景下，南开大学认真贯彻落实党中央的战略部署，围绕改革开放和社会主义现代化建设中心任务，及时进行学校工作重心的转移，学校教学、科研等各项工作在改革中卓有成效地推进，展现出南开大学在新时期的新风貌。

一、学校工作重心转移

1979年1月13日，学校召开教职员工大会，校党委根据党的十一届三中全会精神，宣布学校揭批查工作已进入收尾阶段，全校工作重点要逐步转移到以教学、科研为中心的轨道上来。2月初，校党委常委扩大会议决定，学校立即实行战略转移,把南开大学"办成教学和科研两个中心"。学校工作重心转移的大幕由此拉开。

落实党的知识分子政策

"文化大革命"时期,高等教育是重灾区,遭受的破坏十分严重,其中一个重要原因就是对知识分子的状况做出了错误估计。因此,正确认识知识分子在社会主义建设中的地位和作用,成为拨乱反正的一个极为重要的内容。如前所述,党的十一届三中全会后,学校在认真落实党的知识分子政策、平反冤假错案、充分发挥知识分子作用方面做了大量工作,取得了很大的成绩,为学校工作重心转移创造了安定团结的政治局面。

落实党的知识分子政策,关键在于充分信任和放手使用知识分子。学校认真贯彻邓小平关于"尊重知识,尊重人才"的重要指示,在落实政策过程中大胆使用知识分子,选拔了一批德才兼备的中青年干部进入各级领导班子,充分发挥他们的积极作用。1978年12月,张再旺出任南开大学党委书记,杨石先重新被任命为校长。数学家、教育家吴大任,史学家郑天挺,经济学家滕维藻,数学家胡国定被任命为副校长,分管教学和科研工

张再旺、臧伯平、杨石先等校领导出席会议

作。1981年，滕维藻出任校长。学校党委明确规定，教学和科研中的经常工作，校长决定后就付诸实施，要提交党委讨论的重大问题，请教授、专家制订计划，党委讨论批准后由他们贯彻施行。党委主要负责同志以身作则，带头尊重专家、教授们的意见，有些干部前来请示教学、科研工作，总是要这些干部先去请示有关专家。有几次，干部送来杨石先和吴大任关于与国外学校建立校际联系的待批文件，党委主要负责同志表示："杨老、吴老定了的就照办。"这样，全校逐渐养成了尊重专家、教授的良好风气，专家出身的校领导也能够顺利地行使职权。

学校党委充分尊重杨石先、吴大任、滕维藻等专家领导的意见。当时全校9个系领导班子的人选，一般都由他们提名，组织部门研究，党委讨论批准。这些专家，有丰富的领导教学工作的经验，立志恢复和发扬南开教育的优良传统，形成自己的办学特点和风格。在校党委的信任和支持下，他们主持恢复和加强基础理论课教学，配备业务水平较高、教学效果良好、有经验的教师担任教学工作，保证了基础课的质量。胡国定主持科研工作，很快调整了原有的科研项目，从人力、物力上保证了一批重点项目的进展，还根据科学发展趋势及四个现代化建设的需要，开辟了生物物理等新的研究课题，新建了数学研究所、分子生物学研究所及理论物理、固体能谱等8个研究室，在科学研究方面逐步形成了南开特色。

专家、教授担任领导职务后，校党委注意保证他们的科研时间，配备得力的干部担任教务处、科研处等职能处室的领导，以减轻专家的行政事务压力，同时为他们配备了科研助手。这样，杨石先等几位担任校领导的专家，都没有脱离他们原有的科研课题。杨石先每周有3个半天到元素所指导工作，研制成功了黄草灵等3种农药。胡国定在助手沈世镒的协助下，在数学信息论的研究方面取得了新成果。吴大任和郑天挺也分别在齿轮啮合原理和明清史等研究方面获得了进展。

1980年3月29日，《人民日报》以《改善党对学校工作的领导，南开大学重视发挥专家教授作用》为题，报道了学校实行党委领导下的校长分工负

第八章 改革开放 科教兴国

责制的情况,肯定这一领导体制发挥专家、教授的作用,推动了教学和科研工作的开展。到1985年底,校级领导班子9人中,大学文化程度的8人,占89%;中层以上干部274人中,大学以上文化程度的252人,占92%。党的知识分子政策的落实,极大调动了广大教职工投身改革开放和社会主义现代化建设的积极性。

学校还从解决知识分子遇到的实际困难入手,抓好后勤工作,建起了职工食堂、洗衣房和副食店等,为教师生活提供便利,并协同有关单位解决了家属区暖气供热和煤气供应问题,同时新建了一批职工宿舍、学生宿舍及教学楼,改善了广大师生的学习、工作和生活条件。

实现工作重心转移

党的十一届三中全会后,学校按照教育规律整顿教育工作,建立健全各项规章制度,继续整顿教学秩序,教学工作开始走上正轨。经过几年的不懈努力,特别是经过1984—1985年的整党工作,学校广大干部和教师逐渐

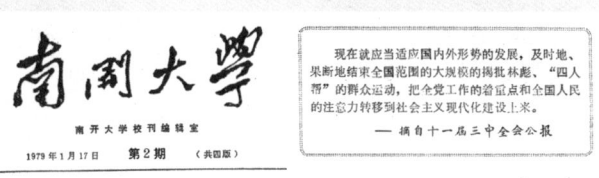

1979年1月17日南开校报报道

摆脱了"左"倾错误的思想干扰,普遍认识到学校的教学、科研等各项工作,都要围绕和服务经济建设这个中心来进行,都必须落实到多出人才、出好人才、多出高质量教学和科研成果上来。

根据《全国重点高等学校暂行工作条例(试行草案)》的有关规定,学校于1979年3月成立了学术委员会,负有对学校教育事业发展规划、科学研究、研究生培养和师资培养工作中的重大问题提出建议,评议重大科研成果及奖励事项,指导学报编审工作,评定教授、副教授及讲师职称,主持全校性的学术讨论会,组织参加国内和国际学术交流活动等职责。

■ 南开大学学术委员会会议

学校加强了对教学工作的领导,定期开展教学质量检查,召开教学经验交流会,建立校系领导听课制度,教研室恢复了教学研究活动,各系各专业重新修订或制订教学计划,制订教材编写规划,加强教材编写工作。1978年,南开大学作为教育部确定的学分制试点单位,在文科各系中实行学分制,第二年又在理科各系实行学分制。1982年,学校颁布《关于开设选修课问题的几点规定》,因材施教,提高育人质量。同时恢复了《南开大学学则》,并根据实际情况于1981年、1983年两次修订,使之更加完善、具体、明确,为稳定教学秩序、提高教育质量建立了良好的基础。

第八章 改革开放 科教兴国

重视基础理论课教学,是南开大学的优良办学传统。学校提出"本科教育是高等教育的基础"的指导思想,并以制度保障本科教学的中心地位。每年的教学检查或教学质量调查,都将基础课或基础技术课作为重点,并针对教学质量检查结果,提出注意教与学的效果,注意学生学习负担过重等问题的改进办法。1980年7月,学校召开学术委员会扩大会议,研究并通过《关于加强基础课教学的暂行规定》,进一步改革基础理论课的教学内容和教学方法,坚持理论联系实际的原则,重视生产实习、实验、设计等实践性教学环节,加强对学生实际能力的培养,更大范围地为学生开辟"第二课堂",使学生能主动地学习,既打好理论基础,又获得基本技能和实际能力的训练,增强社会实践活动能力。

为进一步调动学生学习的积极性、主动性,培养学生的创造能力,1985年5月,学校出台关于教学管理改革的九项措施,主要内容有:充分发挥学分制的优越性;学生修满本专业规定的总学分即可毕业;本科生可以转系(专业);实行"双学士学位"制度;允许本科生修满前两学年全部学分后按大专生毕业,颁发大专毕业证书;招收本科插班生;允许学生通过自修取得学分;严格考核;增设暑期教学环节。1986年5月下发《关于加强基础课教学的实施意见》,要求完善教学环节,把提高教学质量作为重点工作。1987年9月出台《关于开展课程建设评估和教学质量评估的暂行办法》,要求落实课程建设标准,认真开展教学质量评估活动,提高教学质量。

学校的科研工作也得到了重视和加强,恢复了在"文革"中被破坏和削弱的研究机构,组建了校、系(研究所)两级学术委员会,成立《南开大学学报》编委会,定期出版《南开大学学报》哲学社会科学版和自然科学版。科研队伍得到充实调整,1979年全校教职工总数为3489人,专职研究人员达268人,占到8%。1979年10月,学校召开第九届科学讨论会,邀请中国科学院副院长兼北京大学校长周培源、中国科学院副院长严济慈、中国社会科学院领导成员黎澍作学术报告,提交会议的300多篇论文反映了学校工作重心转移一年来的教学科研成果。

经过广大教师和科研人员的努力,学校涌现出一批科研新成果。在1978年召开的全国科学大会上,南开大学有28项科研成果受到表彰。在1979年国家108项重点科研项目中,南开大学承担和参加了16项。在1979年天津市科技成果奖励大会上,齿轮啮合原理研究、有机闪烁剂、新型离子交换树脂等3项成果获一等奖,16项成果获二等奖。学校还承担了"六五"期间国家重点项目13项,列入国家教委高等学校哲学社会科学博士点专项科研基金资助课题计划33项,在全国综合性大学中名列第二位。母国光院士研发的光学信息处理机符合军工产品设计定型标准投入应用,为国防科技事业做出重大贡献,并且在国际上首创黑白胶片作彩色摄影技术,被《科技日报》《中国科学报》、新华社、中央人民广播电台联合评选为"1991年中国十大科技新闻"之一。

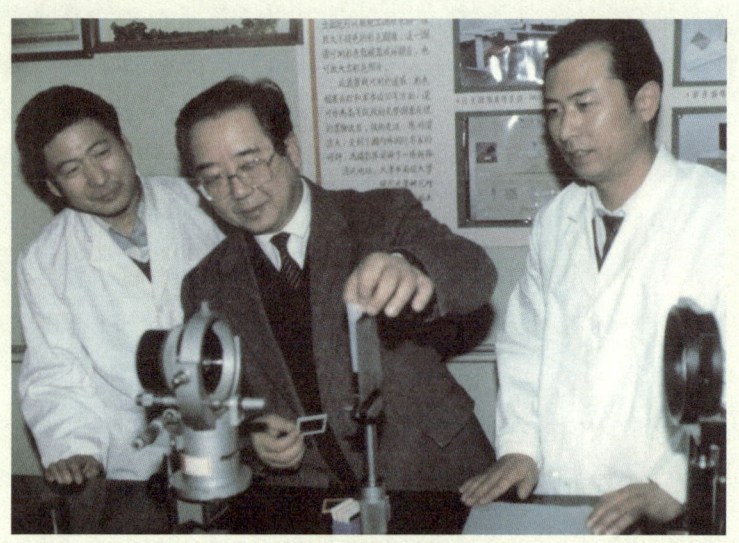

━━ 母国光院士指导光学信息处理实验

开展实践是检验真理的唯一标准大讨论以来,广大教师加强了对现实重大理论问题的研究,在学术界产生重要影响。粉碎"四人帮"后,我国哲学界亟须系统性的理论专著,陈晏清连续奋战,1979年撰写出版了20多万

第八章　改革开放　科教兴国

字的《"四人帮"哲学批判》，1983年撰写出版的《论自觉的能动性》，进一步对唯意志论进行了深入批判。滕维藻在全国率先开展跨国公司研究，主持编写《跨国公司剖析》，1978年由人民出版社出版，填补了我国世界经济研究领域的空白。1986年，学校举办了"跨国公司在世界发展中作用与中国的开放政策"国际学术讨论会，滕维藻担任大会主席，并同美籍华人王祖共同主编会议论文集，英文版于1988年在美国出版发行。他的专著《跨国公司的战略管理》获孙冶方优秀创作资金，论文《资本国际化与国际垄断组织》获孙冶方优秀论文奖。1987年，谷书堂在国内率先提出"按生产要素贡献分配"的观点，翌年参加全国经济体制改革研讨会，发言受到中央领导重视，为党和国家决策提供了重要理论参考，对推动我国经济体制改革发挥了重要作用。1980年，魏宏运主持编写并出版了我国第一部中国现代史教材《中国现代史稿》，先后被百余所大学的中国现代史专业选作基础教材。他突破传统史学研究范畴，将视野扩展到经济史、社会史等领域，从20世纪80年代初起，开展抗日根据地和华北农村社会研究，深入山西、河北、河南、山东等地进行调查访问，掌握大量第一手资料，先后出版了《抗日战争时期晋冀鲁边区财政经济史资料选编》《抗日战争时期晋冀鲁豫边区财政经济史资料选编》《华北抗日根据地纪事》《二十世纪三四十年代冀东农村社会调查与研究》等力作，在学术界产生重要影响。杨生茂先后出版《美国历史学家特纳及其学派》《美国史论文选》《美国通史》丛书(六卷本)等。

南开人为改革开放初期中国的教育体制改革也做出了贡献。1979年3月，吴大任写信给教育部长蒋南翔并送邓小平和副总理方毅，建议延长学制，改变"文革"后中小学学制缩短太多的状况。邓小平在吴大任的来信上批示："拟同意，改制的具体措施由教育部制定。"1981年，全国中小学学制延长至12年。也是在这一年，吴大任建议设立国家教育委员会，以统筹协调并领导全国教育工作。1984年，他再次提出该建议。1985年6月，全国人大六届十一次常委会决定撤销教育部，设立国家教育委员会。

为加快工作重点向教学和科研转移，学校党委坚持解放思想，积极探索师资队伍建设的新思路和新举措。为解决教学科研中的"大锅饭"问题，调动教师的积极性、创造性，提高工作效率，学校于1980年6月制定了《关于教师工作量制度暂行规定(讨论稿)》，特别提出对经验丰富、成绩卓著的基础课教师，每两年给予半年休假、进修和科研写作时间，并在晋职晋级时应予优先照顾。为解决校内某些单位人才密集和积压问题，1984年4月，学校就师资队伍建设问题制定了措施：本着人尽其才、才尽其用的原则，在校内外实行人才流动；着力培养学术带头人，鼓励中青年教师冒尖；对有成就的教学、科研人员实行轮流休假制度；为有成就的教授、副教授配备助手或建立由他们指导的学术梯队；制定切实可行的教师培养规划，帮助他们解决知识更新问题；等等。是年6月，学校成立师资处，统一管理教师培养工作。11月，制定出台了《关于加强青年教师业务培养的意见》，通过鼓励报考硕士研究生、在职研究生、助教进修班及选修研究生课程等途径，提高青年教师的业务素质。学校还通过国内外校际合作交流，选派教师到国内外高校进修，提高师资水平。

为更好地吸收国外先进经验，学校积极开展国际学术交流。1978年开始派出教师到日本进修学习。1979年7月，日本二松学舍大学中国语研究会代表团一行23人来校，与中文系教师座谈。1980年交流活动不断增多，而且呈现实质性交流特点。是年10月，日本爱知大学以校长曾神升为团长的访华团来校，就两校合作交流进行会谈，并签订《1980年度交流执行计划》。1982年，校长滕维藻率南开大学代表团一行5人，对美国进行了为期3周的访问，参观了明尼苏达、印第安纳、堪萨斯、密歇根、奥本尼、坦普尔、普林斯顿、斯坦福等8所著名大学，与一些学校达成了扩大交流的协议，确定了研究生交流计划，建立了实质性的联系。此次出访意义重大，恢复了南开大学与国际学术界中断了多年的往来交流，此后学校的国际学术交流活动更为活跃地开展起来。学校积极派遣教师出国进修和聘请外国专家学者来校讲学。1978年至1985年，全校派往国外进修学习387人，其中本科生16人、研究生151人、教师220人。这批师生回校后，绝大部分成绩显著，在提高学校的教学科研水平方面发挥了重要作用。

1982年党的十二大召开后，全校上下提高了对高等学校改革必要性和紧迫性的认识，普遍认识到不改革就没有出路，学校改革要以教学科研改革为中心，以多出、快出、出好人才和多出高质量的科研成果为目的，进一步加快了改革的步伐。在管理改革方面，主要是初步建立了各种岗位的责任制、考核制和奖惩制，同时把一些权力下放到系、所，以增强基层单位的活力。在后勤改革方面，加强了后勤工作和后勤职工为教学科研服务、为教职员工生活服务的教育，实行了各种形式的经济承包责任制，在一定程度上调动了广大职工的积极性，为保证办学做出了贡献。

学习、研究和传承周恩来精神

周恩来是南开大学的杰出校友。周恩来总理逝世后，纪念周恩来，研究周恩来，学习周恩来，在南开大学蔚然成风，周恩来的思想风范和精神品格亦在南开师生中得到代代传承和弘扬。

1979年2月，化学系有机化学专业1976级学生何乃知、苏鸣琪、刘亚东等给校党委写信，建议在校园马蹄湖中心岛上敬立周恩来总理纪念碑，使全校师生永远铭记周总理的关怀教诲。校党委常委会议采纳了这个建议。10月17日，南开大学建校60周年之际，全校教职员工8000余人隆重集会，举行了周总理纪念碑揭幕典礼。中共中央政治局委员、国务院副总理方毅为纪念碑揭幕，参观周恩来纪念室并题词"周总理英名万古流芳"。

十年后的1989年10月17日，南开大学建校70周年校庆日，周总理塑像在主教学楼前落成揭幕。塑像由南开校友和日本友人冈崎嘉平太等共同捐建，是著名雕塑家、中央美术学院教授傅天仇的最后一部作品。此后，每年的周总理诞辰、逝世纪念日和清明节，都会有大批南开师生、校友，或有组织或自发地前来敬献鲜花,缅怀这位南开最杰出的校友。

南开人将对周恩来总理的思念,化为学习研究周恩来生平与思想的实际行动。1979年3月,经教育部批准,南开大学周恩来研究室正式成立,成为国内第一家专门从事周恩来研究的科研机构(1997年6月在此基础上成立了周恩来研究中心)。是年,历史系与天津历史博物馆编辑出版《五四前后周恩来同志诗文选》。10月,周恩来研究室编辑出版了《南开〈敬业〉周恩来文选》和《南开〈校风〉周恩来文选》,选录周恩来求学期间发表在南开校刊《敬业》和《校风》上的部分文章。1993年,周恩来研究室刘焱主编《周恩来早期文选》,收入周恩来1912年10月至1924年6月的文稿303篇,2009年薛进文主编出版了《周恩来与南开》。成立40年来,南开大学周恩来研究室(中心)吸引、汇聚了一大批专家学者和有志青年从事周恩来生平与思想的研究工作,也取得了丰硕成果。

1988年10月,南开大学成功主办了首届周恩来研究国际学术研讨会。著名英籍女作家韩素音说:"我参加过许多国际会议,但像这次会议内容如此丰富,是少有的。"写过周恩来传记专著的美国威丁堡博士说:"我研究周恩来已12年了,多次在中国、日本、欧洲搜集有关资料,但不如在这里开四天会的收获多。"她称赞南开做了一件非常有意义的工作。此后,每隔十年,南开大学都要主办或与天津市委市政府、中国中共文献研究会等单位合办周恩来研究国际学术研讨会(2008年第三届会议后改为每五年举办一次),至2018年已成功举办五届,成为周恩来研究的重要阵地。

二、优化学科服务社会

改革开放新时期,学校适应社会主义现代化建设的需要,于1984年成立南开大学研究生院,同时利用学科基础好的优势,建立了一批新的专业和研究机构。文科重点增设了以财经类为主的应用型专业,并在此基础上于

1983年恢复了经济学院,理科则重点增设了交叉、边缘和高新科技类专业。从20世纪80年代中后期开始,学校文理并重的学科布局更加多元开放,逐步发展成为一所包括人文科学、社会科学、自然科学、技术科学、生命科学、管理科学以及艺术等多学科的综合性大学。

从社会学专业班到社会学系

在改革开放初学校新设立的一些学科中,有的是原来被取消、后来又恢复重建的,如法学、政治学、管理学、社会学等。"文革"结束不久,学校就前瞻性地恢复重建这些一度被视为"资产阶级伪科学"的学科。社会学学科是在1952年院系调整时被取消的,党的十一届三中全会后,著名社会学家费孝通想把国内停办多年的社会学恢复起来。他认为在大学里建立社会学系,是发展社会学学科的关键,为此多方联系。当时的政治环境乍暖还寒,"左"的影响根深蒂固,北京的一些高校心存顾虑,学术界对社会学也还是冷眼相看。滕维藻校长在得知费孝通的意愿和苦恼后,立即表态:北京没有高校办,南开可以办。

1980年,费孝通与南开大学社会学专业班学生在一起

南开人抓住了历史的机遇，为中国社会学的恢复重建做出了自己的贡献。当时社会学已中断近30年，人才严重断层，重建工作最重要、最迫切的是人才培养。学校接受费孝通的建议，在哲学系党总支书记苏驼支持下，经杨心恒多方努力，教育部于1980年12月批准南开大学建立社会学专业，并批准南开大学从全国重点大学三年级学生中选拔学员。1981年2月专业班开学，师资云集了国内外一批知名学者，来自全国18所重点大学的43名学员参加了学习。这个专业班的学生后来都成为国内外社会学教学与研究的骨干，被誉为中国社会学界的"黄埔一期"。

专业班第二学期开学不久，费孝通又提出了在专业班基础上开办研究生班的设想，得到南开大学的支持。1982年初，第一届研究生班开学，共录取研究生14名。此后，学校又于1985—1988年连续四年开办研究生班，每届招收研究生40人左右。1982年秋，南开大学正式成立社会学系，这是1952年以来中国大陆重点高校设立的第一个社会学系。

旅游系及经济学院的组建

改革开放和社会主义现代化以经济建设为中心，需要大量相关专业人才，这一社会经济发展形势为南开大学旅游、经济、管理等学科的复苏和发展带来了历史机遇。

南开大学旅游系是"文革"后在老九系基础上新建的第一个系，同时是国内高校第一个也是当时唯一一个旅游系。随着改革开放的深入，我国旅游业获得很大发展，国家急需旅游人才，决定兴办旅游教育。历史系老校友席潮海时任国家旅游局办公室主任兼政策研究室主任，提议在南开大学开办旅游专业，国家旅游局可给予帮助。尽管如此，学校筹办旅游系时，校内外阻力很大。因国内尚无先例，校领导层意见也不尽一致，有人认为旅游学科没有学术含量，是培养导游，不适合在大学里搞，不少专家学者甚至觉得南开大学搞旅游不像话，此事一度被搁置。后来知悉美国夏威夷大学也有旅游系，为慎重起见，学校派专人做了进一步调研，了解社会需求及世界一流大学开办旅游专业的经验。经过反复征求意见和论证，学校领导班子最终形成了共识：旅游业在中国将是一个大有可为的新兴产业，中国现在需要这个产业，那么学校就要根据国家的需要来发展这个产业；旅游既然是一个产业，那么它需要的就不仅仅是导游，更需要产业发展的战略规划和一大批高素质的管理人才，这绝不是中专教育所能胜任的，高等教育必须发挥作用。于是，学校决定设立旅游专业并向教育部提交了申请。

南开大学与国家旅游局合作办学，图为旅游系教学楼奠基仪式

1981年5月，经教育部批准，在南开大学历史系增设了旅游外语专业，招生50名（翌年100名）。南开大学成为全国第一批设立该专业的高等院校。国家旅游局也于同年为南开大学拨款250万元，翌年追加160万，作为建设旅游教学大楼和开办专业的经费。两年后，南开的旅游专业发展成系，从历史系分离出去。旅游系首任系主任是经济研究所教授何自强。南开大学旅游系成立后，为社会培养了大批优秀旅游高级管理人才，被誉为中国旅游业的"黄埔军校"。

旅游系的成立使学校领导层进一步认识到开门办学的好处，加之此前教育部表示，希望南开大学恢复传统优势学科，因此恢复组建经济学院被提上了议事日程。

南开大学的经济学科实力雄厚,早在1931年就成立了经济学院,由文学院经济系与社会经济研究委员会合并而成,在当时中国高校的主要任务还是教学的情况下,承担教学与研究双重任务,在全国尚属创举。后来受计划经济影响,南开大学经济学院在1952年、1954年、1958年的三次院系调整中被不断削弱,直至院一级的建制被取消,经济类学科或裁撤、或合并、或调出,原来学科完整的经济学院变成仅有一个政治经济学专业的经济系。党的十一届三中全会做出党和国家工作重心转移到经济建设上来的战略决策,不仅为中国经济社会发展注入了生机活力,也为南开大学经济学科的复兴带来了契机。学校抓住历史性机遇,在当时人力、物力、财力极为困难的情况下,决心大力发展经济学科,重建南开大学经济学院。

1981年11月,校党委决定先尽快恢复财经科系,并成立在校长直接领导下的经济学院筹备组,下设办公室做具体工作。校党委书记张再旺对负责筹建事宜的李万华说:"你们去跑,只要能争取到投资,你们就大胆进行。"1983年1月,南开大学经济学院的恢复重建获得教育部批准,谷书堂任院长,李万华任党委书记。南开大学也因此成为国内综合性大学中率先恢复学院制管理体制的学校。

经济学院的成立,避免了众多系、所各搞一套"小而全"的弊端,全院统一管理,统筹安排,教学科研力量得到整合与加强。几年内,在原来经济学系、管理学系、金融学系、旅游学系和经济研究所的基础上,又根据经济社会发展需要,陆续增设了会计学系、国际经济学系和国际经济研究所、人口与发展研究所、交通经济研究所、台湾研究所、国际保险研究所,南开经济学科进入全面发展的新时期。1987年9月,在国家重点学科首次评审中,南开大学的世界经济、国际金融、政治经济学被评为国家重点学科。1988年时,经济学院已拥有硕士学位授权点13个、博士学位授权点7个,学生达2000余人。至1993年重建十周年时,经济学院已由过去的4系1所发展为6系6所,整体规模、办学效益、学科基础、科学研究、人才培养的总体水平在全国经济学科领域处于前列,成为国内领先、国际知名的经济学人才培养基地,经济科学研究创新基地,国际学术交流基地,中国经济改革与发展的重要思想库。

文理并重的学科布局更加多元开放

党的十一届三中全会后,为了适应改革开放和社会主义现代化建设需要,充分发挥综合性大学学科优势,学校提出了"主动适应社会发展需要,积极改造调整现有学科,发展新学科专业"的办学思路,以及"加强基础,着重提高,发挥优势,补充短线"的具体方针,在加强基础性学科的同时,发扬传统特色,挖掘发展潜力,积极建设国家迫切需要的应用类学科。

滕维藻校长对当时的形势有着清醒的认识,深刻指出:"随着形势的发展,我们国家急需大批哲学社会科学方面的人才,特别是一支庞大的受过高等教育的文化、理论队伍,党政干部队伍以及大批财经、政法、各类管理人才。这类人才无疑要由大学文科教育来培养。但目前的状况是:高等学校文科水平迫切需要提高,应用文科人才奇缺,亟须加速培养。据预测,到2000年,财经人才需要增加10倍,政法人才需要增加27倍,管理人才需要增加17倍。显然目前高校培养文科的能力和社会需要之间的差距太大了。""搞经济建设,实现四化,赶上世界先进水平,无疑需要掌握自然科学知识,但是只有这方面的知识,还是不够的。四化建设中许多理论问题和实际问题,要由哲学社会科学来解决。""发挥综合大学的有利条件,深挖潜力,积极发展文科教育,为国家输送急需的人才,是我们义不容辞的责任。"

为此,学校主动调整文科专业结构,在加强基础性学科的同时,积极发展应用性学科,适当增加经济、管理、政法专业学生的比例,以适应国家发展的迫切需要。这一大力发展高校文科教育的做法,完全符合后来国家教委印发的有关文件精神。

到1985年,学校新增了文科十系,即法学系、管理学系、社会学系、金融学系、旅游学系、政治学系、图书馆学系、东方艺术系、会计学系、国际经济系；新建了博物馆学、法学、旅游外语、经济管理学、金融学、社会学、价格学、旅游经济管理、图书馆学、思想政治教育、编辑学、保险学、农业金融、审计学、逻辑学、管理信息系统、房地产经济、行政管理等国家急需的应用性专业。南开大学的文科建设也因此走在了全国高校的前列。

在构建专业、系科比较齐全的文科学科体系的同时，为了迎接新技术革命带来的挑战与机遇，学校面向国家发展需要和世界学术前沿，增设了应用化学、分子生物学、生物工程学、计算机科学、系统科学、电子科学与技术、环境科学等新兴学科，在国内率先成立高分子化学、分子生物学、数学、现代光学等研究所。1983年将计算机科学与系统科学两门学科结合起来创办计算机与系统科学系，以及建立国内综合性大学中第一个环境科学系，均可谓全国创举、南开特色。

进入20世纪80年代中后期，南开大学已经改变了延续多年的9个系、18个专业、2个研究所的传统格局，到1985年时，已有21个系、47个专业、10个研究所，还在全国高校中比较早地成立了经济学院，成为一所包括人文社会科学、自然科学、技术科学、生命科学、管理科学及艺术等多学科的综合性大学，形成了"文理并重、基础宽厚、突出应用与创新"的办学特色，为新时期培养各学科高级人才奠定了良好的基础。

三、围绕"三个面向"启动全面改革

1983年10月1日，邓小平为北京景山学校题词："教育要面向现代化，面向世界，面向未来"，为新时期我国教育体制改革和发展指明了正确的方向。遵照"三个面向"的重要指示，南开大学在国内进一步推动了教育的全面改革，到1989年5月，学校印发《南开大学综合改革纲要》，教育改革全面推开。

坚持党的领导，推进各项改革

1979年1月，全国高等学校科学研究工作会议提出："充分发挥行政系统的作用，吸收学有专长、富有经验的教师担任领导职务，摸索实行党委领导下校长分工负责制的经验"，根据这一精神，学校在领导体制上实行党委领导下的校长分工负责制。1982年3月，出台了《南开大学行政会议制度暂行规定》，明确提出要贯彻党委领导下的校长负责制，加强行政指挥系统。

1984年1月，校党委第六次常委会议决定，在领导体制上实行党委领导下的校长负责制，明确党委的领导主要是政治思想上的领导，保证正确的政治方向，凡涉及党的路线、方针、政策和学校重大决策问题，应由党委讨论决定，学校的日常教学、科研、行政、后勤等领导工作，应当放手由校长统一指挥、全面负责，在校长统一领导下，各位副校长明确分工。这次会议同时决定，加强党委对组织、人事和保卫工作的领导，并筹建校务委员会。12月，校务委员会正式成立，作为学校最高咨询机构，由教师、干部、工人和学生组成，在校长领导下，对学校贯彻执行重大方针、政策，决定有关行政工作重大问题发挥咨询作用。

1985年5月，中共中央、国务院召开了改革开放以来第一次全国教育工作会议，出台了《中共中央关于教育体制改革的决定》，提出教育必须为社会主义建设服务，面向现代化，面向世界，面向未来，为90年代以至21世纪初叶我国经济和社会发展准备合格人才。为贯彻落实中央决定，推动学校改革深入进行，是年12月，中共南开大学第三次党员代表大会召开，李原在会上作了题为《坚持改革，提高质量，在更坚实的基础上阔步前进》的报告。报告中提出，学校发展的战略目标是：本着改革、更新、充实、提高的原则，在大力改造、提高老专业的同时，发展技术科学和应用性文科，建成包括自然科学、技术科学、社会科学、管理科学，站在新兴、边缘学科前沿的综合性的研究型大学。

会议选举李原为党委书记。

这次会后,学校下大力量加强党内制度建设,制定了《发展党员工作程序》《关于严格发展党员程序及其补充规定》《关于在党员中开展自评互评活动的意见》《优秀党员测评要素》《关于党员半年过一次民主生活会的制度》;党员领导干部坚持过好双重组织生活的规定;校、系两级领导干部建立学习中心组坚持学习日的制度;常委定期向党委全委报告工作和定期听取校长工作汇报制度。

学校党委认真贯彻《中共中央关于教育体制改革的决定》,进一步明确党政分工,理顺关系,加强管理;同时,建立教职工代表大会,加强民主管理和民主监督,充分发挥校务委员会和学术委员会的作用。1986年,母国光出任南开大学校长。第二年10月,学校建立起校长主持的校务会议制度,会议成员由党委正副书记、纪委书记及正副校长组成,研究讨论学校行政工作中的重大问题。

在治理整顿、全面深化改革的新形势下,中共南开大学第四次党员代表大会于1989年3月召开。温希凡作了题为《振奋精神,深化改革,积极发挥党组织的政治核心作用》的报告,明确提出学校改革发展的战略目标是:着眼于21世纪的竞争和世界新技术革命的挑战,逐步在教学和科学研究方面达到发达国家的先进水平,把我校办成有中国特色的社会主义新型综合大学。

会议选举温希凡为党委书记。

此后,根据中央文件精神,学校在领导体制上实行党委领导下的校长负责制,同时加强了校党委对工会、共青团和学生会的领导,加强了党委统战工作,支持各民主党派搞好自身建设,充分发挥他们在学校工作中的积极作用。1990年5月,学校党委向全校中层以上党员干部传达了全国高校党建工作会议精神,提出南开贯彻落实会议精神的具体意见,并强调着重抓好两方面的工作:一是进一步完善党委领导下的校长负责制,理顺党政关系,明确党政职能;二是精心组织好党员登记工作,加强基层党支部的建设。

第八章　改革开放　科教兴国

■ 李原、温希凡、滕维藻等校领导参加活动

随着改革开放的全面推进，学校党委不断加强党的建设，采取多种措施，健全党的组织生活，要求充分发扬社会主义民主，团结一切可以团结的力量，强调对不同意见决不能压制，要坚持民主基础上的集中、集中指导下的民主，进一步贯彻群众路线，充分调动全校教职员工的积极性、主动性和创造性，巩固、发展安定团结的大好局面，保证了学校各项事业的顺利进行。

为了推动改革开放初期学校工作重心的转移，确保把学校建成教学和科研中心，校党委大力整顿思想作风，强调解放思想、实事求是、按照党的政策和原则办事，在实践中检验真理和发展真理，改变在"文革"中形成的"吃老本、混日子、图轻松"的思想和"软、懒、推、拖"的坏作风。特别是从端正思想路线入手，不断清除"左"的思想影响，认真解决优秀知识分子入党难的问题。

来新夏就是当时这方面的代表之一。他于1951年到南开大学工作，教学研究成绩突出，并在1956年提出了入党申请，但一直由于各种原因而未能解决。其后，在历次政治运动中他都是审查对象，"文革"中还遭受迫害，但他始终没有动摇对党的信念。经过长期考验和严格的组织考察，1984年11月，再次申请入党的来新夏终于获得党组织批准，成为中国共产党的正式党员。

1987年6月，年届79岁的著名经济学家杨敬年被批准为中共预备党员。杨敬年年轻时就追求光明和进步，获得牛津大学博士学位后，毅然回国从事教育事业，担任南开大学教授。新中国成立后更是一心要为党和人民奉献聪明才智，但不幸在历次政治运动中屡受冤屈。但他不怨不颓，对党和人民始终充满信心，达观面对逆境。1979年他的问题得到改正并恢复职称时，虽已年逾古稀，但仍满怀"欲为国家兴教育，肯将衰朽惜残年"的激情，重登讲台，教书育人。

1987年，杨敬年在他的《中国共产党入党志愿书》中这样写道：

> 我今年79岁，出生于湖南汨罗县一个贫苦农民的家庭，自幼没有父母，全靠劳动人民的血汗，得以进入大学并出国留学，一生走过了曲折坎坷的道路，经历了新旧两种社会和中外两种社会的生活和对比。在全国解放以后的38年中，通过历届政治运动、理论学习和体力劳动，在世界风云变幻、国运盛衰兴替、个人升沉荣辱的遭际中，使我深刻认识到祖国光辉的过去和灿烂的未来，深刻认识到中国共产党的光荣、正确和伟大，深刻认识到马克思列宁主义是颠扑不破的真理，深刻认识到社会主义和共产主义是人类共同的归宿。因此，我油然产生了热爱祖国、热爱社会主义、热爱党的深厚感情。党的十一届三中全会以后，党的政策给了我新的政治生命，我下决心要使自己从一个怀抱"天下兴亡，匹夫有责"夙愿的知识分子转变为一个自觉的共产主义战士，为党的事业贡献自己的一切。我渴望在党的直接教育下，克服自己的缺点和弱点，为党和中国人民的事业献出自己的余年。

100岁高龄时，杨敬年在《期颐述怀》一书中深情回顾："我于1984年6月29日申请入党，1987年6月6日获得批准为中共预备党员时年79岁，一年后如期转正，我感到这是我一生最大的幸福。我40岁时得到牛津大学博士学位，80岁时成为共产党员，都花费了40年的时间，才实现自己的夙愿。但

第八章　改革开放　科教兴国

牛津博士只是求学的顶峰，共产党员才是做人的顶峰，二者不可相提并论。"

退休后，杨敬年仍孜孜不倦坚持工作、笔耕不辍。88岁时，撰写了20多万字的专著《人性谈》；90岁时，翻译完成74万字的经济学世界名著《国富论》；百岁高龄时，撰写出版了27万字的自传《期颐述怀》；105岁时，口述一万多字，对《人性谈》进行修订再版。2016年9月4日，杨敬年逝世，享年108岁。杨敬年用一生的追求，诠释了南开人信仰坚定、百折不回的精神和对党对人民教育事业的忠诚。

坚持正确方向，加强思想政治工作

为培养德智体全面发展的社会主义建设人才，学校党委高度重视学生的思想政治工作，于1983年12月成立了党委学生工作部，具体负责在学生中开展思想政治工作，引导学生把思想统一到党的路线方针政策上来，统一到党中央的一系列重大决策上来，做合格的社会主义现代化建设者。

20世纪80年代中后期，随着改革开放的全面推进，社会上出现了自由化思潮，对高校师生产生了一定的负面影响。对此，学校党委坚持正确的政治方向，不断加强思想政治工作，引导广大师生认清形势、明确使命，处理好自由与纪律、民主与集中、个人与集体和国家的关系，坚持四项基本原则，抵制资产阶级自由化。

1986年底的学潮后，学校党委通过对学潮的反思，明确提出要增强工作的预见性、主动性，及时发现苗头，坚持教育、疏导，把问题解决在萌芽状态的工作方针，总结出以专职政工干部为骨干、以广大教师为主体、以学生骨干为基础，共同做好学生思想政治教育工作的经验，并相应推出了一系列举措，鼓励马列教学部教师针对当时部分学生中存在的模糊认识，深入研究，撰写有一定理论深度的文章、教材、专著等，收到了较好的教育引导效果。

1987年3月，学校党委召开学生工作会议，按照中央有关精神，明确了学生工作的指导思想，规划学生思想政治教育将分层次、分阶段从十个方面进行：系统的马列主义理论教育；形势和任务的系列教育；系统的社会实践教育；全体教师关心学生思想，教书育人；疏通民主渠道，活跃民主气氛；加强学生积极分子队伍的建设；恢复校系两级的党课制度，健全和加强组织生活与党员培训工作；加强学生党员对马列原著的学习；做好个别人的思想教育工作；加强学生工作队伍的建设。学校还出台了《关于教师兼职做学生思想政治工作的规定》《关于加强专职学生政工队伍建设的几项规定》等文件，加强了专兼职学生思想政治工作队伍建设。

1989年春夏之交，极少数敌对势力利用我们党在工作中的失误，利用人民群众对腐败现象的不满，在当时国际的大气候和中国的小气候下，掀起一场有计划、有组织、有预谋的政治动乱。在这场涉及全国的政治风波发生时，学校党委坚决贯彻党中央的各项指示，带领广大党员和教职员工努力维护正常秩序。政治风波平息后，学校党委把保持学校稳定作为压倒一切的政治任务，积极稳妥地进行了政治教育和思想整顿、组织整顿工作。

在学生的思想教育中，加强和改进了马克思主义理论课和思想品德课教学，开设了形势与政策必修课，并采取多种教育方式和途径，深入开展了坚持党的基本路线教育，进行了坚持四项基本原则、反对资产阶级自由化和"两史一情"①教育，利用建校70周年敬立周恩来塑像的时机，大力宣传周恩来精神，学习周恩来早在青年时代就建立的"我认的主义一定是不变了"的崇高革命理想，对广大师生进行坚定信仰的励志教育。开展了多种形式的社会实践活动，引导广大学生坚定正确的政治方向，树立勤奋学习、成才报国的雄心壮志和正确的人生价值观。同时，把思想教育同严格管理结合起来，整顿课堂、学生宿舍和校园秩序，校风学风明显改善。

与此同时，教师思想政治工作得到了加强，完善了对教师政治理论学习的领导，深入进行党的基本路线教育。组织青年教师到农村参加社会实践，

---

① "两史一情"即中国近代史、现代史及国情。1989年政治风波后，中共中央总书记江泽民多次强调，"要对小学生(甚至幼儿园的孩子)、中学生一直到大学生，由浅入深、坚持不懈地进行中国近代史、现代史及国情的教育"。

第八章 改革开放 科教兴国

引导教师积极开展教书育人活动,并对表现突出者予以鼓励和表彰。通过多种渠道了解群众的关注,倾听群众的呼声,努力为教职工办实事。

1993年2月,中共南开大学第五次党员代表大会召开,洪国起作了题为《加强党的建设,解放思想,深化改革,为把我校工作推上一个新台阶而奋斗》的报告,提出学校在"八五"期间改革和发展的目标是:经过几年的努力,使学校规模有较大发展,学科结构更加合理,教育质量、学术水平和办学效益明显提高,建成立足国内培养高层次人才和发展高科技的重要基地。要在博士生导师和博士生数量、教学经费、科研总经费以及预算外收入等方面有大幅度提高,使我校的综合实力处于国内重点大学的前列,并为今后的发展打下坚实基础。

会议选举洪国起为党委书记。

■ 1993年2月,中共南开大学第五次党员代表大会召开

从1989年3月中共南开大学第四次党员代表大会召开,到1993年2月第五次党员代表大会召开,四年间学校共发展党员716名,共有19个党支部获得市级或校级先进党支部称号,83人在党内受到校级以上表彰,在劳动模范、"七五"立功授奖者、"三育人"等先进个人中,共产党员占了绝大多数。学生的政治素质也都大幅提高,学生党员510名,占学生总数的6.39%,申

请入党的1169名,占非党员学生总数的14.67%,还涌现出近200个学生马列著作和党章学习小组,成员达2000余人。

坚持开放办学,推进综合改革

1988年,南开大学被国家教委确定为综合改革试点院校。学校认真贯彻国家教委提出的深化教育改革的指导思想,着手制定综合改革纲要。1989年5月,《南开大学综合改革纲要》正式印发,提出了"社会主义是方向,学科建设是龙头,深化改革是途径,提高质量是中心"的改革思路。1990年5月,学校出台《南开大学近期综合改革纲要实施要点》。同年11月,又制定《南开大学十年规划和"八五"事业计划》,明确改革的战略目标是:贯彻"教育要面向现代化,面向世界,面向未来"的方针,着眼21世纪的竞争和世界新技术革命的挑战,在教学和科学研究方面把南开大学办成国际先进水平的有中国特色的社会主义综合大学。

在上述改革指导思想的指引下,学校启动了深入系统的全面改革。学校首先从机构改革和干部调整抓起,进行管理体制改革。一是加强领导班子建设,将德才兼备、年富力强、能打开工作局面的同志选拔到各级领导岗位上来,逐步实现各级领导班子革命化、年轻化、专业化和知识化。二是坚持民主集中制,加强党委领导,充分发挥行政作用,克服"分散主义和各自为政现象",既要避免家长制、个人说了算,也要避免各执己见、莫衷一是、优柔寡断、议而不决、决而不行。三是明确职责,建立健全岗位责任制,建立并逐步完善一整套办事制度,明确处理工作的程序,办事制度化,克服多年以来办事杂乱无章现象,使改革步步深入并健康发展。经过改革,学校精简了机构,缩减了人员,调整了班子,改变了内部机构庞杂、运转不灵、渠道不通、干部老化、办事效率低的局面,职能部门的作用得到有效发挥,有职有责有权,改变了职责不清、扯皮推诿、遇到事情无人负责的情况。

学校还坚持"面向基层、加强基层、依靠基层",通过下放权力,使基层单位有更大的自主权、主动权,从而把管理体制改革真正搞活。1984年,学校改革人事制度,下放调配权限,由原来学校统一掌握使用劳动指标的做法,改为实行年度"控编"、指标下分各单位自行掌握使用的办法;由原来校长审批,改为系所领导审批;从推荐制改为推荐、招考结合的选人办法。1985年,学校进一步在人事、财务、教学、科研等方面,扩大系(所)18项管理权限,进一步改变过去那种学校统得过死、过多的弊端。这轮改革启动不久,学校又做出《关于扩大系所研究生工作职权的若干规定》,在招生、录取、培养、管理、确定硕士生导师人选等方面给予系(所)更大的自主权。

在办学体制改革方面,20世纪80年代初期,学校开始进行开放办学、优势互补、合作共赢、创新发展的探索,并且迈出了实质性步伐,取得了较好的成效。面对改革开放初期国内高校群雄竞起的局面,刚刚遭受过人祸("文化大革命")天灾(唐山大地震)的南开大学,在发展中遇到了诸如资金短缺、空间受限等严峻的挑战。面对种种挑战,南开人靠着"越难越开"的精神,不等不靠,积极推进办学体制改革,率先采取与政府部门和金融机构合作办学的方式筹措资金、培养人才,为中国高等教育改革提供了新的经验。经过不懈努力,南开大学先后与国家旅游总局、国家物价局、国家统计局、审计署、中国人民银行总行、中国农业银行、中国石化总公司等签订协议,创办了旅游、金融、保险、会计、统计等专业,为这些部门和单位培养人才。从1985年起,学校还连续为国务院特区办公室举办对外开放领导干部培训班,为国家扩大对外开放培养高素质干部队伍。如今,在中国金融、保险领域和旅游、物价、统计、经济管理等部门,汇集着一大批才华出众的南开校友,其中很多就是当时合作办学培养的优秀人才。

南开大学探索的这种高校与政府部门和企业合作办学的新模式,冲破了计划经济体制下关门办学的旧框框,打破了办学经费来源渠道单一的旧模式。据统计,从1981年至1984年,上述合作单位给南开大学的投资总数为2775万元(不包括小额零星投资)。在改革开放初期,这是一笔相当可观的款项。当时教育部平均每年下拨给南开大学的基建经费仅400万元左右,学校依靠合作办学争取到的资金，相当于教育部每年下拨基建专款的6倍多，这一探索极大地缓解了办学经费紧张的困难。学校利用这些资金，建成了建筑面积达25785平方米的经济学院楼群，为经济学院的发展提供了办学空间。学校还修建了旅游系大楼（现第七教学楼）、数学楼、西南村教工住宅楼、学生宿舍、分子生物楼等，校园内的道路桥梁也得到维护和修缮。办学条件的改善，为学校进一步的发展奠定了坚实的物质基础。

后勤管理体制改革方面，学校进行了后勤服务工作逐步社会化的探索。强调努力搞好国家、集体、个人三者利益相结合的职工福利和与劳动成果相联系的承包责任制，推行事业单位企业化管理，实行管理、有偿服务、经营职能分开和人员合理分流，积极推进后勤工作的社会化发展。通过改革，后勤部门和人员强化了服务意识，更好地投入到为教学、科研服务的工作中。

师资队伍建设方面，学校在加强对现有教师培养的同时，充分挖掘海外校友、国际友人、合作院校的人才资源潜力，积极引进著名外籍华裔教授来南开大学，创办新的学术机构，开辟新的学科领域，充实教师队伍，培养具有国际视野的人才。这是南开大学又一项开风气之先的创举。校长母国光曾说："一个大学，有人才就有基础，有基础才有未来。把师资问题放在至

—— 1977年邓小平会见著名数学家陈省身

关重要的位置,这样才是正确的路子。"

1984年,经邓小平批准,教育部聘请国际数学大师陈省身担任南开数学研究所所长,陈省身也成为改革开放后我国引进的第一位外籍高层次人才。陈省身于1926年考入南开大学理学院算学系,毕业后考入清华大学研究院。1934年,赴德国汉堡大学攻读博士学位,1936年赴法国巴黎做博士后研究。全面抗战爆发后,陈省身回国到西南联大任教。1943年,他受邀赴美国普林斯顿高级研究所从事研究工作,在那里完成了"一生最得意的工作":给出了高维黎曼流形上高斯—博内公式的内蕴证明,并发现了"陈省身示性类",从而开创了整体微分几何的新纪元,对数学乃至物理学的发展产生了极其深远的影响。他曾获得美国国家科学奖、沃尔夫奖、邵逸夫奖等诸多重大奖项,在国际上享有盛誉。

■ 1985年南开数学所成立,陈省身担任首任所长

1972年,随着中美关系改善,陈省身开始回国访问讲学。他在一首《回国》诗中写道:"飘零纸笔过一生,世誉犹如春梦痕。细看家园成乐土,廿一世纪国无伦。"从1978年开始,陈省身在和吴大任等友人交流时,就流露出想建立南开数学研究所的意愿。1984年受聘担任所长后不负重托,第二年在南开大学创办了南开数学研究所。他曾深情地说:"我把最后一番心血献给祖国,我的最后事业也在祖国。我要为中国数学的发展鞠躬尽瘁,死而后已。"

2002年8月,国际数学家大会在北京举办,江泽民、温家宝、李岚清等接见中外数学家

  南开数学研究所成立之初就提出了"立足南开、面向全国、放眼世界"的办所宗旨,成为我国高级数学人才的培养基地。当时南开数学研究所的所长、副所长、学术委员会成员都由国家教委任命,学术委员会主席是中国数学会理事长吴文俊,委员中有诺贝尔奖获得者杨振宁、中国科学院院长周光召、北京大学教授姜伯驹等著名学者。陈省身运用自己的学术影响力,每年邀请国内外专家学者来南开讲学或做研究。1986年,杨振宁被聘请在南开数学研究所内创建理论物理研究室,与陈省身共任总负责人和学术指导。李政道、李远哲、吴健雄、袁家骝、丘成桐等著名科学家来此参观后,一致称赞南开数学研究所的创办是一件了不起的事,具有深远意义。陈省身立志将中国由数学大国建成数学强国,并为此做出了重要贡献。在他的努力下,2002年,国际数学家大会成功在中国举办。2018年,陈省身被评为改革开放40周年最具影响力的外国专家。

  1979年,在加拿大执教的中国古典诗词研究专家叶嘉莹应邀来南开大学讲学。叶嘉莹1945年毕业于北京辅仁大学。她自幼深受中国古典文化熏陶,后辗转中国台湾、美国、加拿大等地求学、讲学,把中国古典诗词传至四海。1969年,她定居加拿大温哥华,任加拿大不列颠哥伦比亚大学终身教授,

1990年被授予"加拿大皇家学会院士"。1974年,叶嘉莹回国探亲,在长诗《祖国行》中写道:"卅年离家几万里,思乡情在无时已。一朝天外赋归来,眼流涕泪心狂喜。"那次探亲,让叶嘉莹萌生了回国任教的念头:"把一切建在小家小我之上,这不是一个终极的追求,我要有一个更广大的理想,因此

■ 1979年叶嘉莹(前排居中)应邀来南开讲学

■ 叶嘉莹为学生讲授中国古典诗词

决定回国教书，将古代诗人们的心魂、志意这些宝贵的东西传给下一代。"从1979年开始，叶嘉莹利用假期自费回国义务讲学，写下了"书生报国成何计，难忘诗骚李杜魂"的诗句。她应邀到北京大学、南开大学、南京大学、复旦大学等几十所大学讲学，足迹遍布祖国大地。她将西方文论引入古典文学研究，其诗论新意迭出，别开境界，在学术界产生了重大影响。1993年1月，叶嘉莹在南开创办中国文学比较研究所并担任所长。1999年，该所更名为中华古典文化研究所。2015年，迦陵学舍启用，叶嘉莹定居南开大学。2016年，叶嘉莹获得"影响世界华人终身成就奖"。2018年，她将自己的全部财产捐赠给南开大学教育基金会，用于设立"迦陵基金"，支持中华优秀传统文化研究。同年，她被评为改革开放40周年最具影响力的外国专家。

继教育部出面聘请陈省身担任南开数学研究所所长之后，学校进一步加快了高端人才引进的步伐。世界银行高级经济顾问、美籍华人杨叔进，被聘请担任国际经济研究所所长，使该所在学术研究、人才培养方面得到国内外同行的高度认可。著名精算师、美籍华人段开龄，受邀将国际上精算科学的教学和研究引入南开，学校与北美精算师协会于1987年签订联合培养精算方向硕士研究生的合作协议，开创了我国精算教育的先河。著名交通经济学家、联合国总部原高级经济专家、美籍华人桑恒康被聘为客座教授，来南开创办运输经济专业，继而创建交通经济研究所并任首任所长，培养交通经济理论与实践的高级专业人才，填补了我国运输经济专业研究生教育的空白。交通经济研究所成立不久，就参加了对三门峡黄河大桥工程进行评估的工作，为经济建设做出了贡献。

校际合作方面也迈出了可喜步伐。1985年1月，南开大学与天津大学签订校际合作协议，从科学研究、人才培养和建立联合实验中心等三个方面开展多学科、多领域、深层次的合作，这在两校历史上尚属首次。合作协议签订后，两校合作开展12项科研项目，包括"快速多波长光信号处理""超高速光纤通信基础研究""生物工程多糖提取""亲和色谱分离"以及机器人的研制与开发应用等前沿性的、交叉性的研究。两校还共同招收研究生，培养适应现代化建设急需的新型研究人才,互相开放实验室,建立联合实验中心。这一年,南开大学经济学院还联合中国人民大学、复旦大学、厦门大学、武汉大学等高校的经济学院,组成经济学院联合体,开展学科建设、人才培养、科学研究等多领域的实质性合作,推动经济学教学改革和大学内部学院管理体制改革深入发展。

在国际化办学方面,学校将世界顶尖大学的先进教育思想与自身实际相结合,加快了各项改革的步伐。1983年2月,学校与加拿大约克大学、麦克马斯特大学、拉瓦尔大学签署合作协议,联合在南开大学开办工商管理硕士(MBA)研究生班,由中加双方教师以双语授课。同年9月,首期工商管理硕士研究生班开班,招收学生33人。从第二期合作开始,除继续联合培养硕士研究生、互派学者、互派留学生外,还加强了博士研究生的联合培养。在1985年5月有中加两国政府教育部门官员和有关专家参加的上海国际会议上,以及1986年4月中加大学管理教育项目会议上,南开大学这种国际化的办学思路,以及在国内率先与国外高校联合培养高级管理人才的做法,以立足国内、投资少、效益显著等特点,受到国内外教育界人士的关注和称赞,被誉为"南开—约克"模式,开创了中国MBA合作办学之先河。

南开大学在国内率先与加拿大约克大学联合培养研究生,创造了"南开—约克"模式。图为中加研究生班第三期与任课老师及院领导合影

第九章　深化改革　开拓前行

从 1992 年党的十四大到 2012 年党的十八大召开，20 年间，我国改革开放和社会主义现代化建设深入推进，中国特色社会主义也在不断发展中进入了新世纪新阶段。南开大学主动适应中国特色社会主义现代化建设需要，抓住国家实施"211 工程"和"985 工程"的战略机遇，认真贯彻落实《中国教育改革和发展纲要》《关于深化教育改革全面推进素质教育的决定》《国家中长期教育改革和发展规划纲要(2010 — 2020 年)》，着力提高质量，强化特色，注重教育内涵发展，深入进行管理体制和人事分配制度改革，学院建制开始实体化，本科专业、硕士点、博士点和重点学科数量有很大增长，优良教风学风得到传承，综合实力稳步提升。

一、"211""985"工程建设与学科布局再优化

坚持重点建设之路，是党和政府根据国情需要确定的战略方针，也是社会主义制度集中力量办大事的优越性体现。中国高等教育在发展中也贯彻了这一方针，新中国建立初期对少数高校进行重点建设，至改革开放初的 1981 年，全国重点高校逐渐发展到 96 所，这在教育资源紧缺的年代保证了

第九章 深化改革 开拓前行

我国高等教育的重点突破和整体推进。1995年,国家启动了面向21世纪重点建设100所左右高等学校和一批重点学科的"211工程"[①],1999年又启动了以建设若干所具有世界先进水平的一流大学为主旨的"985工程"[②]。学校紧紧抓住这两大工程建设的战略机遇,优化学科布局,调整队伍结构,改善办学条件,使学校整体实力有了显著提升。

推动专业学院实体化

1993年以前,学校实行校、院、系三级管理体制,有2个学院(经济学院、成人教育学院)、22个系、14个研究所(中心)。虽名为校、院、系三级管理,但学院很少,而且在同一学科中,系、所(中心)分置,均为管理实体,难以实现资源有机整合、形成学科整体优势。

针对这一情况,学校强调以学科建设为龙头,积极推进专业学院实体化,加大资源整合力度,使管理体制由校、院、系三级管理向校、院两级管理过渡。同时,适应经济社会发展需要,丰富办学层次,探索合作办学,新建了部分学院。从1993年5月到1999年10月,相继成立了汉语言文化学院、生命科学学院、医学院、法政学院、信息技术科学学院、化学学院、国际商学院、人文学院、数学科学学院、马克思主义教育学院、外国语学院、物理科学学院、环境科学与工程学院、经济与社会发展研究院、高等职业技术学院、泰达学院共16个专业学院。

2000年,学校进一步规范学院管理体制,深度推进专业学院实体化,着

---

① 1995年11月,经国务院批准,原国家计委、原国家教委和财政部联合下发了《"211工程"总体建设规划》,"211工程"作为当时我国教育领域唯一的国家重点项目列入国家"九五"计划正式启动。

② 1998年5月4日,国家主席江泽民在庆祝北京大学建校100周年大会上向全社会宣告:"为了实现现代化,我国要有若干所具有世界先进水平的一流大学。"1999年1月,国务院批转教育部《面向21世纪教育振兴行动计划》提出:"今后10~20年,争取若干所大学和一批重点学科进入世界一流水平。"

重解决人文学院、汉语言文化学院、经济学院、化学学院等学院的内部管理体制问题。撤销人文学院,成立文学院、历史学院,单独设置哲学系,将图书馆学系划归国际商学院,将汉语言文化学院从机关剥离,强化经济学院、化学学院等学院对所属系、所(中心)的管理职能,推动这些学院成为实体学院。

2000年以后,学校着力搭建学科发展和学术创新平台,积极培育学科生长点,主动服务国家和地方经济社会发展,开展合作办学。相继成立了中国APEC(亚洲太平洋经济合作组织)研究院、日本研究院、现代远程教育学院、软件学院、深圳金融工程学院、滨海学院、泰达应用物理学院、泰达生物技术学院、药学院、金融发展研究院、滨海开发研究院、现代应用技术研究院。2004年,撤销法政学院,成立法学院、周恩来政府管理学院。2007年,为调整学校办学层次,撤销高等职业技术学院。

经过持续多年的努力,随着专业学院的实体化,学校的校、院两级管理体制逐步形成,实现了办学资源的有机整合,学科建设的整体优势得以发挥,所有这些,都为成功入选和稳步建设以学科为龙头的"211工程"和"985工程"创造了条件。

入选与建设"211工程"和"985工程"

1992年邓小平发表南方谈话、党的十四大提出建立社会主义市场经济体制的改革目标后,学校聚焦国家改革目标和社会发展需要,进一步转变教育思想,深化教学改革,对学科专业再次进行了调整。

在继续加强发展经济、管理、数、理、化、文、史、哲等优势学科以及生命科学、医学、环境科学等新兴学科的同时,学校增设了材料科学、医学、通信工程、人才资源管理等专业,对原有专业进行了整合、压缩,拓宽了培养口径。同时抓住机遇,在综合大学中率先举办精算研究生班培养师资,在本科保险专业中建立精算方向,填补当时国内保险业人才需求的空白,对后来整个行业的发展产生了深远影响。

国家先后启动"211工程"和"985工程"后,学校把争取首批进入两大工程建设项目,作为事关未来发展的一项战略任务,动员全校力量,全力以赴做好各项基础性工作。1995年,侯自新出任南开大学校长。同年,南开大学顺利通过了"211工程"建设部门预审及立项审核。

■ 1996年7月,学校召开学科建设与科研工作会

在学校实施"九五"计划、为全面实施"211工程"建设规划打基础的重要历史时期,中共南开大学第六次党员代表大会于1997年3月召开,洪国起作了题为《解放思想,深化改革,开拓前进,以新的姿态跨入二十一世纪》的报告,明确提出学校改革发展的奋斗目标是:从"三个面向"出发,继续坚持"社会主义为方向,学科建设为龙头,深化改革为途径,提高质量为目的"的基本思路,处理好改革、发展和稳定的关系,规模速度和质量效益的关系,把提高教育质量和办学效益摆在突出位置,力争经过5年的建设,实现"211工程"第一阶段目标,为经过20年左右或更长一段时间的努力,使南开大学成为接近或达到世界一流大学学术水平的社会主义综合大学奠定坚实的基础。

会议选举洪国起为党委书记。

1997年3月，中共南开大学第六次党员代表大会召开

在1995年至2003年间，学校加快了学科调整和教育教学改革的步伐，提出"以学科调整为主线""打造一流核心竞争力"的发展思路。在国家有关部门的支持下，1998年后，学校曾与天津大学酝酿合并，但由于多种因素未果。2000年12月，教育部和天津市人民政府签署重点共建南开大学、天津大学协议，南开大学成为首批进入"985工程"建设的高校。在当时国家政策支持力度下，协议规定，在2001年至2003年三年内，教育部和天津市各出资6亿元，共12亿元，每年分别向南开大学、天津大学各投入人民币2亿元(三年总计投入南开大学6亿元、天津大学6亿元)。此外教育部、天津市各投入人民币1亿元(共2亿元)用以支持紧密合作办学项目。

1995年5月24日，"211工程"部门预审汇报会举行

第九章　深化改革　开拓前行

2000年12月25日,教育部与天津市人民政府签订重点共建南开大学、天津大学协议

在"211工程"和"985工程"评审和建设期间,学科建设的龙头作用发挥明显。到2011年9月学校第八次党代会召开前,本科专业和硕士点、硕士专业学位点、博士点及博士后流动站数量持续增长;国家重点学科数量发展到6个一级国家重点学科(覆盖35个二级学科)、9个二级国家重点学科,还有2个国家重点培育的二级学科;化学、数学、历史、经济学等优势学科在全国高校学科评估中名列前茅,生物技术、环境保护、新材料新能源、现代物流等相关领域新的学科增长点发展势头良好;中国旅游管理干部学院整建制并入,旅游服务学科得到加强;"药物化学生物学"国家重点实验室获批立项建设,新增一批省部级重点实验室、研究中心和培训基地;7个国家文科创新基地和一批与国家部委共建的文科研究基地在服务国家战略中发挥了重要作用。

2014年10月,教育部、财政部组织开展了对高校"985工程"建设情况的评审工作,包括北京大学、中国人民大学在内的6所高校专家对南开大学"985工程"2010—2013年建设任务完成情况给予了评估。评估组认为,经过阶段建设,南开大学在学科建设、拔尖创新人才培养、学术领军人物和创新团队建设、提升自主创新和社会服务能力、国际交流与合作等方面取得了显著成效,高质量完成了建设目标和任务,办学实力和水平走在全国高校前列。

提升服务社会和自主创新能力

随着改革的深入推进,学校秉承"知中国,服务中国"的优良传统,把"顶天立地"作为繁荣学术、服务社会的指导思想。所谓"顶天",就是追踪学术前沿,瞄准国家需求;所谓"立地",就是紧贴社会实际,服务区域发展。原校党委书记薛进文曾说:"'顶天',就是服务国家战略,积极参与国家文化繁荣、理论创新和重大社会思潮研究;'立地',就是面向社会现实,面向国家和地方发展事业中的具体问题,全方位参与,做出应有贡献。"

为贯彻这一指导思想,学校注重建章立制,陆续制定或修订了一系列管理制度和激励措施,引导教师在科研中聚焦学术前沿、国家需求和区域发展,开展前瞻性、战略性、对策性研究。在学校的引导支持下,进入21世纪以后,南开的文科科研基本形成了以专业学院为依托、以专业实体研究机构为基础、以非实体研究机构为延伸的"三位一体"研究体制,11个文科专业学院的学科覆盖文、史、哲、经、管、法、教等门类,还拥有7个教育部人文社会科学重点研究基地,7个"985"工程哲学社会科学创新基地,5个专业实体研究机构以及100余个非实体研究机构。纵向科研项目立项数量也稳中有升,2001年至2010年,学校共承担国家社科项目240余项、教育部人文社科研究项目270余项。截至2010年,成功中标国家社科基金重大招标项目及教育部人文社科研究重大课题攻关项目共计30项,中标总数居全国高校前列。

经过多年努力,学校推出了一大批具有重要理论意义和学术价值的研究成果,并在参与党和政府决策咨询、服务区域经济社会发展方面做出了突出贡献,进一步形成了"基础研究扎实、应用创新突出"的南开学术特色。

第九章 深化改革 开拓前行

2002年,中国APEC研究院在南开大学成立,钱其琛副总理到会祝贺

为落实"APEC领导人教育倡议",由国家外交部、商务部、教育部和南开大学共建的国家级智库机构南开大学APEC研究中心,自1995年成立以来,每年都为我国出席APEC领导人会议和部长级会议提供研究报告,受到外交部、商务部多次表彰,1999年被列为教育部首批人文社会科学重点研究基地之一;在此基础上发展而来的中国APEC研究院于2002年4月成立,这是南开大学与教育部、外交部、商务部,以及原国家经贸委、人事部等国家有关部委,连同APEC中国企业联席会议部分主要成员,经过共同协商,采取政府、企业和高校相结合的运作方式组建的,是我国专门从事APEC问题研究的国际性学术研究机构。

1997年与国家审计署共建成立的南开大学公司治理研究中心,自2003年开始连续每年发布"中国公司治理指数",成为国内首个公司治理评价指标体系,被称为"南开治理指数",与20世纪30年代的"南开物价指数"遥相呼应,续写了南开的学术辉煌。

南开大学人权研究中心自2005年成立以来,在中国人权研究会的指导和帮助下,在学术研究、知识普及、咨询服务、人权交流、人权教育和对外宣传等方面做了大量的工作，出版了系列丛书《中国人权在行动》以及关于中国人权事业发展的第一本蓝皮书，参与了多项国家人权政策的咨询和服务；2011年被批准为首批"国家人权教育与培训基地"，并全程参与了《国家人权行动计划(2012—2015年)》起草工作，推动了我国人权事业发展。

2008年9月，世界经济论坛夏季达沃斯论坛首度落户天津，天津从此作为常驻举办城市，每两年主办一次夏季达沃斯论坛。南开学者抓住机遇，采用多种形式为论坛研究论证具体议题，深化与世界经济论坛的合作。2012年5月，南开大学世界经济研究中心成立，世界经济论坛主席克劳斯·施瓦布担任中心名誉主任。中心作为开放性的综合研究平台，以南开大学为依托，联合天津市其他高校和相关研究机构，形成了多学科、宽领域的综合性研究实体，对与世界经济论坛相关的现实与理论问题进行及时广泛的研究，为天津夏季达沃斯论坛筹备工作小组提交研究报告和决策支持，推动了南开大学及天津市的国际化进程。

新世纪新阶段，面对天津滨海新区开发开放的历史性机遇，学校整合经济学、法学、政治学、管理学、环境科学与工程等优势学科资源，于2008年成立了滨海开发研究院，由国务院新闻办原主任赵启正担任首任院长，作为南开大学服务滨海新区开发开放和区域发展的智库，围绕新区建设乃至环渤海区域发展的重大问题，与滨海新区各部门、单位紧密合作，承担了一批重要的软课题研究。其中，"滨海新区综合改革试验区总体改革方案设计""天津滨海新区战略规划研究"等课题，都形成了高质量的咨询报告，为有关决策提供了重要参考。

学校还积极组织教师、专家参与天津国际生物医药联合研究院的建设，推动滨海新区相关产业的技术创新。2006年6月，科技部与天津市决定在滨海高新技术产业园区共建"国家生物医药国际创新园"；9月，南开大学与中国生物技术中心、天津市科委等单位组建天津国际生物医药联合研究院筹备工作组。2009年6月，联合研究院建设完成，南开大学校长饶子和院士出任研究院首任院长；7月，联合研究院与南开大学签订硕士研

第九章 深化改革 开拓前行

究生联合培养协议,首批招收生物化学与分子生物学、药物化学两个专业的学生76人。"十一五"和"十二五"期间,联合研究院承担了"重大新药创制"国家科技重大专项和"系列化、国际化的国家生物医药国际创新园新药研发综合性大平台"建设和提升。习近平总书记于2013年5月14日到联合研究院视察,详细了解国家创新药重大专项课题研发情况,要求充分发挥科技资源丰富、科技人才众多的优势,建设科技创新高地,不断提高原始创新、集成创新和引进消化吸收再创新能力,促进科技和经济深度融合。

在繁荣学术、服务社会的同时,学校自主创新和承担重大科研项目的能力显著提高。科研经费由2004年的1.97亿元增加到2010年的4.25亿元。在各学科最高级别刊物发表论文篇数大幅增加,SCI和CSSCI期刊发文量和引用次数稳居全国高校前列。在数学、生物、化学、应用物理等领域取得一批具有重大影响的标志性成果,获得国家自然科学奖、国家科技进步奖、国家技术发明奖等国家级重大奖励10项,在服务国家战略需求和天津滨海新区开发开放中发挥了积极作用,一批高质量的咨政研究报告得到党和国家领导人的批示肯定。

2003年春,非典型性肺炎(以下简称"非典")病毒一度肆虐中华大地。在"非典"来袭的紧急关头,学校党委坚决贯彻党中央、国务院的决策部署,动员全校党员干部和教职员工,万众一心、众志成城、团结互助、和衷共济、迎难而上、敢于胜利,筑起了抗击"非典"的坚固屏障。学校坚决贯彻党中央"两手抓""两个不放松"的方针,坚决执行教育部关于"教师不停课、学生不停学、师生不离校"的要求,精心安排教学计划,适时调整授课方式,采取小班教学、网上教学、远程教学、电话辅导、"学习伙伴"等多种形式开展教育教学。南开师生在积极做好自身防范的同时,充分发挥在生命科学、微生物病毒研究和医用功能材料研究等领域的优势,快速启动抗击"非典"病毒的相关科技攻关研究,并积极组织团队,参加国家"非典"防治科技研究攻坚战,在一些方面取得了显著成果,如:已年过七旬的生命科学学院分子生物学研究所教授俞耀庭，不顾刚刚动完手术、身体尚未完全康复，毅然接受国家卫生部卫生技术监督局的委托，连续奋战5天，成功设计、制备了一套检测仪，用于检测制作用于抗击"非典"的防护服；软件学院与南开基因公司受天津市卫生局委托，共同开发了"非典"疫情上报、统计、分析系统；校办企业夜以继日加班加点，在一周之内就将3批用于合成抗"非典"药品胸腺肽的固相有机合成载体——树脂微球发往有关企业，为抗"非典"药品的生产提供了紧急支援。学校还组织文科领域的20多位专家学者合作，开展"非典型性肺炎对中国政治、经济、社会、文化的影响及对策"专项研究。在这场突如其来的灾害面前，南开专家学者没有置身事外、寻求自保，而是挺身而出，用自己的研究专长为抗击"非典"做出了应有的贡献。

二、思想政治工作和教学改革迈开新步伐

在以跻身"211工程"和"985工程"为目标，重点加强学科建设的同时，学校坚持立德树人，大力加强学风、教风和校风建设，与时俱进改进思想政治工作，不断深化教学改革，实施南开特色的"公能"素质教育，使学校优良的办学传统得到进一步弘扬并且成效显著，踏实的学风、严谨的教风和校风得到社会广泛赞誉。

加强学风、教风和校风建设

南开大学的校风、学风一向以勤奋踏实而著称。但不可否认的是，20世纪80年代中后期，受社会上"读书无用""60分万岁"等不良风气的影响，南开的学风也一度出现了不尽如人意的情况。

当时《南开周报》一篇题为《懒散的早晨》的报道，记录了这样的场景："学生宿舍里六点半到七点，80%以上的学生尚在梦乡"；"七点四十五左右是买早饭的学生人数最多的时间，食堂里拥挤不堪"；"七点四十至五十主

第九章 深化改革 开拓前行

1995年4月3日《人民日报》报道南开大学

楼的许多教室只有寥寥数人,有的甚至空空如也……"报道最后大声疾呼:"九十年代的南开人,难道这些数字还不能说明我们的精神面貌?还不足使我们从清晨的迷梦中惊醒?!如此懒散下去,'允公允能,日新月异'的南开校训将置之何处?"[1]

针对这种情况,1990年3月29日,学校召开了整顿学风工作会议。党委书记温希凡强调:对青年学生应该贯彻既热情爱护又严格要求的精神。学风不正在很大程度上在于教风不严,教风不严则在很大程度上取决于学校督促检查不到。各级领导和教师对此要有明确的认识,既要言教,又要身教。从4月初开始,学校认真整顿学风、教风、校风,分别对学生、教师和各级组织提出了明确具体的要求:学生要杜绝打麻将、偷东西、打架等恶劣行为,学生宿舍应开展讲卫生、讲公德、讲文明活动,遵守作息时间,按时熄灯休息;教师要为人师表,端正教学态度,保证不迟到早退,不随意缺课调课和提前下课;各

---

[1] 晋(笔名):《懒散的早晨》,《南开周报》1990年5月22日,第1版。

级组织要抓好教学检查工作,实行领导听课制、教研室主任责任制;对学生课外活动进行组织指导。经过整顿,南开的学风、教风、校风得到了根本好转。

1995年上半年,山西一位学生家长连续两次来看望在南开上学的女儿,一次是中午,一次是星期日,都是在教室里才找到的。因此这位家长致信校领导:"南开学风这么好,我们家长放心了。"后来,《人民日报》记者在事先没有通知学校的情况下,来到南开园采访。时间刚过下午6点,各教学楼、图书馆就几乎坐满了专心致志自习的同学。而后,他们又采访了多位老师、同学,走访了一些院、系、单位,所到之处,生机勃勃,书声琅琅。暗访南开的记者不禁感叹:"南开大学的学习风气何以如此浓厚?"4月3日,《人民日报》刊发了记者李新彦、杨明方采写的报道《南开学风,堪称一流》,肯定了南开的踏实学风和教学质量,在社会上引起很大反响。

南开人甘于寂寞、踏实治学的学风、教风、校风,持续多年受到媒体和社会的广泛赞誉。2001年11月22日,《光明日报》头版头条《德才并重谱华章》专题报道了南开大学开展素质教育的情况。2003年9月13日,《光明日报》头版头条《让创新人才辈出》专题报道了南开大学着力培养学生创新能力的做法。2009年10月15日,《中国青年报》头版头条《南开永远年青》高度评价了南开人严谨治学、严格治校的态度。文中提到,南开素以严格著称,一旦作弊事发,或是课业未过,多以退学告终。2005年3000名本科生入学,2009年毕业时,526人没有拿到学士学位。2006年,南开大学对多年未能毕业的28名博士予以结业处理,打破了中国博士生教育零淘汰率的惯例。良好学风的形成,不可能一蹴而就,需要长期的培养。学校在长期教育实践中,形成并坚守着沉潜务实的学术品格与治学风气。

在市场经济大潮面前,学校始终坚持自己的文化特质,强调求真务实的学风,不浮躁,不攀比,不跟风。薛进文、侯自新等学校的主要领导在接受中央媒体采访时都表示,南开要办成国际知名的高水平大学,但"国际知名"和"高水平"不能世俗化,更不能牺牲质量,失去自己办学的风格,一定要保持自己的优势和传统,即使失去或得不到一些利益,也不能丢弃南开的风格。

第九章 深化改革 开拓前行

把教学改革作为诸项改革核心

1996年5月,为推动"211工程"建设,学校召开了学科建设与教学工作会议,在提出以学科建设为龙头的同时,特别强调教学工作仍是各项工作的中心,本科教学是各层次教学中的基础和重点,教学改革应作为学校诸项改革的核心,制定了《关于进一步深化教学改革加强教学和教学管理的九项措施》,从教学内容和课程体系改革、教材建设、教学手段和方法的现代化等9个方面,建立了保证教学质量的激励机制和约束机制,确保优秀教师稳定在本科教学第一线。

经过3年的努力,1999年5月,学校以优秀成绩通过了教育部组织专家进行的首轮本科教学工作优秀评估。专家组的评估意见指出:南开大学历来重视教学工作,确立了教学在学校工作中的中心地位;重视师资队伍建设,在办学条件比较困难的情况下,努力创造条件,调动教师积极性,引进人才,教师爱岗、敬业、奉献蔚然成风;以"面向21世纪教学内容和课程体系改革项目"为龙头,全面改革教学内容;建立了一整套比较完备的规范化教学管理制度和教学质量监控系统,对保证和提高教学质量发挥了重要作用;想方设法多渠道筹措经费,不断增加教学投入,重视教学资源的合理配置,努力改善教学条件;重视、鼓励并大力支持实现现代化教学手段,多媒体教室、CAI计算机教学辅助软件、电子阅览室等已初具规模;依托基础学科优势,加强国家文理科和大学生文化素质教育基地的建设;南开本科毕业生以"厚基础、宽口径、严学风、高素质"和"乐于实践"受到用人单位好评。评估意见最后肯定南开大学在教学改革实践中自觉继承发扬学校优良传统,形成了自己的鲜明特色,为中国高等教育丰富增色:主要是一贯重视适应社会需求,服务经济发展,优先培养急需人才;把课堂教学、校园文化和学生实践的有机结合作为育人的基本环节,形成了南开人的传统和精神。

以优异成绩通过教育部首轮本科教学评估后，学校进一步把"质量和创新"确定为本科教学的主线，提出了"注重素质、培养能力、强化基础、拓宽专业、严格管理、提高质量"的基本方针，不断强化本科教学中的科学意识、创新意识、精品意识、服务意识和国际意识。在2002年、2005年的教学工作会议上，分别出台了《贯彻落实〈教育部关于加强高等学校本科教学工作提高教学质量的若干意见〉的实施意见》《关于进一步加强教育创新提高教学质量的若干意见》和《关于突出创新深化本科教学改革提高教学质量的若干措施》，从制度上有力地保障了本科教学的中心地位。2007年，南开大学再次以优秀成绩通过了教育部本科教学工作水平评估。

到2009年南开大学建校90周年时，南开的本科教育已由改革开放初期的20个专业发展为73个专业，并拥有8个国家基础科学研究和专业人才培养基地、1个文化素质教育基地。在研究生教育方面，自1984年国家教委批准南开大学为全国首批22所单位之一试办研究生院以来，无论是教育水平还是教育规模、办学模式，都取得了前所未有的迅猛发展，步入了一条正规化、专业化的发展道路。从1979年战略重心转移到2009年建校90周年，南开大学在改革开放30余年间，共培养本科毕业生47411名、专科毕业生2833名；118个博士点、206个硕士点招收研究生，在校硕士生6592人、博士生3074人，其他各类研究生4000余人。

虽然专业增加，培养规模扩大，但南开始终坚持"质量第一"的指导思想，始终保持着较高的本科生和研究生培养质量。一大批南开毕业生成为行业骨干，受到社会各界欢迎。例如，全国精算师岗位南开毕业生成为主力，保险行业、金融行业的大批骨干也是南开毕业生。南开每年在向社会输送大批本科毕业生的同时，也在源源不断地向校内外输送着大批高质量的研究生。截至2009年，学校已获评15篇全国百篇优秀博士论文，在全国名列前茅，15位论文作者中，本科或硕士阶段在南开接受过教育的有10人，充分显示了南开大学教学和人才培养工作的整体质量。

坚持立德树人,把牢社会主义办学方向

2004年10月,中共中央、国务院印发的《关于进一步加强和改进大学生思想政治教育的意见》(中发〔2004〕16号,以下简称"中央16号文件")向社会公布。这个文件全面系统地总结了改革开放以来尤其是十三届四中全会以来大学生思想政治教育的经验和教训,旗帜鲜明地提出了新时期加强和改进大学生思想政治教育的指导思想、工作原则和任务要求,特别是加强了大学生思想政治教育的顶层设计,成为新世纪新阶段高校思想政治教育的纲领性文件。

10月27日,校党委召开常委会议,就学习贯彻落实文件精神进行专题研究,形成了《南开大学关于贯彻落实〈中共中央国务院关于进一步加强和改进大学生思想政治教育的意见〉的情况汇报》,总结了学校大学生思想政治教育的主要做法和经验,针对存在的主要问题与薄弱环节,提出了进一步加强和改进学生思想政治教育的具体措施。

经过5年多的努力,学校的学生思想政治教育工作取得了显著成效。2010年3月26日,学校召开贯彻落实"中央16号文件"精神成果汇报会,受到与会的教育部和天津市领导高度肯定。会上总结的经验做法主要有:

一是提高思想认识,完善体制机制,积极建构全员、全方位、全过程育人的工作格局。"中央16号文件"颁发后,学校成立了党政主要负责同志任组长的学生思想政治教育工作领导小组,强化了院(系)学生工作办公室的职能,形成了党委统一领导、党政群齐抓共管、全校上下共同参与的体制机制。5年多来,学校出台了10余个与学生思想政治教育相关的重要文件,先后召开了学生党建工作会、加强和改进思想政治理论课工作会、研究生思想政治教育工作会等专题会议,对重点工作进行研究部署。学校着力营造全员育人的氛围,强化导师在学生培养中的责任意识,鼓励专业教师指导学生开展班级社团活动。学校已坚持8年为本科生配备宿舍导师,2009年开始为研究生班级配备班主任,每年400多名教师兼职从事学生工作。5年多来,

全校涌现出150余名由学生投票选出的"良师益友"以及30余名优秀班导师、100余名优秀宿舍导师和60余名优秀社团指导教师。龙以明获得南开大学2011年度"良师益友"奖。学生这样评价他:"龙老师带学生很负责,为人和蔼可亲,培养了许多优秀的学生,是一位真正的科研工作者。"此外,一大批老教师、老同志通过学校关心下一代工作委员会这个平台参与到学生思想政治教育工作中。

二是坚持理想信念与南开精神教育,突出学生思想政治教育的主旋律。积极推进思想政治理论课改革,发挥课堂教学的主渠道作用,顺利完成了思政课教学从"1998方案"到"2005方案"的过渡。坚持利用一二·九等纪念日开展爱国主义教育,推出"我与祖国共奋进""我爱我的祖国·我爱我的南开"等主题活动。"觉悟网""晨钟博客"等已成为学生思想政治教育的新阵地。努力发掘南开的文化传统和精神特质,将南开道路、南开品格、南开精神教育融入其中,尤其重视校史和校友对学生的教育作用,先后开展了4届"周恩来班""杨石先班"争创活动和3届"周恩来奖学金"评选。学生主题教育形式不断创新,2006年在全国高校首创新生入学前做义工的"暑期作业"制度;鼓励学生假期返乡开展招生宣传和"寻访校友"活动;学生毕业前举办服务母校主题活动等。南开学子在奥运会、汶川地震等一系列

学校举行纪念一二·九学生爱国运动火炬接力长跑

大事、急事、难事面前表现出了昂扬的精神状态、勇于担当的社会责任和优良的综合素质,涌现了全校合力救助"月光女孩"阿依努尔的感人事迹和秦臻、陈永刚等勇救落水者的先进典型。

▬ 勇救落水儿童的生命科学学院学生秦臻受到学校表彰

三是加强学生党团建设,发挥社团等学生组织的能动作用,激发学生参与思想政治教育的积极性和主动性。学校将党课与公选课相结合,建立了以宿舍为单位的学生党员联席会制度。为支部成员在入党纪念日过"红色生日"、以党员帮扶为主要内容的"红色领航计划"等党日活动成效显著,每年评选和表彰50余个优秀学生党支部、200余名优秀学生党员和30多个学生党建创新项目。5年多来,全校在学生中发展党员8024人,一大批优秀南开学子凝聚在党的旗帜下。与此同时,坚持党建带团建,加强基层团组织建设,涌现出2个全国"五四"红旗团委、3个全国"五四"红旗团支部。重视学生理论社团建设,在全国高校首创学生课外理论研究立项制度,举办了4届全国高校学生课外理论学习研讨会。"三农"学社的调研成果被全国"两会"采纳,法律援助小组深入社区为弱势群体提供法律援助,企业英才俱乐部帮助学生规划职业生涯,绿色行动小组被评为全国高校学生社团标兵。

此外，成立学生生活服务部，组建学生工作联络员、教学质量信息员、网上评论员等队伍，有效拉近了学生与学校的距离，从而使学生思想政治教育的开展更为顺畅。

四是充分发挥校园文化和社会实践的育人功能，丰富学生思想政治教育的内容和方法。5年多来，举办了千余场次"南开名人讲座""南开周末论坛""南开周末乐坛"等活动。其中"南开名人讲座"邀请国内外各领域知名专家学者讲座，例如著名趋势学家杰里米·里夫金、著名生物化学和分子生物学家理查德·罗伯茨、著名数学家迈克尔·阿蒂亚爵士、著名物理学家赵忠贤、著名理论家郑必坚、著名刑侦专家李昌钰博士、著名作家金庸等。这些名家讲座拓宽了南开学生的视野，激发了学生学习的兴趣，帮助他们了解学术前沿，同时也提升了修养和品味；举办了6届"学生课外学术科技创新百项工程"，累计投入700多万元，参与学生达5000人次；举办了5届"天南大研究生联合学术节"，产生500余项科研创新成果。2007年更是成功承办了第十届全国大学生"挑战杯"竞赛，决赛期间举办了学生学术科技作品展、创新型人才培养系列论坛、天津滨海新区开发开放报告会、学生科技成果转化洽谈会、港澳台高校学生座谈会，充分展示了南开的良好形象、历史底蕴、踏实风格以及师生昂扬奋进的精神状态。南开的学生艺术教育成绩斐然，学生合唱团、交响乐团连续2届获全国大学生文艺展演活动金奖，多次参加世界合唱比赛并荣获第一，还受国家汉办指派，圆满完成了赴美、俄等国家的文化交流活动。"梦圆南开"迎新生晚会、"聚散天涯·依依南开"送毕业生晚会和新年音乐会，更成为南开园必不可少的文化品牌。学生体育活动蓬勃开展，2003年南开大学学生女子排球队代表国家参加第22届世界大学生运动会荣获冠军，完成了中国大学生体育的一个"突破"，实现了在世界大学生赛场上升国旗的梦想。5年来，建立300多个社会实践基地，每年派出近百支社会实践示范队，广大南开学子秉承"知中国，服务中国"的宗旨，担负起社会与时代赋予的责任。通过实践把所学知识融入社会，充分了解社情民情、发掘文化资源，增长知识见识，在实践中砥砺"公能"品格。

第九章　深化改革　开拓前行

■ 2002年，南开大学学生合唱团在韩国釜山举行的奥林匹克合唱节上获冠军

■ 2003年，南开大学女排代表国家参加第22届世界大运会，力挫群雄夺得冠军

■ 2007年，南开大学承办第十届"挑战杯"全国大学生课外学术科技作品竞赛

2007年开始实施研究生赴津南挂职暨百名博士当村官工程，2009年推出学生"服务万载"科教支农项目，搭建了学生实习实践的平台，也使社会实践与就业对接，为学生顺利就业提供了准备。

五是强化管理育人、服务育人理念，为学生成长成才提供坚实保障。成立学生资助管理中心，建立了完整的资助体系和救助机制。5年多来，为5243名家庭经济困难学生办理了9542万元国家助学贷款，提供勤工助学岗位7632个，投入专项经费1362万元，发放经济困难学生补助348万元。创立了"立体化多轨制"的工作模式，积极构建学校、院系、班级、宿舍四级心理防护网络，在班级委员中增设了心理委员。5年多来，共开展60余次团体辅导、1500余次个体咨询，同时组建了爱心俱乐部，培训了602名班级心理委员和4000多名宿舍"心护员"，营造了和谐健康的学习生活氛围。把学生宿舍作为服务育人的重要载体，坚持举办宿舍文化节、"雅室"设计大赛等，为经济困难学生举办"爱心传递"活动，为因伤病导致行动不便的学生设立"特护宿舍"。5年多来，共评选和表彰"特色宿舍"218个，"特护宿舍"安排学生160多人次。高度重视毕业生就业工作，建立了全程化的就业帮扶机制，仅2009年就举办招聘活动500多场，并为经济困难生举办专场招聘会，发放专项求职补贴，配备就业指导教师。多年来南开毕业生就业率始终保持在95％以上，毕业生更是受到用人单位的好评。

六是以专业化和职业化为目标，着力加强辅导员队伍建设。学校严格按照教育部的要求，从选拔、培养、管理和考核等多个环节，加大辅导员队伍建设的力度。5年多来，通过"2+2"（或"2+3"）模式和选留研究生两条渠道，先后选聘了97名专职辅导员，极大地充实了学生思想政治教育队伍。学校对专职辅导员队伍的职称晋升实行单独考核评聘。5年多来，学校划拨约50万元专项经费用于课题立项，以支持辅导员开展工作研究。在培训方面，先后选拔5人赴英、美等教育发达国家开展研修交流，18人到我国香港地区高校学习考察，11人到教育部和兄弟院校挂职锻炼，68人次参加教部或天津市举办的辅导员培训班。同时,南开大学作为教育部首批高校辅导员培训和研修基地,通过开展多层次的交流培训活动,使我校辅导员队伍的综合素养和业务能力得到明显提升。

以上经验做法,形成了具有南开特色的思想政治教育和德育工作模式,大大增强了学生思想政治教育的针对性、实效性和吸引力、感染力,受到中央有关部门和媒体、社会的高度关注。

南开特色的"公能"素质教育

为了继承和弘扬南开"公能育人、全面发展"的教育传统,学校把实施"公能"素质教育确定为立德树人的基本战略,制定了《南开大学素质教育实施纲要(2011—2015)》,努力培养以周恩来为楷模的"爱国、敬业、创新、乐群"的栋梁之材。南开确立的"公能"素质教育的核心理念是"以德为先、能力为重、全面发展、勇于创新",强调以"公能"为主线,促进知行合一,德、智、体、美、劳相互融合、协调发展。在人本层面,要求全面发展,人格丰富健全;在专业层面,要求优良的职业道德和专业素养,知识深厚,具有突出的创新和实践能力;在发展层面,要求公能兼备,具有爱国爱群之公德、服务社会之能力。

为全面推进"公能"素质教育,学校提出要推动实现"三个转变":在办学观念上,从"学科为本"转变为"学生为本",一切以学生成长为出发点和落脚点;在教育内容上,从"传授知识"转变为"发展素质",超越知识教育,德智体美全面发展;在培养模式上,从"以教为主"转变为"以学为主、教学相长",促进学生主动学习和师生良性互动。为构建适应"公能"素质教育的教师课堂教学评价体系,不断提高教师教学水平,为学生提供更加优质的教育,学校从2014年开始进行"魅力课堂"评选活动,进一步调动了广大教师投入本科教学的积极性、创造性,切实提高本科教学质量,得到师生一致好评。学校还在实践中探索制定了体现"公能"要求、符合学生成长规律的指标体系和考评办法,把"公"细化为公之志向、公之操守、公之襟怀3个方面,把"能"细化为生活能力、学习能力、创新能力、协作能力、审美能力5个方面,开展学生自评、同学互评、辅导员点评。"公能"素质考评深入人才评价的最核心部分,而且贯穿人才培养的全过程,对学生全面发展起到了积极的引导作用。

2001年1月8日,在周恩来总理逝世25周年之际,经中共中央文献研究室、周恩来邓颖超纪念馆审核,1999级旅游专业被命名为首届"周恩来班"。第二届"周恩来班"、南开大学周恩来政府管理学院国际关系系2002级国际政治专业于2006年获得全国先进班集体称号。至今18年间,经过精心培育、严格选拔、层层考评,学校共命名了8届"周恩来班",312位学子成为传播周恩来精神的"火种"。

■ 2001年1月8日,南开大学举行首届"周恩来班"命名仪式

"周恩来班"是南开大学授予本科生班集体的最高荣誉,培育、创建和命名"周恩来班",旨在传承周恩来精神,鼓励青年学子履行时代责任,肩负时代担当;同时以点带面,辐射带动学校整体班风学风建设,引领和感召南开学子传承周恩来的精神风范,争做新时代优秀青年。"周恩来班"的学生毕业后,如火种一般撒向大江南北、四海内外,在各行各业践行着周恩来精

神。第二届"周恩来班"毕业生颜志标,毕业后主动报考海南海警总队,在参与重大行动中荣立三等功;同届的孟庆涛毕业后积极创业,资助由听障儿童组成的"小海豚"合唱团;第三届"周恩来班"学生阿依古丽考上本校研究生后投身军营,成为天津市首个研究生女义务兵,复员后回到母校成为一名辅导员,负责"周恩来班"的培育和建设工作。

三、体制机制改革与合作共建办学

采取有力措施,不断加强和改善党委对学校工作的领导,是南开深化各领域改革的关键。

校内体制机制改革推向深入

1992年初以来,学校以邓小平视察南方重要谈话精神为指导,不断解放思想,进一步加快了改革步伐,积极进行了以人事制度和校内分配制度改革为主要内容的校内管理体制改革。通过改革,增强了编制意识,优化了队伍结构;进一步完善了管理考核制度,调动了教职工的工作积极性;提高了广大教职工的生活待遇,在一定程度上破除了平均主义大锅饭现象,收到了较好的效果。

1997年,为推进后勤服务社会化,学校进行了后勤机构改革,将总务处、基建维修处、伙食处、房产管理处、生产办公室调整为后勤办公室、基建规划处、房产管理处、后勤服务中心以及11个服务中心与实体单位。2000年,进一步明确基建规划处、房产管理处为职能部门。同时,根据国务院和天津市有关文件精神,转换后勤运行机制,对后勤管理和服务机构进行了重组,成立后勤管理办公室、后勤服务集团以及8个经营实体。此后又根据学校后勤改革总体思路,组建了新的接待服务中心、膳食服务中心,将其原有职能从后勤服务集团中剥离。

2000年，学校根据教育部《面向21世纪教育振兴行动计划》和中组部、人事部、教育部《关于深化高等学校人事制度改革的实施意见》精神，立足建立机构精简、办事高效、运转协调、行为规范的校内管理体制，出台了《南开大学党政管理机构改革实施方案》，全面进行管理机构改革。通过撤并、合署、归口管理、划归直属单位、转为专业学院等形式，将机关原有31个职能部门(不含机关党委、教代会、工会、团委)调整到20个。此后，根据事业发展和管理服务需要，相继成立了发展委员会办公室、"985工程"办公室、学生生活指导中心、医疗保险管理办公室、保密办公室等。这些部门有的单独设置，有的与其他部门合署办公，有的挂靠有关部门，使学校机关的职能部门数量稳定在22个左右(不包括机关党委、教代会、工会、团委)，体现了精简、效能原则。校内管理体制和运行机制改革，既贯彻了中央的指导思想，落实了上级的有关要求，又结合了学校的实际情况和发展需要，体现了南开的教育传统和办学特色，既在较大范围和程度上解决了影响和制约学校事业发展的深层次问题，又兼顾了各个方面的承受能力和利益平衡，较好地处理了改革、发展、稳定之间的关系。

通过校内管理体制机制改革，南开大学基本形成了校、院两级管理体制。为调动学生参与学校管理的积极性，在学校层面从2011年6月开始举办校领导接待日活动，并将其制度化、常态化。广大同学积极参与，有的学生还运用学习到的管理、信息等方面知识，向学校提出意见建议，为南开大学发展建言献策。同时，学校还设置了校长信箱，进一步加强了校领导与学生之间的沟通交流。在学院层面形成了以学科发展为核心的专业学院体系，增强了学科的总体实力和发展潜力；基本形成了以经济社会发展重点领域和区域为主导方向的学术机构体系和社会服务体系，产生了一批具有良好经济效益和社会效益的研究成果，巩固和提升了南开在国家创新体系中的地位；基本形成了以管理、监督、支撑、服务为基本职能的管理监督和保障服务体系，建立了较系统、较完善的规章制度体系和相应的程序规范。日臻完善的校内管理体制和良好的校内运行机制，为面向21世纪创建国际知名高水平大学,奠定了坚实的基础,提供了有力的保障。

与部委和地方合作共建办学

1994年10月,国家教委与天津市人民政府决定对南开大学进行共建,同时与对外经济贸易部决定将天津对外贸易学院整体并入南开大学。并入之后,学校在此基础上组建了国际商学院,不久又建设了迎水道校区①。天津对外贸易学院是国务院于1983年批准成立的,系对外经济贸易部直属高校,整体并入南开大学,优化了教育资源配置,也成为后来世纪之交中国高校"合并潮"的先声。

2010年3月,教育部和天津市人民政府签署继续重点共建南开大学协议,支持筹备建设南开大学津南新校区。同年5月,由国家旅游局直接领导的中国旅游管理干部学院②整建制划转南开大学,学校在此基础上组建了旅游与服务学院。部市共建给南开大学的发展带来了新的机遇。

在部市共建的同时,校地共建也取得新进展。1999年10月,学校与天津经济技术开发区合作建设的南开大学泰达学院揭牌,翌年建成投入使用。泰达学院依托天津经济技术开发区雄厚的物质技术基础和良好的人文社会环境,是高等教育与产业发展结合的产物,崭新的办学模式为全国首创,被誉为"大学里的特区"。2005年,国务院总理温家宝视察学院后指出:"南开大学在新区办泰达学院很有必要。在滨海新区的大环境下,泰达学院将很有前途,希望南开大学泰达学院越办越好。"作为国内重点高校和经济开发

---

① 南开大学国际商学院(2005年更名为南开大学商学院)于1996年迁入本部八里台校区,原所在天津对外贸易学院校园改建成为南开大学迎水道校区。2016年,迎水道校区交由天津市人民政府出让,所得资金用于海河教育园南开大学津南校区建设。从1996年到2016年的20年间,迎水道校区作为南开大学文科类本科新生及部分研究生的教学和生活区,给众多南开人留下了深刻的记忆。

② 中国旅游管理干部学院是教育部于1987年批准在天津建立的,是中国政府和联合国开发计划署联合投资建设的中国最早的,而且是由原国家旅游局直接领导的一所旅游专业高等院校。

区强强联合的产物,南开大学泰达学院发展到今天,已建立起全新的办学体制和教学科研体制,突出教学与科研的创新性、前沿性和开发性,强化产学研一体化的办学方向,设立了一批具有国际前沿水平的研究中心和工程技术孵化中心,如泰达应用物理研究院、泰达生物技术研究院,以及滨海开发研究院、微电子研究所等。环境科学与工程学院、电子信息与光学工程学院、药学院、生命科学院、物理学院等专业学院的300多名博士生、硕士生在此学习和研究。

■ 1994年,国家教委与天津市人民政府共建南开大学

2002年7月,教育部部长陈至立与京津两地高校领导召开座谈会,要求京津"985"高校积极创办独立二级学院或分校。学校研究决定与天津市大港区人民政府合作建设伯苓学院(后更名为滨海学院),并于2003年1月签订了合作协议。学院为股份制合作办学实体,具有独立的校园和基本办学设施,实施独立的教学组织与管理,具有独立法人资格,实行董事会领导下的院长负责制,紧密依托南开大学优质教育资源和滨海新区区位优势,紧密结合独立学院应用型人才培养特点,以及经济社会发展特别是滨海新区开发开放需要,以培养应用型、技能型本科人才为主。经过两期建设,学院于2004年9月全部建成并迎来了首届新生。2009年5月,由于大港区行政建制撤销并入天津滨海新区,学院由南开大学与滨海新区大港管委

会建设管理。2015年2月,学校与滨海新区政府全方位合作,滨海学院的教学与管理均由南开大学全权负责。学院设有涵盖7个学科门类的经济管理、金融学、外语、法政学、艺术、信息管理、计算机科学、电子科学、环境科学与工程等9个系、40个专业,教师队伍以南开雄厚的教师资源为依托,以自有专任教师为骨干,以优质外聘教师为补充,整体办学实力不断提高,赢得了社会各界广泛赞誉,被中国教育科学研究院等单位授予"中国最具竞争力独立学院""中国十大名牌独立学院"和"2015中国综合实力十强独立学院"等称号。

与天津大学的合作办学新模式

世纪之交,中国高等教育进行了新一轮的调整,办学规模不断扩大。1923年迁至八里台的南开大学与1952年院系调整后迁至六里台、七里台的天津大学,地理上比邻而居,学科上相互补充,人员上往来密切,于是两校一方面专心致力于精强式的内涵发展道路,一方面也积极探索"独立办学,紧密合作"的办学新模式。

2001年初,两校本科教学合作办学协作组成立。经过协商达成一致意见,在本科教学领域充分实现资源共享、优势互补,使两校本科生跨校选修学分成为可能。这年秋季,双方进一步在本科教学领域实施全新的办学模式改革,允许本科生跨校选修第二专业或第二学位。第二年,两校开始相互推荐免试硕士研究生,名额指标由教育部单独下达。南开大学和天津大学总结合作办学经验联合完成的"独立办学,紧密合作,创新办学体制和人才培养模式"教改项目,于2007年获得国家级教学成果一等奖,两所重点大学强强联合、优势互补的合作办学模式,得到评审专家的充分肯定。

2001年4月,由陈省身提议组建的"南开大学天津大学刘徽应用数学中心",经教育部批准正式成立。陈省身亲笔为中心题名并担任首届学术委会主任。教育部在批复中要求:"通过两校在应用数学及相关领域的联合与合作,发挥更大优势,不断探索和总结校际科技合作的经验,将中心建设成为我国应用数学研究及培养和凝聚高水平人才的重要基地,积极开展国内外科技合作与交流,为我国应用数学领域的发展、人才培养和国家、地方经济建设做出应有贡献。"

■ 2001年,南开大学——天津大学联合研究院成立

在教育部的大力支持下,南开大学、天津大学从2002年起进行了深层次的合作,共同进行相关科学研究,邀请国内外著名学者来两校作学术报告,并为本科生进行至少一个月的课堂教学。这种深层合作,对提高两校数学领域教学科研水平,促进国内外同行交流,起到了非常积极的作用。

在开展教学领域和人才培养方面深度合作的同时,2001年12月,南开大学与天津大学组建联合研究院作为科技合作的载体,首批13个科技合作项目正式启动,实现了优势互补、共同发展,办学活力得到进一步增强。

四、建设世界知名高水平大学的新探索

在我国高等教育实现跨越式发展的基础上,2002年党的十六大提出了"提高教育质量和管理水平"的新的更高要求。《国家中长期教育改革和发展规划纲要(2010—2020年)》明确指出,"提高质量是高等教育发展的核心任务"。2011年,胡锦涛总书记在清华大学百年校庆讲话中进一步强调:"不断提高质量,是高等教育的生命线,必须始终贯穿高等学校人才培养、科学研究、社会服务、文化传承创新各项工作之中。"中国高等教育由此进入了以提高质量为核心的新发展阶段。

在此形势下,南开大学也进入了以注重质量和特色为主要内容的内涵式发展时期。在此期间,2002年薛进文出任南开大学党委书记,2006年饶子和出任南开大学校长,2011年龚克出任南开大学校长。几任党政领导班子接力探索,带领全校师生扎实地向建设世界知名高水平大学的目标迈进。

党和国家领导人的亲切关怀

1994年12月13日上午,中共中央总书记、国家主席、中央军委主席江泽民来到学校视察,参观了数学研究所、自然科学成果展、社会科学成果展和逸夫楼图书馆,看望工作和学习中的师生,并与学校负责人座谈。视察中,他对南开大学75年的发展历程和办学传统给予高度肯定,并为校庆题词,在告别师生时对大家说:"我非常羡慕你们学校有这么好的条件,真想来这里学习……"

2011年5月1日,中共中央总书记、国家主席、中央军委主席胡锦涛在视察天津时,亲切接见了南开大学党委书记薛进文,希望南开大学抓住发展机遇,高标准高质量建好新校区,努力创建一流大学。

2009年2月15日,中共中央政治局常委、国务院总理温家宝来到学校视察,亲切看望在校师生并发表重要讲话,为南开大学90周年校庆送上祝福。

■ 江泽民总书记视察南开大学

■ 胡锦涛总书记视察南开大学

第九章　深化改革　开拓前行

▬▬ 温家宝总理视察南开大学

他亲切说道："我记得周总理说过一句话，'我是爱南开的'，其实我也是爱南开的。"

温家宝在讲话中精辟阐释了南开道路、南开品格和南开精神。他指出：南开的道路是同我们民族和国家的道路紧密相结合的，南开人总是把自己的命运同国家和民族的命运联系在一起，无论是在战争年代，还是在建设时期，这一点表现得非常清楚，心系国家应该是南开人应有的作风；南开的品格是允公允能、日新月异，就是为公、奉献和创新，这是每一个南开学生应该做到的，而且应该是一生的座右铭；南开的精神是她青春的精神，充满朝气、面向未来。他还深情地说："我讲南开的道路、南开的品格、南开的精神是发自内心的，因为它是我们许多学长、我们的前辈，用他们的经历和献身的事迹铸成的，这就是一个学校的灵魂。一个学校是有生命的，南开的灵魂就是我刚才讲的。我们要坚持走南开的道路，坚持发扬南开的品格，坚持南开的精神。"

重要历史节点对南开办学经验的总结

1999年10月、2004年10月和2009年10月,南开大学先后隆重举办了80周年、85周年和90周年校庆。校庆活动加强了海内外校友间的联系,振奋了南开人的精神,宣传了南开的形象,也对南开的办学传统及经验进行了系统梳理和总结。

2004年85周年校庆前后,《人民日报》、新华社、《光明日报》《天津日报》都在头版头条位置,发表了有关南开大学建校85周年办学历程的长篇通讯,《求是》《党建研究》等杂志发表了学校主要领导撰写的文章。特别是与南开中学和国家博物馆共同举办的《百年南开》展览,以"巍巍南开精神"为主题,以"以铸以陶育英才"为主线,用实物、图片等多种珍贵的历史资料及现代化多媒体手段,首次向世人全方位介绍了南开学校百年演进的历史进程,展示了一代代南开人为实现救国强国理想而进行的艰难探索,总结了南开学校百年来独具的特色和取得的光辉业绩。时任中共中央政治局委员、中央书记处书记、中宣部部长刘云山参观了展览,并对南开学校百年办学成

2004年,《百年南开》展览在北京中国国家博物馆举办

就给予高度评价。时任天津市委书记张立昌带领天津市四大班子领导出席了开幕式,展览在海内外校友间和社会上引起了强烈反响。

2009年90周年校庆前后,中央主流媒体又掀起了宣传南开大学的高潮,均在头版头条位置刊发长篇通讯,对南开大学的办学传统和特色进行了全方位的密集报道。如《人民日报》在10月11日头版头条发表《南开正年青——写在南开大学诞生90周年之际》,提出并回答了"南开为什么可爱?"的思考,文中总结道,南开之所以可爱,是因为南开人的命运与国家和民族同在,南开的"公能"教育熔铸了南开人的品格,南开人的青春光芒点亮了南开的精神,南开的道路、南开的品格和南开的精神,构成了南开大学高扬的灵魂,赋予了历史名校青春卓越的风华。

■ 2009年部分中央媒体报道南开大学

"求精求强,注重特色"战略的提出

在世纪之交中国高等教育快速发展的形势下,国内各高校都在抢抓机遇、深化改革、开拓创新、加快发展,呈现一派你追我赶、百舸争流的态势,特别是一批原来与南开规模相当的重点大学成倍扩大,一些兄弟院校从政府得到了更多的投入，这就使南开面临更加激烈的竞争局面。这种竞争，体现在从政府和社会争取资源多少上，体现在学校教学科研水平和社会服务能力上，体现在对拔尖杰出人才的争夺上，体现在优秀生源的选拔上，体现在毕业生就业市场的竞争上，体现在学校的内部活力上，同时还体现在社会对大学的评价上。挑战严峻，形势逼人，不进则退。

在这种形势下，如何抓住新的战略机遇期，坚持南开道路，发扬南开品格，光大南开精神，推动科学发展，走出一条有南开特色的国际知名高水平大学发展之路，既是南开人必须面对的时代课题，也是南开人必须承担的历史责任。

在巨大的压力和挑战面前，南开人最直接的感受就是办学条件的限制。南开向来不以规模和体量著称，囿于多种因素，学校的校园面积、经费投入数额、可利用资源数量等都相对较小，在许多硬件方面甚至远远落后于兄弟高校。

面对严峻的形势，学校在2003年开展了大讨论，主题实际就是"南开怎么办"。有3000多人参加到大讨论中。最后多数人的共识是，传承发扬南开精神，勇于面对困难挑战，凝心聚力，攻坚克难，奋力开创学校发展的新局面。

2003年11月，中共南开大学第七次党员代表大会召开

第九章　深化改革　开拓前行

2003年11月，学校召开了第七次党员代表大会，明确提出了"求精求强，注重特色"的发展战略，南开要在激烈的竞争中以特色和质量取胜。第七次党代会报告指出：到2010年前后，把南开大学建设成为规模适度、结构合理、特色鲜明、国际知名的高水平大学，使其在教育质量、学术水平和整体办学实力上有显著提高，某些优势学科达到国际先进水平，成为我国高层次创造性人才培养、知识创新和服务经济建设与社会发展的重要基地。再经过几个"五年计划"的努力和艰苦奋斗，跻身世界一流大学的行列。

为实现上述"两步走"的战略目标，报告强调要坚持"求精求强、注重特色"的方针，处理好内涵提高与外延发展的关系、重点与一般的关系，有所为有所不为；坚持继承和发扬南开优良传统，形成新的办学特色；坚持贯彻规模、结构、质量和效益相统一的原则，进一步强化管理，把提高质量和优化结构放在突出位置。

为贯彻落实"求精求强、注重特色"的方针，报告提出了五大战略：一是质量提升战略，质量提升，核心是人才质量提升、教育质量提升；二是强势学科战略，就是有所为有所不为，要集中有限资源让部分学科冲刺第一梯队，冲刺前三名；三是人才强校战略，推出几项人才计划；四是科技创新战略；五是国际化战略。五大战略都是围绕"求精求强，注重特色"的主题展开，实现南开的两步走发展目标。

会议选举薛进文为党委书记。

第七次党代会和会前的全校大讨论，在全体南开人当中形成了强烈的共识，进一步统一了思想，明确了发展目标和战略。21世纪以来，南开始终保持规模适度发展，成为重点大学中招生规模较小的高校之一。历史地看，"求精求强"的办学战略，优化合理的学科结构，以及高素质的生源构成，可以使南开在当时的办学条件下，得以进一步集中力量，勇敢地面向21世纪的挑战。学校利用各种政策支持，兴建了第二主教学楼、体育馆、汉语言文化学院、综合实验楼、大学生活动中心等一批新建筑，使办学条件得到明显改善提升。

"强势学科"战略取得显著成效

为实施"强势学科"发展战略,学校坚持"加强基础,强化优势,合理布局,优化结构,支持重点,发展应用,立足创新,协调发展"的方针,继续巩固传统学科优势,充分发挥化学、数学、经济学、历史学等传统支柱学科的作用,大力组织和支持前沿领域的学科交叉,大力扶植新的学科生长点,逐步形成一些新的优势学科,构筑起特色鲜明、布局合理、结构优化的学科框架。

2006年,学校面向海内外公开选聘14个专业学院院长和21个院系的学术带头人

学校还以"十五""211工程"建设和"985工程"二期建设为基础,加大对18个国家重点学科的支持力度,进一步凝练现有重点学科的学科方向,集中力量建设以化学等为依托的材料科学与材料加工学科,以化学、生物学等为依托的生命科学学科,以数学等为依托的基础理论学科,以经济学、管理学为依托的经济与管理学科,以历史学等为依托的人文学科等5个学科建设平台,以重点学科带动相关学科,促进学科群的发展。

第九章　深化改革　开拓前行

经过几年的努力，在2007—2009年的全国高校学科评估中，南开化学与北京大学并列第一，理论经济学和历史学位居第二，数学位居第三，工商管理与中国人民大学并列第三，社会学与南京大学并列第三，政治学与中央党校并列第五，马克思主义理论与吉林大学、复旦大学并列第六，中文、应用经济学、物理、哲学、环境科学、生物学、图书馆学等学科也都位居全国高校前十名。1995—2004年的SCI收录论文累计被引用篇数，南开位居全国第八，2005—2008年的SCI收录论文被引用率也始终稳居全国高校前列。

在哲学社会科学领域，南开仅"十五"期间就取得9719项成果，获得省部级以上奖励202项。从2002年到2007年在中国经济学最高奖"孙冶方经济科学奖"的评选中，南开教师3次入选。2007年的国家重点学科评选中，南开有10个二级学科增补为国家重点学科，增补数量位居全国高校第七，增补率在所有申报学科数量超过5个的高校中名列榜首。此外，学校共有16个一级学科博士学位授权点，18个博士后科研流动站，6个一级国家重点学科，覆盖9大门类的44个二级国家重点学科，在全国高校中名列前茅。同时，学校所承担国家和教育部的科研项目以及获奖成果数量也都位居全国高校前列，人均数值和比例则更高。

在较短时间内，"强势学科"战略之所以能够取得显著成效，根本原因在于学校坚持走内涵式发展道路，根据自身实际情况有所为、有所不为。在学科建设方面，与其把有限的资源平均分配给所有学科，不如采取重点突破的战略，优先发展特色优势学科，力求在国内外占据领先地位，进而带动整个学科的全面发展。因此，南开不断凝练重点学科的发展方向，集中建设强势学科平台，形成了以重点学科为支撑，基础学科、应用学科、新兴学科、交叉学科等布局合理、优势互补、协调发展的学科体系。

"强势学科"战略的实践充分证明，有所为有所不为，坚持求精求强的内涵式发展，是符合南开大学实际的成功之路。

■ 2011年9月,中共南开大学第八次党员代表大会召开

"质量与特色"主题的深化

"十二五"期间,南开面对的形势仍然是严峻的,但面临的机遇也是难得的。能否充分利用有利形势加快发展,在竞争中脱颖而出,关键在于能否认清和把握"转型"趋势、抓住和用好"转型"机遇;而能否牢牢把握机遇、沉着应对挑战,最终取决于具有南开特色的教育改革的推进。

2011年9月26日至27日,学校第八次党员代表大会隆重召开。校党委书记薛进文在题为《坚持育人为本,强化质量特色,努力建设世界知名高水平大学》的报告中强调:"质量与特色依然是今后一个时期学校工作的两大主题,也是学校长远发展的永恒主题。其中,质量是学校发展的生命线,根本是培养什么人;特色是学校发展的竞争力,核心是怎样培养人。两者相辅相成,完整地统一于办学育人的全过程。"

会议选举薛进文为党委书记。

根据这次大会确定的"两步走"发展思路,学校制定了《南开大学"十二五"事业发展规划纲要》,提出了"十二五"期间重点抓好的八项工作任务:一是大力推进教学改革,实施公能特色素质教育;二是优化学科布局,

第九章 深化改革 开拓前行

改善学科结构,提升学科水平;三是着力建设"公能兼备、结构合理"的教工队伍;四是积极构建前沿与需求导向的科学研究体系;五是提升服务国家和区域发展的能力与成效;六是扩大和加深海外合作,支持人才培养等工作;七是基本建成津南校区,形成多区协同发展态势;八是深化管理体制改革,建立健全现代大学制度。在此基础上,到2019年建校100周年,基本建成科学发展、特色鲜明的世界知名高水平大学,为创建世界一流大学奠定坚实的基础。

学校第八次党代会,是南开大学在一个特殊历史时期召开的重要会议。当时,中国教育事业因为优先发展的地位与改革创新的态势而意气风发,高等教育正在走以质量提升为核心的内涵式发展道路,全面实施素质教育的要求愈发迫切;天津经济社会快速发展,纳入国家总体发展战略的滨海新区开发开放深入推进,学校发展的区域环境更加优越,从地方经济社会发展中获取的支撑力和推动力更加强劲,发展平台更加广阔;南开大学津南新校区即将开建,学校借此契机重整学科资源、改善办学条件,发展态势空前良好。在这样的背景下,第八次党代会的召开,深入回答了新世纪新阶段南开"培养什么样的人"和"怎样培养人"的历史性课题,主题报告更是坚持育人为本,贯穿质量、特色主题,规划了学校未来发展的蓝图,成为南开"公能"素质教育的宣言书、迈向世界知名高水平大学的行动纲领。

会后,学校党委要求全校各级党组织和全体党员认清形势、明确方位、找准定位,切实增强大局意识、责任意识、忧患意识,抢抓机遇、应对挑战,全面加快建设世界知名高水平大学的步伐。

第十章 新时代 新征程

党的十八大以来,在以习近平同志为核心的党中央领导下,党和国家事业发展取得了历史性成就,发生了历史性变革,中国特色社会主义进入了新时代。在这一历史背景下,南开大学认真贯彻习近平新时代中国特色社会主义思想,牢记习近平总书记的殷殷嘱托,紧紧抓住高等教育内涵式发展和"双一流"建设的历史性机遇,继承弘扬"公能兼济、以公为先、能力为要、注重创新、全面发展"的教育特色和"知中国、服务中国"的学术传统,主动转变教育观念,全面深化综合改革,持续强化质量和特色,积极调整学科布局,努力改善办学条件,加强党的领导、党的建设和全面从严治党,为建设南开品格、中国特色、世界一流大学而努力奋斗。

一、加速推进改革和事业发展

南开大学在新时代的发展中,既面临巨大的挑战,也迎来了更大的机遇。如何认清形势、把握机遇、应对挑战,是南开人在新时代能否创造新辉煌的关键。

机遇与挑战对南开发展的新要求

从国际来看,世界多极化、经济全球化、社会信息化、文化多样化深入发展,有力推动着教育的转型,提高质量已成为世界高等教育的时代课题。在这一转型中,教育对外开放为南开利用国际资源提供了前所未有的机遇,也使南开面临着对标一流、追求卓越的挑战。这就要求南开人必须增强使命意识、忧患意识,不仅要胸怀天下、"放眼看世界",还要勇于担当、"大胆闯世界",主动作为,努力在国际教育舞台上占有一席之地。

从国内来看,转变发展方式成为推动教育改革的强大驱动力,国家经济社会发展对高校提质增效、转型升级、服务社会的要求更加紧迫,对创新型、应用型、复合型人才的需求更加旺盛,人民群众对高质量、多样化高等教育的需求更加强烈。所有这些,都迫切需要南开坚持育人根本,坚持服务导向,为实现中华民族伟大复兴的中国梦提供人才和智力支持。

从区域来看,天津特别是环渤海地区的快速发展,形成了对南开办学的强劲推动。特别是党中央提出并实施京津冀协同发展战略后,天津发展处于重要的历史性窗口期。习近平总书记对天津"三个着力"指示要求的贯彻落实,"一带一路"建设、京津冀协同发展、国家自主创新示范区建设等重大战略的实施,为南开发展提供了重要的机遇和宽阔的舞台。

面对上述新形势新机遇,学校提出必须抓准定位、发挥优势,继续围绕"质量和特色"两大主题,全面推进重要领域的改革创新:必须不断深化改革,以"逢山开路,遇水架桥"的精神,进一步优化学科、专业、师资、学生等方面结构,促进学校教育的供给侧结构性改革;必须坚持开放办学,努力与世界一流教育资源对接,不断扩大南开影响、实现合作共赢;必须把握关键在人,不断完善师资队伍结构,提升师资水平,努力帮助教师提高业务能力。

坚定落实立德树人根本任务

党的十八大以来，习近平总书记多次就高等教育改革发展、培养青年学生成长成才、高校党建和思想政治工作发表重要讲话。中央有关部门和教育部也就培育社会主义核心价值观、开展"中国梦"主题教育、建立师德建设长效机制等，下发了多个指导性文件，对高校德育工作提出了新部署新要求。

学校党委认为，中央上述精神最核心的有两条：一是立德树人，这是根本任务；二是社会主义核心价值观，这是战略工程。全校各级党组织和各学院各单位必须坚决贯彻中央的部署，把这两条核心要求与学校实施的"公能"素质教育紧密结合起来，开拓创新，抓好落实。

基于这一认识，2015年1月7日，学校召开了德育工作会议，主题是学习贯彻习近平总书记关于高校立德树人的一系列要求，总结学校德育工作成绩，分析存在问题，坚持立德树人，坚持培育和践行社会主义核心价值观，努力开创德、智、体、美、劳融合发展的素质教育新局面。

校党委书记薛进文在会上强调："我们追求的德育，应当是无时不有、无处不在但又尽量避免刻意为之的德育，学校的教育环境、教育过程要给学生潜移默化、润物无声的教育引导，使每个同学在学习、生活、实践的每个环节都能受到无形的熏陶，受到积极向上的鞭策和激励。我们追求的德育工作格局，应当是南开特色和'公能'导向鲜明的德育工作，把南开历史上的好传统、好做法，弘扬坚持下去，以'公能'校训为社会主义核心价值观的南开德育表达，以'公能'素质教育为践行社会主义核心价值观的南开德育路径。"

会议对学校德育工作提出三条要求：一是进一步理清内涵，明确目标，追求南开特色的德育境界；二是努力形成德育的合力，推动全员育人、全方位育人、全过程育人格局的完善；三是强化机制，突出主体，健全德育工作体系，强化师德学风建设的长效机制，创新中华传统文化教育，整合运用德育资源，发挥学生主体作用，完善相关政策制度。

会后，学校党委印发了《关于进一步加强和改进新形势下德育工作的意见》，从坚持用中国特色社会主义理论武装师生头脑、加强社会主义核心价值观教育、增强实践育人效果、激发学生主体意识、完善"公能"素质教育支持评价体系、创新网络思想政治教育、加强师德建设和育人能力培养、统筹推进德育工作队伍建设、强化专业学院育人主体功能、创新德育工作体制机制等10个方面，提出了构建和完善分层次、多样化、聚合力、见实效的德育工作新格局的具体举措（简称"南开德育十条"）。这次会议和出台的文件，对于指导南开的德育工作起到了重要的作用。

学校还先后召开体育工作会议、本科教学工作会议、美育工作会议，在全国高校中首次向毕业生颁发体质健康证书，促进德、智、体、美相互融合、协调发展，体现出南开的育人标准和特色。

南开德育工作的传统和特色，就是鲜明的"公能"导向。在长期办学实践中，南开走出了心系国家、服务社会的爱国道路，铸就了允公允能、日新月异的公能品格，彰显了充满朝气、面向未来的青春精神。这些都凝结于"允公允能，日新月异"的校训之中。

党的十八大提出要在"三个倡导"基础上培育和践行社会主义核心价值观的要求后，学校党委认真思考"公能"校训与社会主义核心价值观的契合点，努力将"三个倡导"融入"公能"校训之中。经过深入学习讨论，提出：如果把"公"理解为致力富强、民主、文明、和谐的家国情怀，追求自由、平等、公正、法治的社会理想，涵养爱国、敬业、诚信、友善的人生操守，把"能"理解为修身报国、服务社会、践行"公"之价值观的能力，把"日新月异"理解为追求和践行"公能"过程中要与时俱进、开拓创新，那么"公能"校训便可谓社会主义核心价值观的"南开表达"。找到这个契合点，便可把"公能"校训的传承、发展与践行作为载体，将社会主义核心价值观有机融入新时期南开的办学实践和师生的校园生活，使之成为指导学校办学、规范师生品行的圭臬。

在此认识基础上，学校积极挖掘自身的办学传统与文化特质，以"公能"

校训为载体,把社会主义核心价值观的培育和践行贯穿于南开的教育改革发展、大学精神培育、校园文化建设中,使之更加贴近南开实际。

2014年10月17日,南开在建校95周年之际,召开了"公能"校训与社会主义核心价值观研讨会,进一步深入探讨如何更有效地以"公能"校训为载体,培育和践行社会主义核心价值观。校长龚克指出:校训是一所学校用独具特色的语言对自身教育理念的凝练表达,南开的校训别具一格,特别之处在于其原创性、社会性、实践性、时新性;"公能"校训不是简单的说教和华丽的辞藻,不能仅止于理解,而要内化为每个南开人的行动,要把传承"公能"校训、践行社会主义核心价值观贯彻落实到各自的教学、科研、管理及学习之中,立公增能,服务社会。

2014年10月17日,学校召开"公能"校训与社会主义核心价值观研讨会

南开推进社会主义核心价值观与南开"公能"素质教育深度融合的做法,得到了中宣部、教育部的充分肯定。2014年8月9日,中央电视台《新闻联播》以头条6分钟的时长对南开校训进行报道,这也是《新闻联播》推出的"校训是什么"系列报道的开篇之作。《人民日报》、新华社、《光明日报》、《经济日报》《中国教育报》、《天津日报》等媒体也纷纷聚焦南开校训,用大篇幅予以重点报道,受到全校师生、海内外校友和社会各界的广泛关注。

2014年8月9日，中央电视台《新闻联播》推出"校训是什么"系列报道，开播第一篇以头条6分钟时长介绍了南开校训

2016年12月7日，习近平总书记在全国高校思想政治工作会议的重要讲话中，专门提到了南开大学"允公允能，日新月异"的校训，指出这个校训同社会主义核心价值观的内在要求是一致的。这是对南开办学传统与特色的充分肯定，令南开人备受鼓舞。

2018年9月10日，习近平总书记在全国教育大会上发表重要讲话，再次充分肯定南开的爱国主义教育传统。学校党委书记杨庆山在接受《人民日报》采访时表示："习近平总书记强调，我们的教育必须把培养社会主义建设者和接班人作为根本任务，这一重要论述要求我们抓住人才培养的核心关键，坚定理想信念，厚植爱国主义情怀，教育引导学生把个人命运与国家命运相联系，把个人理想融入民族梦想，听党话、跟党走，扎根人民、奉献国家。"

学校把实践育人作为培育社会主义核心价值观的重要途径。1999年至今，南开大学已累计招募了21届241名研究生志愿者赴甘肃、山西、新疆、西藏等地区开展支教服务工作。2003年，南开大学与新疆阿勒泰地区建立联系，至今已派遣16批共计183名研究生支教团成员赴阿勒泰地区二中开展支教服务。于2015年派出研究生支教团成员前往拉萨市达孜县小学开展支教服务工作，累计派出4届20名志愿者。于2016年起，每年派出4名志愿者到甘肃省庄浪县开展支教服务工作，至今累计派出12名志愿者投入当地建设中。学校每年派出近百支学生实践服务团队，深入基层、农村和厂矿，积极开展社会调查、志愿服务、科技创新、支教挂职等社会实践活动。南开学子用实际行动诠释了社会主义核心价值观的时代内涵。

"建高原、起高峰"的学科发展布局

为了更好适应经济社会发展需要，培养拔尖创新人才，学校不断调整和优化学科布局。在这一轮学科布局调整中，学校坚持"不求大全、但求精强"的原则，提出了"建高原、起高峰、蓄后劲、做贡献、出人才"的总体思路：提升学科总体优质率，使学校一级学科列全国排名前十的比例达到总学科数的70%左右（"建高原"）；选择3—5个优势学科有重点地进行建设，冲击"国内顶尖、世界一流"的水平（"起高峰"）；促进学科交叉融合，通过学科群建设带动相关学科发展（"蓄后劲"）；坚持强化基础、着力加强应用，增强对经济社会发展的贡献力（"做贡献"）；强化学科育人功能，推进教学与科研相结合，推进学生自主全面发展，推进学生的国际化培养，提高育人质量，形成具有"公能"育人特色的南开学科建设风格（"出人才"）。

2013年7月，学校对信息技术科学学科进行了优化整合，分别组建了计算机与控制工程学院和电子信息与光学工程学院，以构建南开特色的现代工学体系，从而开启了新一轮学科布局调整的大幕。2015年7月，整合化学学院、物理科学学院、数学科学学院、泰达应用物理研究院在材料学科的专业和研究人员，新建了材料科学与工程学院。2016年8月，整建制接收天津市第四医院为南开大学附属医院。2017年10月，与天津市第一中心医院等12家医院签署合作协议，推进医学教育改革，推动"医教研"协同并进。2018年，成立了人工智能学院、统计与数据科学学院、网络空间安全学院，

第十章 新时代 新征程

旨在服务国家重大需求,助力地方经济社会发展。加快推进"双一流"建设,培养适应和引领时代发展的未来人才,成为南开进一步谋划发展"新工科"的重要举措。学校还紧盯国家急需,推进应用社会科学发展。2015年6月,高起点成立金融学院。2016年8月,商学院获得国际顶级商学院认证机构国际精英商学院协会(AACSB)的官方认证。

学校突破现行分科学院体制局限,搭建多学科交叉平台和跨学院研究平台,实现多学科协调发展和相互支撑的良好态势。自主设置了环境史、数理经济、生物信息、服务科学与管理等交叉学科;整合化学、生物学、医学和药学等学科力量,组建了药物化学生物学国家重点实验室,于2011年获得国家批准,2014年通过国家验收。同时,学校因应生态文明建设的时代需求,一方面整合校内环境科学、历史学、化学、经济学、生命科学等10余个学科(学院)力量,成立生态文明研究院;一方面与清华大学等国内著名高校和学术机构合作组建"中国高校生态文明教育联盟",搭建跨高校、跨部门的高端科研、教育平台。随着"大数据"时代到来,学校充分发挥计算机、统计、生物学、环境科学与工程等学科优势,开展数据挖掘、图像视频智能分析等方面研究。2014年4月,统计研究院揭牌成立。同年,整合了全校涉海科技资源的海洋工程研究中心成立。2018年4月,以多学科交叉融合为主要突破,成立稀土与无机功能材料研究中心。

党的十八大以来,学校贯彻落实习近平总书记对高校提出的"四个服务"[①]要求,充分发挥学科门类齐全的综合优势,深入研究、宣传、阐释习近平新时代中国特色社会主义思想。全校近50位教师参与了"马克思主义理论研究和建设工程"重点教材的编写,是国内参与专家人数最多的高校之一。南开大学牵头组建的中国特色社会主义经济建设协同创新中心,成为全国唯一一个以经济建设为主攻方向的国家级协同创新中心。

---

① 2016年12月7日,习近平总书记在全国高校思想政治工作会议上发表重要讲话,明确提出高等教育"四个服务"的发展方向,即"为人民服务,为中国共产党治国理政服务,为巩固和发展中国特色社会主义制度服务,为改革开放和社会主义现代化建设服务",简称"四个服务"。

2012年9月15日，南开大学牵头的"中国特色社会主义经济协同创新中心"培育启动仪式在北京举行，2014年通过国家认定，成为"2011计划"协同创新中心

南开学者积极服务京津冀协同发展、自由贸易区建设等国家战略和"一带一路"建设，承担直接服务经济社会发展的项目1400余个，为各级党政机关提供高质量决策咨询报告500多份，发挥了思想库和智囊团作用。APEC研究中心、人权研究中心、京津冀协同发展研究院、滨海开发研究院、当代中国问题研究院、中国公司治理研究院、跨国公司研究中心、台湾经济研究所等，连续多年发布相关报告，成为服务国家战略和区域发展的高端智库。

南开学者紧贴国家重大战略需求和世界学术前沿，在人工智能研究、生态文明研究、现代工学体系构建、智能医学工程人才培养、标识性论文和科研成果产出等方面均有新的突破，展现了学校在基础研究以及引领性原创研究方面的强劲实力和后劲。2018年1月，中国工程院与天津市人民政府合作共建中国新一代人工智能发展战略研究院。研究院依托南开大学建设，旨在打造全国发展人工智能的排头兵和桥头堡。

党的十九大召开后，学校的"双一流"建设进一步加快，学科建设思路调整为：完善学科布局、凝练特色方向、巩固优势学科、补强薄弱学科、开辟新兴学科，全面提升学科核心竞争力和影响力。按照这一思路，学校将筹建

第十章 新时代 新征程

10个交叉科学中心,通过创新学科组织模式,打破传统学科间的壁垒,以重大科学问题和国家重大需求为牵引,促进学科交叉创新与群聚发展,形成一批新的学科制高点和增长点,构建南开特色的交叉研究体系,为推动国家发展和人类进步做出贡献。

2018年7月15日至16日,学校召开学科建设工作会议。校党委书记杨庆山在会上指出,要正确把握学科建设的育人功能,坚持立德树人根本任务,努力提升教育教学水平,培养更多高质量的南开栋梁。他要求准确把握学科建设的时代性和规律性,把握前瞻引领、精准定位、系统推进的原则,正确处理学校与学院的关系,传统与新兴、基础与应用的关系,"高原"与"高峰"的关系,中国与世界的关系,投入与绩效的关系,明确加强学科规划顶层设计、创新学科管理体制机制、健全学科评价激励机制、完善学科建设保障机制的重点任务,推动学科不断发展。

校长曹雪涛在主旨报告中详细梳理了南开学科发展现状、各类排名情况,分析了学校"双一流"建设面临的形势,剖析了学科发展中存在的问题,提出了学科建设的目标和思路。他指出,学科建设要把握"三个坚持"和实

2016年,学校召开首届国际人才论坛,诺贝尔经济学奖获得者罗伯特·恩格尔受聘名誉教授

现"三个突破"。"三个坚持"是：坚持"聚力登峰式"发展，坚持"学科集群式"发展，坚持"前沿交叉式"发展。"三个突破"是：在文理特色交叉融合发展方面实现突破，在新工科建设方面实现突破，在生物医学学科建设方面实现突破。他强调，学校在推进"双一流"建设中还应着重打造促进学科发展的一流师资队伍；搭建发挥学科基础作用的育人平台；形成服务国家和学术前沿的创新体系；提升学科发展的国际影响力；建立健全创新学科发展的体制机制。

二、津南校区建设和"一校三区"的形成

一所好的大学，大师固然必不可少，但大楼也不可或缺。南开源自私立，靠各界捐助办成抗战前的规模已属不易，1937年校园被日寇彻底炸毁，战火之中虽精神愈益奋励但物质尽遭损毁，1946年复校改为国立后直到1950年，八里台校区还只有3座小楼，1976年唐山大地震造成人员伤亡和建筑损坏都很严重。南开虽历经几代人的努力建设成为全国重点大学，但长期以来，囿于多种因素，办学空间始终十分局促，校园基础设施相对落后，严重影响和制约了学校的进一步发展。

在办学空间上寻求突围

改革开放以来，南开的办学条件有了很大改观，但与办学规模及未来的发展蓝图相比，校园空间已经饱和。在八里台校区1736亩土地中，城市规划道路、教工住宅、幼儿园及湖泊、水面占地约700亩，用于教学科研的土地仅有1000余亩。1998年到2013年，全日制在校生由10600人增加到23925人，而校园空间仍然基本维持在原有状态，按长远发展测算，用地缺口达3000余亩。

尽管学校不断努力和尝试，在八里台校区可用土地范围内尽可能腾出

空间用于办学,如兴建第二主教学楼,迁出部分附属单位,就近拓展空间争取来市教委所属儒东、儒西公寓等,但还是未能解决十几名教师挤在一个办公室、硕士生6个人住一间宿舍等问题。正如校党委书记薛进文所说,凡是能想的办法都想了,凡是能做的努力都做了,南开要想有大的发展,必须在空间上进一步寻求突围。

津南新校区的规划与奠基

2006年5月,国务院印发《关于推进天津滨海新区开发开放有关问题的意见》,将天津滨海新区定位为全国综合配套改革试验区。服务滨海新区建设发展这一国家战略,是"喝海河水长大的"南开大学的应尽之责,也成为学校进行办学空间布局调整的重大历史机遇。

为推进天津滨海新区建设,加强天津中心城区与滨海新区的联系,支撑海河中游地区开发,从2008年9月开始,天津市组织开展海河教育园区总体规划编制工作。在学校的积极努力下,南开大学津南新校区选址被纳入其中。

对南开大学津南新校区的选址和建设工作,天津市委、市政府和教育部给予了高度重视和大力支持。中共中央政治局委员、天津市委书记张高丽亲自拍板,将南开大学津南新校区选址纳入2005年至2020年的《天津市城市总体规划》,在位于海河中游的最佳地段,为南开大学无偿划拨2.5平方千米土地用于新校区建设。2010年3月7日,教育部与天津市人民政府在北京签署共建南开大学新校区框架协议,将其纳入教育部"十二五"期间基本建设规划,并给予10亿元财政支持。同时,天津市委市政府给予学校一系列政策支持,例如支持学校适度融资建设新校区,减免电力、燃气等配套建设费,免除紫金山路校区、迎水道校区土地置换税费等。从无偿用地到专项资金划拨,中央和地方政府如此大力度地支持一所高校建设,在中国现代教育史上并不多见。

津南新校区坐落在天津中心城区和滨海新区黄金走廊的中心位置，位于海河中游南岸的海河教育园区内，东临天津大道，南邻津港高速公路，西北隔生态绿廊与天津大学北洋园校区相望。校园规划总占地面积3688亩，总规划建筑面积约150万平方米，总体规划容纳学生37000人，分两期实施建设：一期规划建设面积约72万平方米，已于2015年8月底竣工并在9月5日投入使用，迁入文科、理科和新兴学科的14个专业学院和1个国家重点实验室，学生13000余名，教职工2000多名。一期建设完成后，公共教学区与各学院组团、对外办学区域初具规模。二期建设将陆续完成其余建设项目，学校的教学、生活与服务设施将进一步完善，教工宿舍增加，校际联络更紧密，满足继续迁入24000人的使用需求。

在广泛征集新校区总体规划方案的基础上，2011年12月，新校区奠基仪式隆重举行。2013年5月，南开大学津南校区作为教育部"十二五"期间重点支持基建项目和天津市重点工程，正式开工建设。

建设伊始，学校对津南校区提出的总体要求是："高起点规划，高水平建设，高效能管理，精心建设一座以师生为本的生态化、人文化、信息化，具有南开特色的现代化新校园。"经过招标，由同济大学设计院、清华大学设计院、天津市建筑设计院等参与设计的这座新校园，核心公共资源居中设置，服务半径均等分布，就近组团控制在150米适宜步行范围内，远端组团控制在600米的极限步行范围内，体现了"以人文本、科学规划"的设计理念。建设中，学校努力打造绿色低碳的生态校园，采取了多种节能减排措施。为了传承南开人的集体记忆与精神文化，新校园还专门设有历史纪念区，20世纪20年代的木斋图书馆、思源堂、秀山堂等老建筑都已复原重建。

建设与搬迁中的南开精神

建设津南新校区这样一个浩大的工程，管理协调、手续报批、造价审计、

第十章　新时代　新征程

工程监督、资金管理,千头万绪,任务艰巨。

工程建设条件虽然艰苦,但难不住团结一致、苦干拼搏的南开人。为了解决新校区规划建设指挥部同志的交通通勤问题,接待服务中心协调班车每日往返于新老校区之间,一跑就是两年多;指挥部设立初期没有食堂,膳食服务中心每天上午10点准备饭菜半成品驱车送往新校区建设工地再加工,为的就是让奋战在一线的同事们能够吃上一口热饭;弱电智能化工作团队加班加点架设网络、电话,调试硬件设备,确保了指挥部的正常办公需要。全校师生、海内外校友的热情支援,更是成为一线建设者们的强大动力。

千锤百炼铸精品。学校始终将安全与质量放在各项工作首位,严把施工技术关口,以管理促建设,为工程质量"保驾护航"。这是所有新校区建设者的一份承诺,更是实现南开教育梦想的稳固基石。

津南校区一期工程需要大量建设资金,除教育部拨款10亿元用于核心区建设外,其余建设资金需要学校自主筹集。为此,学校付出了巨大的艰辛和努力。2012年6月,学校与清华紫光集团签署津南校区非核心区融资建设项目框架协议。2013年11月,双方正式签署融资建设合同,学校通过置换迎水道校区土地的方式,筹集了新校区非核心区的建设资金。此举也意味着津南校区一期工程建设又向前迈进了实质性的关键一步。

学校各职能部处、各学院也以不同方式为新校区建设"添砖加瓦"。建设后期,各搬迁学院陆续参与到新大楼的二次施工和内部装修中。在新校区启用前最紧张的收尾阶段,学生工作、教学管理、实验设备、安全保卫、信息化建设、后勤保障、房产管理、接待中心、膳食服务等部门陆续展开工作对接,全力保障新校区顺利启用。

全球南开人,共建新南开。津南校区的建设得到了海内外校友及社会各界人士的大力支持。著名企业家赵伟国以个人名义出资支持思源堂、秀山堂、木斋图书馆等老建筑的复建。此外,清华紫光集团、中植集团等社会企业也捐资助力。不长的时间里，津南校区建设就获得校友及社会各界资助近两亿元。

经过两年多艰苦顽强的拼搏，津南校区一期工程顺利完工，全球南开人魂牵梦萦的新校区终于立体地展现在世人面前。置身美丽的新校园，全体南开人更加怀念南开的创办者和历代先贤，更加感受到党和政府的关心厚爱，由衷赞叹新校区建设者们的辛勤劳动和杰出创造，不能忘记曾经为拓展办学空间积极谋划、多方挖潜的老领导、老学人，不能忘记为新校区规划建设建言献策、添砖加瓦的师生校友，也对南开大学的未来更加充满信心！

津南校区的规划建设，是南开大学办学空间布局的一次战略性调整，而如何顺利搬迁，则更是考验着南开人的智慧。为了确保这场大搬迁的顺利进行，保护国有资产，厉行勤俭节约，搬迁工作指挥部2014年初就开始谋划。学校师生、天津市相关部门、新校区建设单位、搬家公司，多方统筹、积极协调，坚持以学生为本，以教学科研为中心。

在启动搬迁工作的同时，一期建设的收尾工程也在热火朝天地进行。如何在受多种因素影响，使土方整理、绿化、道路铺油等施工曾受到限制的情况下抢回工期；如何保证入驻师生的安全和正常生活，相关部门的工作人员昼夜奋战，"压力山大"地解决一件件"火烧眉毛"的大事小情，让一个又一个"不可能"成为"可能"。

在这场建设与搬迁的攻坚战中，南开人用智慧和汗水，完美诠释了"越难越开"的南开精神。

2015年9月5日，南开大学津南校区正式启用。由此，学校形成了"八里台—津南—泰达"一校三区的办学新格局：八里台校区以基础学科和传统学科为主，是具有历史积淀与文化精神的综合性校区；津南校区是南开办学的拓展和延伸，成为充满活力和朝气的现代化综合性校区；泰达学院以建设高端、前沿研究平台为主，更好地适应京津冀协同发展和天津滨海新区开发开放的战略需求。

2015年9月5日，南开大学津南校区正式启用

三、以新发展理念提升核心竞争力

党的十八大以来，以习近平同志为核心的党中央坚持以人民为中心的发展思想，提出了"创新、协调、绿色、开放、共享"的发展理念，这为学校的全面改革与事业发展提供了重要遵循。南开坚持以新发展理念为统领，全面提升核心竞争力。

制定学校章程，依法办学治校

适应中国国情和时代要求，建设依法办学、自主管理、民主监督、社会参与的现代学校制度，特别是在高等教育领域完善中国特色现代大学制度，是《国家中长期教育改革和发展规划纲要（2010—2020年）》确定的一项战略任务。建设中国特色现代大学制度，从外部关系讲，就是要转变政府职能，处理好政府、学校、社会的关系，为高校发展创造良好的外部环境。而从完善内部治理结构的角度看，就是要构建以大学章程为龙头的制度体系，深化人才培养、人事制度、科研及院系管理体制改革,增强高校健康发展的内生动力,从而促进质量提升,实现内涵发展。

2014年9月,教育部核准了中共南开大学第八届委员会第九次全体会议审通过的《南开大学章程》。这是学校历史上的第七部办学章程,也是新中国成立后南开大学自主制定的第一部全面的统领性的章程,是新时期南开人的"基本法"。

正式核准的《南开大学章程》(以下简称《章程》)分为序言、总则、学校功能与教育形式、教职工、学生、管理体制、组织机构、学术管理、民主管理、经费资产和后勤保障、外部关系、学校标识、附则,共12章、90条、9300余字。《章程》在结构上将教职工和学生置于组织管理要素之前,体现办学以教师为主体、教育以学生为主体的原则;在内容上单列学校功能与教育形式,突出人才培养、科学研究、服务社会、文化传承创新的基本职能和开放办学、国际化发展的要求;在文风上力求简明清晰,"法言法语",规范事关全局和根本的原则性问题。《章程》严格遵循法律法规和教育部有关要求,充分反映南开办学传统和优势,努力彰显教育改革的政策导向,特别是突出坚持党委领导下的校长负责制,注重学术治理体系规范化,强化民主参与和民主监督,体现立本开新的南开特色。

■ 《南开大学章程》于2014年9月3日经教育部核准正式发布

第十章　新时代 新征程

《南开大学章程》制定工作于2012年12月正式启动,成立了由校党委书记、校长为组长的领导小组和工作机构。2013年1月,校党委常委会审议通过《〈章程〉制定工作方案》,明确指导思想和工作方针。经过充分的学习调研、反复论证,于2013年11月确定《章程》提纲,2014年1月形成《章程》文本初稿,3月在数轮修改完善的基础上形成了面向全校师生和广大校友的《章程》征求意见稿及释义,4月形成提交教代会讨论的《章程》草案。随后,经过两轮深入的研商重点问题、吸纳意见建议、修改完善文本,于5月中旬形成送审稿,先后提交校长办公会、党委常委会、党委全委会审议,6月初形成《章程》报送核准稿。这个过程充分体现了开门定《章程》的宗旨和南开教职员工强烈的主人翁责任感。

建设南开品格、中国特色、世界一流大学奋斗目标的提出

2017年1月12日,中共南开大学第九次党员代表大会隆重召开。校党委书记魏大鹏代表中共南开大学第八届委员会,在大会上作了题为《以新发展理念为统领,为建设南开品格、中国特色、世界一流大学而努力奋斗》的报告。

2017年1月,中共南开大学第九次党员代表大会召开

报告明确提出,到2030年,南开大学跻身世界一流大学,是我校确定的中长期奋斗目标。根据这一目标,到2019年建校100周年时,要将南开基本建成世界知名高水平大学,实现优秀人才进一步汇聚,学科布局进一步优化,特色优势进一步突出,综合实力进一步增强,治理能力进一步提高,围绕立德树人根本任务,在教学、科研、服务、文化传承创新及国际化办学等方面形成显著特色,在国家创新体系中扮演重要角色,大部分学科居于国内领先,若干学科达到或接近世界一流,走在中国高等教育第一方阵的前列,在世界高等教育格局中拥有广泛影响和良好声誉。

会议强调,实现这一目标,要求我们高举中国特色社会主义伟大旗帜,光大南开品格、体现中国特色、追求世界一流,坚持正确方向,坚持立德树人,坚持服务大局,坚持改革创新,以强化质量、突出特色为基点,全面提升学校核心竞争力。

会议指出,建设南开品格、中国特色、世界一流大学,是南开面向新百年、争创"双一流"的宏伟目标,既体现了党中央决策和国家意志,又汇聚了全校教职员工和海内外校友的共同心愿。

会议选举魏大鹏为党委书记。

学校第九次党代会召开的2017年,也是建设"双一流"、苦干"十三五"的关键之年。这一年,学校制定并面向社会公开了《南开大学一流大学建设高校建设方案》,确定以质量和特色为基点、着力提升核心竞争力的内涵式发展战略,学科整体按照"率先冲击世界一流学科""巩固发展学科高原""新兴交叉学科与新增学科"三个层次进行建设。经过全校教职员工共同努力,2017年学校入围全国42所"双一流"大学建设高校名单(A类),世界史、数学、化学、统计学、材料科学与工程5个学科入选国家"双一流"建设学科名单,数学、化学、世界史、中国史、理论经济学等20个学科入选天津市一流学科名单。学校"双一流"建设进入了新的阶段。

2018年1月,曹雪涛出任南开大学校长。

同年5月,杨庆山出任学校党委书记。

加快创建"双一流",实施"4211卓越南开行动计划"

在南开大学即将步入新百年、加快推进"双一流"建设的关键时期,学校在高起点上系统谋划、统筹推动各项改革与事业发展,提出并实施具有全局性的发展战略"4211卓越南开行动计划",旨在全面提升核心竞争力和办学影响力。

这个行动计划的核心内容是"4211":

"4"是制定实施"文科振兴""理科提升""工科攀登""生医发展"四大计划。这是立足南开学科的传统和优势,在一流大学建设方案拟定的"7+8+X"学科布局的基础上,本着"聚力登峰""集群发展""前沿交叉"原则提出的,力求推进学科门类或学科群整体发展,并在文理交叉、新工科、生物医药等方面取得突破,促进学科发展的体制机制改革,推动形成新的学科增长点和制高点,提升学科核心竞争力和影响力。四大计划不是传统意义上的学科规划,而是关联教学科研、管理服务等各方面,是实施"4211"的基点和核心。

"2"是构建教育教学和科学研究两大奖励体系。鼓励教师投身教育教学改革,给予教学质量高、教学成果突出、育人效果显著的教师特别奖励,改革教学为主型教师专业技术职称评聘办法,提高教师教书育人的能力和动力。深化科学研究奖励体系改革,突出鼓励原创、注重质量和贡献的奖励导向,加大对学术性、应用型和服务型等不同类型优秀成果的奖励力度,激发教师从事科学研究、产出科研成果的积极性和主动性。在每年教师节和年终分别举行表彰奖励大会,完善教师荣誉体系建设。

第一个"1"是在校内建设十大交叉科学中心。以重大科学问题和国家重大需求为牵引,充分发挥学科群聚集、辐射和平台优势,以开展创新性学术研究、培养与聚集高层次人才、发挥学科引领作用、提升国际学术影响力为目标,打造国际一流前沿基础研究和应用研究的交叉科学研究基地,构建南开特色的交叉科学研究体系。按照理工类不低于每年3000万元,人文社科类不低于每年1500万元的标准给予建设经费支持。2019年3月,"新能源转化与存储交叉科学中心"正式成立,成为首个交叉科学中心。

第二个"1"是在海外携手世界一流大学打造十大联合研究中心。有重点地部署一批具有引领性和前瞻性的世界级研究项目,通过与世界高水平研发体系互动,加速会聚和培养具有开放意识和创新精神的顶尖人才,力争率先实现原创性理论突破和先进性科研成果转化,提升学校科技创新竞争力与国际影响力。2019年,学校正在加快推进与牛津大学、伯明翰大学搭建国际联合研究平台的工作。

扎实推进重点领域综合改革

中国特色社会主义进入新时代,南开人主动因应国家发展新阶段新特点新要求,科学分析并准确把握南开发展进程中的主要矛盾,着力解决发展"不平衡、不充分"的问题,深入实施重点领域综合改革,全面提升学校核心竞争力。

■ 2019年2月,学校召开年度工作部署会

第十章　新时代　新征程

一是深化教育教学改革。2018年12月15日至17日，学校召开本科教育教学工作会，以"贯彻落实新时代全国高等学校本科教育工作会议精神，全面提升本科教育教学质量"为主题，全面总结学校教育教学和人才培养的经验教训，探索学术创新拔尖人才培养规律，推进新时代的教育教学改革。

在充分调研的基础上，学校推出了《南开大学一流本科教育质量提升行动计划(2019—2021年)》(简称"南开40条")，从10个方面实施"本科教育教学质量提升工程"，通过40条措施切实提高本科教育教学质量。学校提出进一步加强课程思政建设，落实课程育人。成立本科教育创新等10个专家委员会，加强教学改革创新顶层设计。推进大类培养的"通识+专业"培养方案和南开特色的通识教育。推进"5+3+X"人才培养特区建设、"新文科""新工科"专业建设，拔尖计划2.0建设，形成拔尖人才培养体系。加强学业指导，推动小班教学，促进互动教学，打造校级、院级、班级"三位一体"的"师生共同体"。加强教师培训，实现教授全员授课，提升教师教书育人能力。加快推进现代信息技术与教育教学深度融合。深化国际合作育人，积极推动学校教育教学的双向国际化。加强实验、实践教学，完善创新创业教育体系和开放共享的实践育人机制。加强质量评价，推进专业认证，倡导质量文化，建设一流专业。

为提高研究生教育质量，2018年12月7日至8日，学校召开研究生教育教学工作会议，以"牢固树立科学的发展质量观，推动研究生教育教学内涵式发展"为主题，结合新时代中国高等教育发展形势，总结南开研究生教育教学经验，梳理工作现状，分析面临的形势和挑战，多方研讨研究生教育教学工作创新举措。

会议明确提出了研究生教育教学工作的发展思路和目标，即以服务需求、提高质量为发展主线，以寓教于研、激励创新为根本要求，以体制机制创新作为主要驱动。统筹规划，深入调研，分步实施。在建校100周年前，明确发展思路；到2020年，基本形成主动创新、特色发展的研究生教育教学机制；到2030年，围绕南开大学跻身世界一流大学行列目标，进一步深化研究生教育内涵式发展体制机制。2019年5月，学校出台《南开大学研究生奖助体系改革方案》，全面提高全体在校研究生奖助水平，构建与一流人才培养相适应的"奖助酬"三位一体资助体系，形成有利于提升研究生培养质量的竞争激励机制和长效保障机制，切实激发研究生群体的创新活力。

《南开大学研究生奖助体系改革方案》是学校提升研究生培养质量"系统工程"的一环。学校还落实了"博士研究生四年制培养方案""研究生优化分流机制"等，为研究生导师严控质量、研究生安心治学提供机制保障；进一步加强导师队伍建设，奖优罚劣，切实明确导师第一责任；与英国格拉斯哥大学等国际顶尖高校开展联合培养，加快推动南开研究生教育国际化进程。

截至2019年5月，学校共有全日制在校学生28316人（不包括学历留学生），其中本科生15417人，硕士研究生9529人，博士研究生3370人。有网络专科生72507人，网络本科生62212人。国家级"教学名师奖"获得者7人，国家级教学团队9个。获国家级教学成果奖46项，国家级精品资源共享课31门、精品视频公开课15门、精品在线开放课7门。全国百篇优秀博士论文

2018年，南开大学—格拉斯哥大学联合研究生院49名学生获中英"双学位"

累计入选20篇。

二是深化人事制度改革。2018年6月16日至17日,学校召开人才工作会议,以"牢记嘱托、追求卓越、人才强校、创新引领——奋力开创新时代南开大学人才工作新局面"为主题,落实党中央《关于深化人才发展体制机制改革的意见》《关于全面深化新时代教师队伍建设改革的意见》等重要文件精神,引导全校教职工加深对"双一流"建设形势下高校人才工作极端重要性的认识,总结经验、分析问题、谋划思路、凝聚共识、研讨政策,探索新时代南开大学人才工作的新理念、新战略、新举措。

会议提出了新时代南开大学人才工作的目标和思路,印发《南开大学关于进一步加强人才工作的若干意见》《南开大学关于实施定岗定编工作的若干意见》《南开大学关于实施新聘期岗位聘任工作的若干意见》《南开大学关于建立学校绩效考核体系和绩效奖励办法的若干意见》《南开大学关于进一步加强教职工分类评价工作的若干意见》《南开大学关于开展岗位设置工作的若干意见》等文件稿,广泛征求意见。坚持一手抓引进,一手抓培养,强化领军人才队伍建设,升级完善三个"百人计划",下大气力解决人才特别是大师级创新团队规模和素质层次问题。推动实行分类管理和分类考核评价激励,建立淡化身份、贡献导向的薪酬激励体系。发挥"人才特区"的示范作用。积极建设海外人才基地。以更加优化的措施,吸引更多的海外专家学者长期、短期来校工作。积极推进完成定岗定编工作。

为落实2018年学校人才工作会议精神,进一步实施人才强校战略,学校广揽天下英才,推出了"双聘院士"机制,中国科学院院士马志明担任统计与数据科学学院首任院长,成为学校"双聘院士"政策实施后首位受聘者。2018年7月,学校出台《关于建立人才引进绿色通道的实施意见(试行)》,简化一次性支取住房补贴流程等改革举措,加快引进高水平领军人才和优秀青年人才,为"双一流"建设提供内生动力。

学校进一步加强人才强校的第一战略地位,不断加大人才引进力度,以全球南开人喜迎百年校庆为契机，面向海内外延揽一流人才。6月16日至25日，校长曹雪涛、原校长饶子和、原校长龚克分别率领3支代表团赴美访问美国哈佛大学、哥伦比亚大学、斯坦福大学、加州大学伯克利分校、加州大学洛杉矶分校和斯克里普斯研究所等世界一流大学和科研院所，围绕人才工作，通过校际交流、校友见面会、人才恳谈会、百名后备师资见面会、学术报告会等多种形式，开展了丰富多彩的人才论坛活动。代表团在美期间，共举办人才恳谈会6场，共有来自十几所大学的500余人参加。

截至2019年5月，学校共有专任教师2105人，其中，教授814人、副教授826人。有中国科学院院士11人，中国工程院院士2人，发展中国家科学院院士7人，国家"万人计划"领军人才23人、青年拔尖人才11人，国家"百千万人才工程"入选者27人，国家级有突出贡献的专家17人，国务院学位委员会学科评议组成员14人，"973"和"863"首席科学家18人，国家重点研发计划项目负责人11人，"国家杰出青年科学基金"获得者49人，"国家优秀青年科学基金"获得者29人，教育部"跨世纪人才基金"获得者22人，"新世纪优秀人才支持计划"入选159人，"马克思主义理论研究和建设工程"首席专家11人、主要成员29人。

三是大力加强学科建设。2018年7月15日至16日，学校召开学科建设工作会议，2019年3月20日，召开"双一流"建设推进会，结合新时代中国高等教育发展形势，梳理学校学科发展现状，深入剖析建设过程中所面临的重大机遇与严峻挑战，进一步引导全校师生加深对"双一流"建设形势下学科建设工作重要性的认识，共同探索新时代南开大学全面提升学科核心竞争力的新理念、新战略、新举措。

学校以"7+8+X"的学科布局规划为基础，加强对"率先冲击世界一流学科""巩固发展学科高原""新型交叉学科与新增学科"三个层次的支持和建设。探索新兴学科、新型学院、新型机构建设，进一步完善学科布局。构建基于一级学科的绩效评价指标体系，对部分重点学科实施评价。积极推进生物医学学科体系建设，推动学校医学相关学科与附属医院开展深度

第十章 新时代 新征程

融合和跨学科交叉,创办全国首个智能医学工程本科新专业,建设医学国际协同创新中心。积极推进"新工科"建设,组建复合型科研队伍,打造集科学研究与工程制造于一体的校级工程科研平台。力争到2020年,各个学科在师资、教学、科研和海外合作等方面的内涵建设水平扎实提升,大部分学科进入国内前列,大多数自然科学与技术科学领域的学科进入ESI(基本科学指标数据库)世界前1%,2—3个学科率先达到世界一流水平,若干学科方向进入世界前列。

截至2019年5月,学校共有专业学院26个,本科专业92个(其中国家级特色专业18个)。博士学位授权一级学科31个,硕士学位授权一级学科11个,不在一级学科覆盖下的二级博士点1个,博士后科研流动站28个。国家"双一流"建设学科5个。有重点实验室24个,其中国家重点实验室2个、教育部重点实验室7个、环保部重点实验室1个、天津市重点实验室14个。有工程(研究)中心8个,其中国家工程研究中心1个、教育部工程研究中心3个、天津市工程中心4个。有"2011"协同创新中心3个,国家基础学科人才培养和科学研究基地9个,全国高校人文社会科学重点研究基地7个。

四是建设一流科研平台。加强科研创新"大平台、大团队、大项目、大成果、大格局、大舞台"的培育、建设和管理,培育新的重点研究平台和交叉学科研究平台。加大科技管理改革力度,修订《南开大学促进科技成果转化管理办法》及相关实施细则,修订《南开大学学科创新引智计划实施办法》等。聚焦国家重大急需,整合现有智库优质资源,集中优势力量打造南开高端智库联盟,着力提升承担重大科研项目能力。制定完善人文社科科研评价制度分类指标体系和动态评价机制。创设多层次学科成果发布平台,促进人文社科成果转化与社会服务。

据2019年5月ESI最新数据显示,南开大学共有12个学科入选前1%学科,其中篇均被引16.20次,位居全国上榜高校第一。2012年以来,以第一完成单位获得国家自然科学二等奖2项,省部级科技奖励一等奖(含特等奖)16项。2018年,以第一完成单位发表Science论文2篇。2012年以来,中标国家社科基金重大项目56项（包括4项国家社科基金重大研究专项项目和1项国家社科基金重大委托项目），获得高等学校人文社会科学优秀成果奖28项。

五是大力提升国际交流合作质量和水平。2019年1月19日，学校召开外事工作会议，主题为"扎根中国大地，对标世界一流，抓握百年新机遇，促建全球新南开"。这是南开大学历史上的第一次外事工作会议，也是跨入百年校庆之年的第一个全校工作会议。

会议的主要任务是：以习近平新时代中国特色社会主义思想为指导，深入贯彻落实全国教育大会和中央外事工作会议精神，全面总结南开大学国际交流合作、港澳台工作及孔子学院建设的成就和经验，分析研判存在的问题与面临的挑战，对当前和今后一个时期的国际化办学工作做出部署，进一步提升国际交流合作与世界服务的核心能力，加快建设世界一流大学进程。

学校进一步对接"一带一路"教育行动发展战略，加强同沿线国家的教育互联互通，继续扩大留学生招生规模，提高层次，改善结构，优化质量。推动"留学生"趋同化管理，推动全英文专业课程体系建设，改善留学生及外国专家在校生活服务设施。实施国际名师名家来访讲学计划。多措并举，积极对接国际一流大学和研究机构，成立国际合作实验室、研究中心、研究所等，利用国际大学联盟、达沃斯论坛、全球公立大学论坛秘书处等平台，实现同世界一流大学的交流合作。中加水与环境安全联合研发中心被列入中加两国"科技合作框架"三年行动计划。2019年5月，"南开 — 剑桥工作站"（CAMLiNK Station）揭牌，中英两所著名高校在材料科学领域的务实合作进一步深化。6月10日，南开大学与牛津大学签署合作备忘录，在学生联合培养、学术科研交流合作、共建联合研究机构等领域，深入拓展夯实战略合作伙伴关系，开启国际学术交流合作的新模式。设立"全球南开"奖学金，出台学生海外交换管理办法与资助办法。提升国际交流工作服务水平，简化专家学者出国参加国际学术交流的审批手续。激励各学院主动开展和参与国际交流活动,积极举办各类国际学术会议,营造更加浓厚的校园学术氛围。

截至2019年5月,学校共与320多所国际知名大学和国际学术机构建立了合作与交流关系。承建了美国马里兰大学孔子学院等9所海外孔子学院,2012年、2015年两次获评"孔子学院先进中方合作院校"。在籍港澳台学生389人、交换生34人,有105个国家地区的3147名(截至2018年12月)国际学生在校就读。

六是繁荣校园文化建设,维护校园安全稳定。学校大力弘扬爱国主义光荣传统,开展"小我融入大我,青春奉献祖国"系列主题教育活动,强化对学生的思想教育和价值引领。推出原创MV《歌唱祖国》,3000余名师生校友共同唱响爱国之歌,表达全球南开人对伟大祖国的赤子之心,展现爱国奋斗、公能日新的南开人在新时代对祖国母亲的无限深情与祝福,被央视《新闻联播》和中央主流媒体广泛报道。在天津市委宣传部、市委教育工作委员会和市教育委员会的指导下,学校组成爱国奋斗精神宣讲团,在天津市巡讲,展现一代代南开人接续奋斗、矢志报国的赤诚情怀。启动百年校庆筹备工作,开展迎庆南开百年华诞主题系列校园文化活动。举办纪念毛泽东主

2019年5月,3000余名师生校友在主楼周总理像前共同唱响《歌唱祖国》

席视察南开60周年、周恩来总理诞辰120周年、周恩来总理入学100周年暨视察母校60周年等系列主题活动，构建具有南开特色的优秀政治文化，将社会主义核心价值观融入校园文化建设各方面。积极推动解决八里台校区宿舍空调、津南校区快递等师生关注的民生问题。部门联动、系统防范校园安全风险，建立健全"党政同责、一岗双责、齐抓共管、失职追责"的安全生产责任体系，多措并举促进校园和谐稳定。

四、党的领导和党的建设全面加强

党的十八大以来，学校各项事业呈现改革深化、提速发展的良好态势。在此过程中，学校党委认真落实管党治党、办学治校的主体责任，坚持围绕中心抓党建、抓好党建促发展。特别是中央巡视组对南开大学党委的专项巡视和持续深化的巡视整改，有力地促进了党对学校的全面领导，加强了党的建设和全面从严治党。

政治建设和思想理论建设进一步加强

在党的建设中，政治建设是根本性建设，思想建设是基础性建设，尤其是在高等学校，更是事关社会主义办学方向的政治原则问题，事关培养德智体美劳全面发展的社会主义建设者和接班人的根本任务问题，事关如何更好地为人民服务、为中国共产党治国理政服务、为巩固和发展中国特色社会主义制度服务、为改革开放和社会主义现代化建设服务的办学宗旨问题。

2016年12月，全国高校思想政治工作会议召开，习近平总书记发表重要讲话，强调高校党委对学校工作实行全面领导，承担管党治党、办学治校主体责任，把方向、管大局、作决策、保落实。2017年2月13日，学校党委出台了《关于深入贯彻落实全国高校思想政治工作会议精神的实施方案》。

第十章 新时代 新征程

12月5日,学校召开思想政治工作会议,总结贯彻落实全国高校思想政治工作会议精神的主要工作,努力开创新时代南开大学思想政治工作新局面。2018年9月,全国教育大会召开,习近平总书记在重要讲话中强调,加强党对教育工作的全面领导是办好教育的根本保证,学校党组织要把抓好党建工作作为办学治校的基本功,把党的教育方针全面贯彻到学校工作各方面。与此同时,中共中央、国务院印发了《关于加强和改进新形势下高校思想政治工作的意见》,中共中央办公厅印发了《关于坚持和完善普通高等学校党委领导下的校长负责制的实施意见》,对坚持党委的领导核心地位,发挥党委的领导核心作用提出了明确要求。

学校党委坚决贯彻全国高校思想政治工作会议精神和全国教育大会精神,将坚持社会主义办学方向和党的领导贯穿管党治党、办学治校和人才培养的各个环节,要求全校各级党组织坚持以习近平新时代中国特色社会主义思想为指引,把党的政治建设摆在首位,深入学习领会全国高校思想政治工作会议精神和全国教育大会精神,认真贯彻落实习近平总书记关于高校党建工作的重要指示,加强学校组织体系建设,坚决贯彻执行党委领导下的校长负责制,把党的领导贯穿于办学治校、教学育人全过程,坚定政治信仰,强化政治领导,提高政治能力,净化政治生态,增强党内政治生活的政治性、时代性、原则性、战斗性,以政治上的加强引领,带动党的建设质量全面提高。

在党的建设中,校党委始终把思想建设作为基础性建设,坚持用发展着的马克思主义武装师生头脑。不断完善校、院两级中心组学习制度,加强对基层党组织理论武装工作的指导。丰富学习内容,创新学习形式,通过各种方式不断增强广大党员和师生员工对中国特色社会主义道路、理论体系、制度和文化的认同与信心。全面落实意识形态工作责任制,把统一思想、凝聚力量作为中心环节,建设具有强大凝聚力和引领力的社会主义意识形态,旗帜鲜明,敢于斗争,做到任务落实不马虎、阵地管理不懈怠、责任追究不含糊。

从扎实开展党的群众路线教育实践活动,到深入开展"三严三实"专题教育,再到"两学一做"学习教育常态化制度化,特别是经过中央巡视组对南开大学党委的专项巡视和持续深化的巡视整改,有力地强化了党对学校工作的全面领导,加强了党的建设,深化了全面从严治党。学校领导班子成员深入所在支部讲党课、参与学习讨论;教师党员重温入党誓词,争当"四有"好老师;管理干部学以致用,创新服务基层模式;学生党员创新"微党课"、在参与社会实践中实现"知行合一";离退休党员坚持学党章撰体会,离岗不离党……学校各级党组织带领广大党员,坚持全覆盖、常态化、重创新、求实效,"学"得深入,"做"得扎实,营造了风清气正、干事创业的良好氛围。

■ 2017年10月,南开大学习近平新时代中国特色社会主义思想研究院成立

在做好理论武装工作的同时,学校党委大力推进马克思主义理论学科和马克思主义学院建设,为推动马克思主义中国化、时代化、大众化贡献力量。2016年1月,南开大学马克思主义学院入选中宣部、教育部首批重点建设的马克思主义学院,正致力建成马克思主义理论教学、研究、宣传和人才

培养的坚强阵地。2017年10月,南开大学习近平新时代中国特色社会主义思想研究院成立,整合全校各领域专家资源,发挥多学科人才优势,深入开展协同创新研究。在此基础上,2018年3月,天津市高校习近平新时代中国特色社会主义思想研究联盟成立,南开大学作为牵头单位,发挥了示范引领带动作用。

领导班子和干部队伍建设进一步加强

在党建工作中,学校党委要求各级领导干部和广大党员自觉增强"四个意识",坚定"四个自信",坚决做到"两个维护"。制定了《坚持和完善党委领导下的校长负责制实施办法》《关于进一步加强党委领导班子自身建设的决定》,坚决贯彻执行党委领导下的校长负责制,坚持党委的领导核心地位,保证校长依法行使职权,认真落实"三重一大"决策制度,优化健全党委统一领导、党政分工合作、协调运行的工作机制,正确处理党委与行政、集体领导与个人分工负责之间的关系。坚持民主管理和民主监督,支持学术委员会、教代会、学代会、研代会和工会、共青团组织发挥重要作用,支持民主党派基层组织的工作,引导党外知识分子发挥积极作用,群策群力推进南开改革发展。

2018年9月,校党委重新修订并印发了2007年出台、历经多次修订完善的《南开大学专业学院工作细则》,进一步强化院级党委在学院中心工作和事业发展中的政治核心作用,加强院级领导班子建设,完善专业学院运行机制和治理体系,健全专业学院重大事项议事决策制度,强化民主管理和民主监督,提高学院工作的科学性、民主性和规范化水平。

学校党委坚持党管干部原则,多措并举,着力打造一支政治坚定、能力过硬、作风优良的干部队伍。修订干部选拔任用、后备干部队伍建设等制度,出台取消实体研究机构行政级别、设立聘任制中层岗位等办法,实施干部任免过程记实、党委常委会无记名票决等措施,选人用人的规范化得到加强。

继续拓展干部境内外培训渠道，着力加强中层干部管理监督，中层班子和中层干部考核评价机制在实践中进一步完善。

在干部队伍建设中，突出政治首关，突出事业为上，突出考核考实，突出严管厚爱，突出爱国奉献，不断完善干部考核激励机制，旗帜鲜明地为能担当、有作为的干部撑腰鼓劲，大胆选拔任用敢担当、善作为的干部，坚决调整处理不作为、不担当的干部。特别是对年轻干部既严格要求，又注重培养，确保学校干部队伍可持续发展。

基层党组织和党员作用进一步加强

党的十八大以来，学校党委全面落实2013年、2018年全国组织工作会议的部署要求，坚决贯彻新时代党的组织路线，在建设基层服务型党组织的基础上，以提升组织力为重点，进一步强化基层党组织的政治功能，抓好基层组织和党员队伍建设，推进党建重心下沉，创新基层党建工作，发挥基层组织的战斗堡垒作用，发挥党员的先锋模范作用，从而在抓好校院两级党的领导和党的建设的同时，把管党、治党切实落到基层。

在坚持优化结构、提高质量的前提下，2012年以来发展党员11517名，党员日常教育管理和监督得到加强。修订支部工作细则和支部工作手册，完善支部建制，配强支部班子。依托"创最佳党日""支部结对共建"等活动，深化学习型、服务型、创新型党组织建设，探索推进基层党建工作述职评议。

注重改进和调整党支部的设置形式，把支部建在相对独立的实体上，尽可能与教学、科研、管理、服务等组织相对应，让"小"支部发挥"大"作用。开展基层支部结对共建活动，引导教师和学生支部之间、本科生和研究生支部之间、机关和基层支部之间结对子，实现优势互补，鼓励基层支部走出校园，加强与农村、社区支部的共建，服务当地发展。在连续17年开展的"创最佳党日"活动中，各基层党组织更是以内容丰富、形式新颖的党日活动，增强了凝聚力，累计参与的党员和师生群众超过10万人次，党组织和党员

第十章 新时代 新征程

参与率达到90%以上。

锻造一支高素质的党员队伍，是党建发展工作的重要内容，也是加强组织建设的重要抓手。学校注重培养吸收高学历、高职称专家入党，把更多优秀知识分子凝聚在党的旗帜下。2013年以来，发展的教师党员中近一半都是"双高"人员，党员队伍结构进一步优化，素质进一步提升。生命科学学院教授杨志谋在南开入党后，切身感受到："加入党组织后，就会有更多关心了解国家社会发展的机会，也能帮助更多的人。"作为党员和学术骨干，他在教学科研等工作中成绩突出，也成为学生们心目中的"良师益友"。

学校党委还从源头入手，加强对入党积极分子和党员骨干的教育培养。适应新形势，将党校培训化整为零，建立专业学院分党校24个，建起党校师资队伍库，党校培训更具针对性；对党课内容进行模块化改革，增强课程的系统性和吸引力；推动积极分子、党员骨干培训班等多层次党员教育培训，拓宽了培训的覆盖面。

在对党建工作不断的探索与创新中，学校基层党组织的战斗堡垒作用和党员的先锋模范作用得到了充分发挥，形成各项改革和事业发展的强大推动力。2012年7月至2019年7月，先后有353个基层党组织、426人次获得校级以上表彰，学校党建工作多次受到中央领导同志和教育部党组、天津市委的表扬与肯定。

党风廉政建设进一步加强

党的十八大以来，学校党委认真贯彻中央八项规定精神，通过自查自纠、专项整治，坚决反对和抵制"四风"，公务接待、公车使用、因公出国等管理制度全面改进。制定落实"两个责任"实施办法，不断夯实党委主体责任和纪委监督责任。开展党风廉政专项督查，分步推进廉政风险防控机制建设，强化对招生考试、招标采购、基建工程、后勤管理、科研经费、财务管理、师德师风、学生管理、选人用人、学术诚信、职称评定、人才招聘等多个重点领域权力运行的制约和监督。积极推动落实党风廉政建设责任制和领导干部"一岗双责",进一步加强领导干部经济责任审计。采取一系列措施深化党章、党规、党纪的教育,严肃查处了一批违规违纪案件。

学校党委先后召开了全面从严治党工作会议、警示教育大会、党建思政工作交流推动会,深入开展不作为不担当问题专项治理,集中整治形式主义、官僚主义,持之以恒贯彻中央八项规定精神,启动覆盖全校的巡察工作,全面加强党的政治建设,推动党内政治生态持续向好。

学校党委还制定了《党内政治文化建设工作方案》,聚焦南开百年历史,突出爱国奋斗主题,通过校内各种媒体平台大力宣传弘扬革命文化和社会主义先进文化,继承发扬中华优秀传统文化和"公能日新"的南开文化,全面加强"南开精神"宣传阐释,以先进文化的力量凝聚人、鼓舞人、感染人、塑造人,让党所倡导的理想信念、价值理念和优良传统深入党员、干部及师生的思想和心灵。坚持正本清源、扶正祛邪,大力弘扬社会主义核心价值观,蓬勃开展师德师风、教风学风主题教育宣传,倡导和践行忠诚老实、公道正派、实事求是、清正廉洁等正确价值观,通过建机制、立标准、树典型,把正确思想、优良作风、良好导向、正面典型立起来,有效地推动了党风廉政建设。

五、牢记习近平总书记嘱托,努力交出优秀的"南开答卷"

走过百年历程的南开大学,之所以能够在中国高等教育发展格局中始终占有重要地位,不在于规模有多大,而在于办学的特色——这就是扎根中国大地办大学和深厚的爱国主义传统。这一特色,得到了党和国家领导人的充分肯定。无论是毛泽东主席题写校名、来校视察,还是周恩来总理三回母校、深情嘱托,都对南开人寄予厚望。特别是党的十八大以来,习近平总书记在多次重要讲话中充分肯定南开大学的"公能"校训、爱国传统和办学特色。

2014年5月4日,习近平总书记在与北京大学师生座谈时指出:"办好

第十章　新时代　新征程

中国的世界一流大学,必须有中国特色。没有特色,跟在他人后面亦步亦趋,依样画葫芦,是不可能办成功的。这里可以套用一句话,越是民族的越是世界的。世界上不会有第二个哈佛、牛津、斯坦福、麻省理工、剑桥,但会有第一个北大、清华、浙大、复旦、南大等中国著名学府。我们要认真吸收世界上先进的办学治学经验,更要遵循教育规律,扎根中国大地办大学。"

2017年9月23日,习近平总书记给南开大学8名新入伍

中国共产党中央委员会

阿斯哈尔·努尔太等同学:

你们好!我看了来信,得知你们怀揣着从军报国的理想,暂别校园、投身军营,你们的这种志向和激情,让我感到很欣慰。

自古以来,我国文人志士多有投笔从戎的家国情怀。抗战时期,许多南开学子就主动奔赴沙场,用鲜血和生命诠释了爱国、奉献的精神内涵。如今,你们响应祖国召唤参军入伍,把爱国之心化为报国之行,为广大有志青年树立了新的榜样。

希望你们珍惜身穿戎装的机会,把热血挥洒在实现强军梦的伟大实践之中,在军队这个大舞台上施展才华,在军营这个大熔炉里淬炼成钢,书写绚烂、无悔的青春篇章。

2017年9月23日

■ 习近平总书记给南开大学8名新入伍大学生的回信

■ 阿斯哈尔·努尔太等8名入伍大学生

大学生回信，肯定了他们携笔从戎、报效国家的行动，鼓励他们把热血挥洒在实现强军梦的伟大实践之中，在军队这个大舞台上施展才华，在军营这个大熔炉里淬炼成钢，书写绚烂、无悔的青春篇章。2018年1月，习近平总书记在新年贺词中说，南开大学新入伍大学生的故事让我深受感动。

2018年9月21日，中共中央办公厅向学校传达了习近平总书记对南开大学8名入伍大学生的勉励语，希望他们珍惜军旅时光，锤炼过硬本领，把忠诚报国、担当奉献作为毕生追求，为实现强国梦、强军梦贡献力量。

2019年1月17日上午，习近平总书记亲临南开大学视察，参观了百年校史主题展览，与部分院士、专家和中青年教师代表互动交流，察看了化学学院和元素有机化学国家重点实验室，详细了解南开大学历史沿革、学科建设、人才队伍、科研创新等情况，对南开百年来的办学理念和办学成就给予充分肯定。

习近平总书记勉励南开师生们说："爱国主义是中华民族的民族心、民族魂。南开大学具有光荣的爱国主义传统，这是南开的魂。当年开办南开大学，就是为了中华民族站起来去培养人才的。我们现在迎来了从站起来、富起来到强起来的阶段，我们要把学习的具体目标同民族复兴的宏大目标结合起来，为之而奋斗。只有把小我融入大我，才会有海一样的胸怀，山一样的崇高。希望你们脚踏实地，在新的起点作出你们这一代人的历史贡献，成为南开大学新的骄傲。"

习近平总书记在视察中对学校坚持立德树人根本任务、加强党建和思想政治工作作出重要指示，对教师队伍建设提出了明确要求，对南开大学在新时代新百年的发展寄予厚望。

一是强调学校是立德树人的地方，培养社会主义建设者和接班人，首先要培养学生的爱国情怀。习近平总书记参观的南开大学百年校史主题展，既全面回顾了南开大学百年来"爱国奋斗、公能日新"发展道路，又系统回答了中国高校应具备什么样特色的重大问题，因而得到习近平总书记的高度评价。

在参观展览时，习近平总书记驻足在一幅幅照片、一份份史料前，端详着、思考着。当看到南开校父严修对学生的勉励语"勿志为达官贵人,而志为爱国志士",以及1928年《南开大学发展方案》中所提"吾人为新南开所抱之志愿,不外'知中国''服务中国'二语"时,习近平总书记轻声念诵,细细揣摩:"说得好!""学校是立德树人的地方。树什么人?这很重要。爱国主义是中华民族的民族心、民族魂。"他询问身旁的学校负责人,思想政治理论课怎么上?学生们感兴趣吗?"要讲得鲜活一些。培养社会主义建设者和接班人,首先要培养学生的爱国情怀。"

■ 习近平总书记参观南开大学百年校史主题展览

南开创校校长张伯苓的"爱国三问",南开师生的爱国壮举和为国牺牲,南开学者"知中国、服务中国"的学术传统,都给习近平总书记留下了深刻的印象。在离开学校后的考察路上,习近平总书记念念不忘在南开的一幕幕,他说:"中国人民筚路蓝缕、艰苦创业,为有牺牲多壮志,才有今天的成绩。今年我们要庆祝新中国成立70周年。最好的庆祝,就是不忘初心,牢

习近平总书记参观南开大学百年校史主题展览

习近平总书记察看南开科研成果

记使命宗旨,担好我们肩上的历史责任。我们的历史责任就是'两个一百年'奋斗目标,就是中华民族伟大复兴。南开大学张伯苓老校长有'三问'——你是中国人吗?你爱中国吗?你愿意中国好吗?这既是历史之问,也是时

第十章 新时代 新征程

代之问、未来之问。我们就要把这个事情做好。"

二是要求高校党组织把抓好学校党建和思想政治工作作为办学治校的基本功。习近平总书记在视察南开大学时指出：高校党组织要把抓好学校党建工作和思想政治工作作为办学治校的基本功；南开历史上许多老师包括现在很多老师都是国外留学学成之后回到祖国、报效祖国，要向先贤学习；思想政治理论课很重要，要做实、讲得生动鲜活、有吸引力；要加强对学生社团的指导管理。

三是强调要把建设政治素质过硬、业务能力精湛、育人水平高超的高素质教师队伍作为大学建设的基础性工作，始终抓紧抓好。习近平总书记在参观南开大学百年校史主题展览时，同在现场的部分院士、专家及中青年教师代表进行了交流。他说：南开是出大师的地方，教师要做"有理想信念、有道德情操、有扎实学识、有仁爱之心"的"四有"好老师；新校区已经建成，关键是教师，要建设一支高素质的教师队伍，做学生的引路人。他特别指出，专家型教师队伍是大学的核心竞争力，要把建设政治素质过硬、业务能力精湛、育人水平高超的高素质教师队伍作为大学建设的基础性工作，始终抓紧抓好。

■ 习近平总书记与部分院士、专家和中青年教师代表亲切交流

四是要求加快一流大学和一流学科建设，加强基础研究，力争在原始创新和自主创新上出更多成果，勇攀世界科技高峰。习近平总书记在察看化学学院和元素有机化学国家重点实验室时说：南开大学建校100年是一个新的起点，要加快一流大学和一流学科建设，要加强基础研究，提升原始创新能力，力争在原始创新和自主创新上出更多成果，勇攀世界科技高峰。总书记强调，学校办得好，要再接再厉，谱写新的篇章。

新开湖畔，石先楼前，南开师生听闻习近平总书记来了，纷纷聚拢到主楼前，"爱我中华""振兴中华"的嘹亮呼喊如波涛涌动，冬日的南开校园沸腾了，歌声雄壮、掌声雷动，许多师生热泪盈眶。

习近平总书记视察南开大学的当天下午，学校召开党委常委（扩大）会议，传达学习习近平总书记视察南开大学时的重要讲话精神，交流思想认识和学习体会，研究部署学习宣传贯彻工作。

校党委书记杨庆山介绍了习近平总书记视察的基本情况，传达了习近平总书记重要讲话精神。他指出，在南开大学建校100周年的百年校庆之年，习近平总书记亲临南开大学视察，是对南开的亲切关怀和巨大鼓舞，是南开大学的无上荣光和最高荣耀，具有重要历史意义。习近平总书记对南开新百年办好新时代中国特色社会主义大学提出了殷殷嘱托，我们要将此作为南开发展的重大机遇，认真总结一百年来办学的成功经验，理清下一步发展思路，调动广大师生员工、海内外校友和社会各方面力量，激发干事创业的热情，增强使命感、荣誉感和责任感，把爱国之心化为报国之行，不辜负习近平总书记的关怀与期望。

校长曹雪涛传达了党的十八大以来习近平总书记关于南开大学的多次重要指示、批示和"回信"精神。他指出，在南开发展的关键历史节点上，习近平总书记来校视察，充分体现了对南开大学的关怀，将永载校史。习近平总书记对南开的办学治校理念、方向、特色，特别是南开的爱国奋斗传统和爱国主义教育给予充分肯定，这是南开大学至高无上的荣耀，为南开新百年

第十章　新时代　新征程

361

■ 习近平总书记察看化学学院和元素有机化学国家重点实验室

■ 习近平总书记向南开师生挥手致意

的起航注入了强大动力,也为下一步南开的发展建设指明了方向。我们要以习近平总书记的重要讲话精神指导学校各项工作,加快学校"双一流"建设,加强人才培养,推动学校全面发展。

会后,学校党委印发了《关于深入学习宣传贯彻习近平总书记视察南开大学重要讲话精神的实施意见》(以下称《实施意见》),强调认真学习好、宣传好、贯彻好、落实好习近平总书记来校视察时的重要讲话精神,是当前和今后一个时期的首要政治任务和头等政治大事,对于扎根中国大地创建世界一流大学,把南开办成中国特色社会主义标杆大学至关重要。《实施意见》对深入学习宣传贯彻习近平总书记视察南开大学重要讲话精神做出重点安排,提出"谱写六个新篇章",即谱写"高举旗帜、牢记嘱托"学习宣传阐释的新篇章;谱写"爱国奋斗、公能日新"筑牢南开之魂的新篇章;谱写"把准方向、强基固本"加强党的领导和党建思政工作的新篇章;谱写"融入大我、勇担使命"人才培养的新篇章;谱写"素质提升、德业双馨"教师队伍建设的新篇章;谱写"开拓创新、勇攀高峰"一流大学和一流学科建设的新篇章。《实施意见》强调,全校各级党组织和各单位各部门要广泛开展宣传,深刻领会要求,认真做好部署,积极推进落实,自觉把思想和行动统一到习近平总书记重要讲话精神上来,以此作为南开大学新百年新起点新发展新跨越的重大机遇,努力推动各项改革和事业发展迈上新台阶、取得新成就、创造新辉煌。按照学校党委部署,各级党组织、广大党员和教职员工立即在校内掀起学习宣传、贯彻落实习近平总书记来校视察重要讲话精神的热潮。大家纷纷表示,一定牢记习近平总书记的殷殷嘱托,在各自的工作和学习岗位上奋力拼搏,以实际行动交出让党中央和人民满意的"南开答卷"。

6月10日,学校召开党委常委(扩大)会暨中心组学习会,传达学习习近平总书记在"不忘初心、牢记使命"主题教育工作会议上的重要讲话精神,研究制定《南开大学关于开展"不忘初心、牢记使命"主题教育的实施方案》。

校党委书记杨庆山强调,南开大学全体党员干部要深刻领会开展"不忘初心、牢记使命"主题教育的政治意义和战略意义,切实把思想和行动统一到习近平总书记重要讲话精神和中央决策部署上来,以强烈的政治责任感和使命感抓好此次主题教育活动。全校各部门各单位要坚持围绕中心、服务大局,把开展主题教育同完成改革发展稳定各项任务结合起来,同南开大学"双一流"建设各项工作结合起来,切实把党员干部焕发出来的热情转化为攻坚克难、干事创业的动力源泉,为南开大学新百年的事业发展、为中华民族伟大复兴中国梦的实现提供坚强保障。

结束语
为建设南开品格、中国特色、世界一流大学不懈奋斗

渤海之滨，白河之津，巍巍南开精神；作育英才，传承文明，泱泱学府北辰。

南开大学诞生于五四爱国运动之中。在百年办学历程中，南开的发展始终与民族的命运紧密相联，与祖国的进步同向同行，走出了心系国家、服务社会的爱国道路，铸就了"允公允能、日新月异"的"公能"品格，焕发出充满朝气、面向未来的青春精神。这是南开最深厚的历史积淀，也是南开自信自强的底气！这个自信，源自中华文化特有的理念、智慧、气度和神韵，源自几代南开人的勠力同心、接续奋斗。还是在抗战的烽火岁月中，创校校长张伯苓就提出，南开要与牛津、剑桥、哈佛、耶鲁这样的世界名校并驾齐驱，东西称盛的宏大志向，新中国的成立，使南开实现这一夙愿成为可能，改革开放和中国特色社会主义新时代，为南开争创世界一流开辟了广阔空间。展望南开的未来，前景无限光明！

2019年1月，习近平总书记来校视察时，对南开大学的发展寄予厚望，要求南开加快一流大学和一流学科建设，加强基础研究，力争在原始创新和自主创新上出更多成果，勇攀世界科技高峰，再接再厉，谱写新的篇章。南

结束语

开人要时刻牢记习近平总书记的殷切嘱托，立足渤海之滨，扎根中国大地，放眼世界未来，坚持南开道路、光大南开品格、弘扬南开精神、坚定南开自信，在习近平新时代中国特色社会主义思想指引下，抱百折不回之精神，怀勇往直前之气概，瞄准建设南开品格、中国特色、世界一流大学的目标不懈奋斗，努力为实现中华民族伟大复兴的中国梦交出一份无愧于人民、无愧于历史、无愧于时代的"南开答卷"！

大事记

- 1898年

5月　严修因在贵州学政任末奏请开设经济特科，获罪于朝廷中守旧官僚，被迫离职回到家乡天津，以家馆作为兴办新式教育的基地，延师教授新学，开始育才救国的新探索。南开大学即滥觞于严氏家馆。

5月　英国强租尚在日军占领下的威海卫。张伯苓随通济轮送清政府官员去山东与日、英两国代表办理交接手续，亲历"国帜三易"的屈辱，愤而离开海军，立志"教育救国"。

11月28日　严修聘请张伯苓到严氏家馆任教，开启了兴学强国的共同事业。

- 1904年

10月16日　严修、张伯苓本着"痛矫时弊，育才救国"的目的，在严氏家馆和王氏(奎章)家馆基础上开办"私立中学堂"，张伯苓任监督(即校长)。后经几易其名，1912年改称"南开学校"。

- 1919年

2月至9月　筹办南开学校大学部，募集经费，延揽师资，建设校舍，并举行新生入学考试，连同周恩来、马骏等保送生，共录取96人。

大事记

9月25日　南开大学开学,周恩来为首期学生,学号62。

- 1920年

1月29日　南开大学、南开中学等17所大中学校学生在周恩来、马骏、于方舟等人领导下,赴直隶省公署请愿,遭到残酷镇压。周恩来等4名代表被捕。7月,反动当局迫于社会压力释放被捕代表和学生。

9月　南开大学开始招收女生,成为中国近代最早招收女生的大学之一。

- 1921年

1月　张伯苓在北京香山慈幼院召开大学、中学教职工及学生代表会,确立"校务公开,责任分开,师生合作"的办学方针。

9月　增设矿科,招收学生一班40人,由河南六河沟煤矿董事长李组绅每年捐款3万银元。

- 1922年

7月8日　南开大学暑期学校开学。邓颖超曾于1923年参加第二期暑期学校学习。

- 1923年

6月28日　南开大学首届毕业生21人在八里台新校舍秀山堂大礼堂举行毕业典礼,其中文科12人、商科8人、理科1人。

9月初　南开大学八里台新校舍落成。学校迁入新校址,并增设预科一班。

- 1924年

11月28日　学生宁恩承以"笑萍"为笔名,在《南大周刊》第8期上发表了题为《轮回教育》的文章,引发学校以"土货化"为目标的教育改革。

- 1925年

11月18—20日　北洋政府教育部专门司司长刘百昭、特派参事秦汾视察南开大学,认为:"就中国公私立学校而论,该校整齐划一,可算第一。"

- 1926年

6月8日　南开大学矿科董事会决定,因李组绅捐款停止,大学矿科停办。

- 1927年

9月10日　由何廉主持的社会经济研究委员会(即南开大学经济研究所前身)成立,为中国高等学校创建的第一个经济研究机构。

11月14日　南开大学成立满蒙研究会(翌年10月改称东北研究会),以傅恩龄为主任。

- 1928年

2月　南开大学募款委员会成立,并制订《南开大学募款委员会计划书》,其中包括《南开大学发展方案》,明确提出"知中国,服务中国"的办学宗旨,"即以中国历史、中国社会为学术背景,以解决中国问题为教育目标"。

- 1929年

3月14日　严修逝世,享年69岁。

11月　按照国民政府《大学组织法》《大学规程》的规定,南开大学文、理、商三科分别改为文学院、理学院、商学院。

- 1930年

3月31日　国民政府教育部专员戴应观、冯友兰、宋君复、陈岱孙等来校考察,评价南开大学"为私立学校中之成绩卓著者"。

- 1931年

5月　南开大学把文学院的经济系与社会经济研究委员会合并,成立经济学院,承担教学科研的双重任务。1934年9月,奉国民政府教育部训令撤销经济学院。

9月21日　因九一八事变爆发,南开大学学生组织国难急救会,并决定立即加入天津中等以上学校抗日救国会,张伯苓被公推为该会主席。

11月8日　日本军人操纵便衣队在天津发动暴乱。学校被迫停课,师生撤至租界地暂避。至12月7日恢复上课。

- 1932年

1月28日　上海爆发一·二八事变。南开大学学生组织募捐队,支援十九路军抗战。

3月 南开大学应用化学研究所成立，张克忠任所长。

- 1933年

1月至5月 南开大学师生多批次前往长城抗战前线慰问抗日官兵。

6月 南开大学应用化学研究所接受天津利中硫酸厂的设计、建设任务。翌年5月，硫酸厂建成投产，打破日货对中国北方市场的垄断。

- 1934年

10月10日 在第十八届华北运动会开幕式上，南开拉拉队在看台上用紫、白两色小旗，连续组成"毋忘国耻""收复失地"等标语，激发同胞的爱国热情。

10月17日 南开学校举行建校30周年庆祝会。张伯苓宣布南开以"允公允能，日新月异"为校训。

- 1935年

9月17日 新学年始业式上，张伯苓对全校师生提出：你是中国人吗？你爱中国吗？你愿意中国好吗？极大地振奋了师生们的爱国斗志。

12月18日 为声援一二·九运动，南开学生集会并举行示威游行，提出"反对华北自治""全国团结一致抗日"的主张。

- 1936年

1月11日 张伯苓偕学生代表冷冰等人赴南京，向国民政府提出颁明救国方针等抗日主张。

5月15日 周恩来自陕北瓦窑堡致函张伯苓，希望他为促成抗日民族统一战线做出努力。

7月 中国共产党南开大学支部成立，程宏毅任书记，贾明庸任组织委员，刘毓璠任宣传委员。

- 1937年

7月29—30日 日寇炸毁南开大学，随即驻扎校园，直到1946年学校复校前夕。

7月30日 张伯苓在南京接受《中央日报》记者采访时发表谈话："敌人

此次轰炸南开，被毁者为南开之物质，而南开之精神，将因此挫折而愈益奋励。"

9月10日　国民政府教育部发布第16696号令：以北京大学、清华大学、南开大学和中央研究院的师资设备为基干，成立长沙临时大学。

10月25日　长沙临时大学开学。

- 1938年

1月　国民政府教育部批准长沙临时大学迁址云南昆明。

2月14日　长沙临时大学设立湘黔滇旅行团指导委员会，黄钰生为主席。2月20日，湘黔滇旅行团从长沙出发，4月28日到达昆明。

4月2日　国民政府教育部电令国立长沙临时大学改称"国立西南联合大学"。

- 1939年

1月初　周恩来出席南开校友总会在重庆的集会。9日，发表《抗战建国与南开精神》的讲话。

1月11日　西南联大与云南大学等大中学校师生游行，声讨汪精卫投敌叛国。

9月　南开大学经济研究所在重庆恢复，何廉任所长，方显廷为代理所长，陈序经为研究主任。

- 1940年

4月　南开大学抢运出的图书、仪器，经越南海防，一部分转抵昆明。图书经整理后，存放昆明西山华亭寺，供师生阅览；另一部分存于海防交通银行后码头海关仓库，日本占领越南后，陷于敌手。

- 1941年

2月初　西南联大学生团体"群社"出版的壁报《群声》刊出《皖南事变剪报特辑》，揭露"皖南事变"真相。

- 1942年

1月6日　西南联大学生举行示威游行，声讨国民党行政院院长、财阀孔祥熙,反对国民党的腐败行径。

2月13日 张伯苓面见蒋介石商谈复校问题,蒋介石答允复校时南开大学与国立大学同等对待。

6月 南开大学边疆人文研究室在昆明成立,陶云逵为主任。

- 1943年

2月至3月 "南大复兴筹备会"先后在重庆张伯苓寓所召开4次会议,商讨复校计划,决定南开大学"仍维持私立"。

9月25日 学校完成《私立南开大学抗战期间损失报告清册》,损失按1936年价值共计法币663万元。

- 1944年

10月17日 张伯苓为"南开四十年纪念校庆特刊"著文《四十年南开学校之回顾》,系统总结了南开的办学经验。

- 1945年

8月11日 张伯苓在致蒋介石函中提请,政府就华北敌产中指定相当财产作为南开大学永久基金。本月,蒋介石命文官处面见张伯苓,商南开大学改为国立。

8月23日 西南联合大学成立三大学联合迁校委员会,筹划迁校平津事宜。三校各自成立迁校委员会。南开大学迁校委员会召集人为邱宗岳(后为刘晋年),委员有董明道、昝宝澄、鲍觉民等。

9月6日 毛泽东偕周恩来、王若飞前往重庆沙坪坝津南村看望张伯苓和柳亚子。

12月1日 昆明爆发"反对内战,争取民主"的一二·一民主运动,揭开了解放战争时期第二条战线斗争的序幕。

- 1946年

4月9日 国民政府教育部正式宣布南开大学改为国立,张伯苓任校长。

5月4日 西南联合大学举行结业典礼。梅贻琦代表常委会宣布西南联合大学教学活动结束。典礼之后,举行"国立西南联合大学纪念碑"揭幕式。

10月17日　南开大学在天津八里台原址举行复校典礼。黄钰生秘书长、陈序经教务长先后讲话。

- 1947年

1月1日　南开大学等天津大中学校学生3000余人举行抗议美军暴行的示威游行，市长杜建时被迫答应学生提出的"美军立即撤退"等项要求。

5月20日　南开大学学生450余人举行"反饥饿、反内战"游行示威。在迪化道（今鞍山道）遭到200余名手持木棍、皮带暴徒的狂击。与此同时，北洋大学游行队伍也遭殴击，酿成天津五二〇血案。

- 1948年

10月13日　国民政府行政院第20次会议决定，任命何廉为南开大学代理校长。

12月初　中共南开大学各系统地下党组织合并，成立中共南开大学总支部委员会，刘焱任书记。

- 1949年

1月17日　南开大学由天津军事管制委员会文化教育部接管。

2月7日　南开大学正式复课。学校设文、理、工、政治经济4个学院共16个系。报到学生744人，达到注册数量的80%。

3月22日　河北省立法商学院并入南开大学政治经济学院。

5月　因大批党团员离校参加革命，中共南开大学总支部委员会改为支部委员会，李万华任书记。

5月　南开大学校务委员会成立，杨石先任主席。

10月1日　中华人民共和国成立。南开大学校务委员会主席杨石先应邀在天安门城楼上出席开国大典，并受到毛泽东主席接见。

11月　郑秉泇任中共南开大学支部委员会书记。

- 1950年

8月24日　校务委员会第35次常委会议报告，奉教育部指示，北京中法大学经济系、生物系并入南开大学。

大事记

9月 中共南开大学总支部委员会成立,郑秉泇任书记。

10月15日 南开大学召开第一次工会代表大会,中国教育工会南开大学委员会正式成立。

本年 应学生会之请,毛泽东主席为南开大学题写校徽。

- 1951年

1月 全校500余名学生报名参加军、干校,以实际行动支援抗美援朝,经天津市招生委员会批准最终录取61人。

2月23日 张伯苓逝世,享年75岁。

2月24日 政务院总理周恩来到津吊唁张伯苓后,来南开大学视察。

2月 张义和任中共南开大学总支部委员会书记。

- 1952年

7月16日 教育部下达关于南开大学、天津大学、津沽大学院系调整的指示,决定将三校合并为两校,即综合性南开大学和多科工业性天津大学。南开大学工学院并入天津大学,天津大学理学院的数学系、物理系并入南开大学,津沽大学财经学院的国际贸易系、会计财政系、企业管理系并入南开大学。

10月 王金鼎任中共南开大学总支部委员会书记。

11月29日 南开大学教职员工举行集会,庆祝院系调整结束。高教部部长马叙伦出席大会,杨石先作题为《新南开大学的成立和它的方针任务》的报告。南开大学成为新型的综合性大学。

- 1953年

9月4日 南开大学附设工农速成中学开学,赵君陶任校长。

12月3日 校务委员会召开第一次会议,讨论通过《南开大学校务委员会暂行规程(草案)》。

- 1954年

6月 杨石先副校长在《科学通报》上发表《发挥科学潜力,积极开展高等学校研究工作》,第一次在全国提出了把高等学校办成教学中心和科研中心的主张。

本年　南开大学开始招收外国留学生,是新中国最早接收外国留学生的高等院校之一。

- 1955年

5月29日至6月1日　南开大学召开第一届科学讨论会,这是学校历史上的首次科学盛会。

本年　南开大学恢复招收研究生,化学系、物理系、数学系、生物系、历史系招收第一批研究生。

- 1956年

2月至7月　南开大学副校长杨石先参加周恩来总理主持召开的制订"十二年科学技术发展远景规划"会议,任国务院科学规划委员会委员、化学组组长,并在会上作题为《化学科学与国民经济的关系》报告。

6月　中共南开大学委员会成立,王金鼎任书记,原党总支撤销。

7月　楚云任中共南开大学委员会书记。

- 1957年

4月10日　周恩来总理陪同波兰政府代表团访问天津并视察南开大学。

4月　杨石先任南开大学校长。

- 1958年

3月　高仰云任中共南开大学委员会书记。

8月13日　毛泽东主席视察南开大学。

9月17日　南开大学经济系会计、统计专业全体学生及部分教师并入新成立的河北财经学院(现为天津财经大学)。

- 1959年

5月28日　周恩来总理第三次到南开大学视察。

8月2—4日　中共南开大学第一次党员代表大会召开,提出深入贯彻执行党的教育方针,为提高教育质量而奋斗的主要任务。

会议选举高仰云为党委书记。

大事记

- 1960年

10月22日 中共中央下发《关于增加全国重点高校的决定》，南开大学跻身国家重点大学行列。

- 1961年

3月11日 南开大学党委向全校提出"全面深入贯彻执行党的八字方针，以提高教学质量为中心"的任务。

- 1962年

10月 南开大学元素有机化学研究所成立，杨石先兼任所长，陈天池任副所长。该研究所是新中国成立后我国高校第一个化学研究机构。

- 1963年

8月 海河流域的暴雨造成特大洪水，教职员工投入全市的防汛抗洪斗争。

- 1964年

3月 臧伯平任中共南开大学委员会书记。

- 1965年

7月 按照国家进行三线建设的总体战略部署，南开大学原子核物理、放射化学两个尖端科学专业调整至兰州大学。

- 1966年

6月3日 学校召开"文化革命"动员大会。此后学校停课，陷入混乱状态。

- 1967年

10月 根据中共中央、国务院、中央军委、中央文革领导小组联合发出的"复课闹革命"通知，南开大学复课。

- 1968年

8月27日 工人毛泽东思想宣传队、解放军毛泽东思想宣传队进驻南开大学。

- 1969年

3月6日 南开大学革命委员会成立，随后各系革命委员会也相继成立，工宣队、军宣队出任各级革委会的领导。

- 1970年

11月　南开大学开办技术工人班，培养适合校办工厂需要的技术工人，学制两年。

- 1971年

10月18日　南开大学第一批工农兵学员入学，参加天津市统一举行的迎新大会。

- 1972年

5月　学校各系重新建立党总支，机关也设立了党总支。

- 1973年

1月15—17日　中共南开大学第二次党员代表大会召开，提出在毛主席革命路线指引下为创办社会主义新型大学而奋斗。

会议选举朱子强为党委书记。

- 1974年

9月　南开大学接收了"文革"以来第一批外国留学生，共10人。

- 1975年

1月18日　第四届全国人民代表大会召开后，全校师生深受鼓舞，决心为祖国的四个现代化建设做贡献。

- 1976年

1月15日　南开大学冲破"四人帮"及其在津代理人的禁令，隆重举行追悼周恩来总理大会。

7月28日　唐山大地震波及天津，南开大学8名教工和23名学生蒙难，学校大部分校舍遭到不同程度损坏，直接经济损失总计500万元以上。

10月23日　南开大学隆重举行庆祝粉碎"四人帮"反党集团伟大胜利大会。

- 1977年

8月8日　邓小平主持召开科学和教育工作座谈会。杨石先参加会议，就"如何把科学技术搞上去"提出建议,得到邓小平的高度重视。

10月21日 全国恢复统一高考制度。南开大学招收896名本科新生并于翌年2月入学。

● 1978年

2月17日 国务院批转教育部《关于恢复和办好全国重点高等学校的报告》,南开大学系全国88所重点高校之一。

2月 臧伯平任中共南开大学委员会书记、南开大学校长。

11月17日 南开大学恢复招收研究生,录取116人。

12月 张再旺任中共南开大学委员会书记,杨石先任南开大学校长。

● 1979年

1月13日 南开大学召开教职员工大会,传达贯彻中共十一届三中全会精神,提出把学校工作重点转移到教学科研上来。

3月5日 南开大学周恩来研究室成立。在此基础上,1997年成立周恩来研究中心,这是教育部批准成立的教育系统首个专门从事周恩来研究的科研机构。

10月17日 学校隆重举行建校60周年校庆暨周恩来总理纪念碑揭幕仪式。中共中央政治局委员、国务院副总理方毅出席庆祝大会并为纪念碑剪彩。

● 1980年

12月 教育部批复同意南开大学筹建社会学专业。1981年2月16日,社会学专业班正式开学。这是我国综合大学中开设的第一个社会学专业班。1982年社会学系正式成立。

● 1981年

10月 滕维藻任南开大学校长。

● 1982年

1月3日 南开大学试行《关于开设选修课问题的几点规定》,旨在贯彻因材施教原则,提高教学质量。

9月 根据中共教育部党组决定,滕维藻代理中共南开大学委员会书记。

- 1983年

1月 教育部批准南开大学成立经济学院,我校成为国内综合性大学中率先恢复学院制管理体制的学校。

9月 李原任中共南开大学委员会书记。

12月22日 天津市市长李瑞环来校调研。

- 1984年

8月8日 教育部发出《关于在北京大学等22所高等院校试办研究生院的通知》,南开大学成为全国首批设立研究生院的高校之一。

9月3日 中共中央政治局委员胡乔木来校调研。

- 1985年

1月17日 与天津大学签订校际合作协议书,就教学、科研、管理等方面建立协作关系。

1月19日 中共中央政治局委员、天津市委书记倪志福来校检查工作。

10月17日 南开数学研究所成立。该所由数学大师陈省身提议创办,并亲自担任第一任所长至1992年。2004年12月2日,南开数学研究所更名为陈省身数学研究所。

12月16—18日 中共南开大学第三次党员代表大会召开,提出坚持"教育要面向现代化、面向世界、面向未来"的办学方针,为90年代以至21世纪初叶的经济振兴和社会发展准备合格人才。

会议选举李原为党委书记。

- 1986年

1月 母国光任南开大学校长。

4月5日 南开大学召开张伯苓诞辰110周年纪念大会和铜像揭幕仪式。国务院副总理兼国家教委主任李鹏参加纪念活动。1989年10月16日,铜像移入学校中心花园,张伯苓及夫人的骨灰合葬于铜像后侧。

- 1987年

11月27日 南开大学与北美精算学会签订联合培养精算研究生协议，开创中国精算教育的先河。

- 1988年

5月11日 中共中央政治局委员、国务委员兼国家教委主任李铁映来校调研。

6月 温希凡任中共南开大学委员会书记。

10月 为纪念周恩来总理诞辰90周年，南开大学与中央有关部门合作，成功举办第一届周恩来研究国际学术研讨会，至2018年已连续举办五届，在海内外产生重大影响。

11月初 南开大学被列入国家教委6个综合改革试点院校之一。

- 1989年

3月25—29日 中共南开大学第四次党员代表大会召开，提出建设有中国特色的社会主义新型综合大学的战略目标。

会议选举温希凡为党委书记。

10月17日 学校在主楼前广场隆重举行建校70周年校庆暨周恩来总理塑像揭幕仪式。天津市委书记谭绍文出席。

- 1990年

9月18日 第11届北京亚运会圣火传递到南开大学，2000余名师生参加火炬接力仪式。

- 1991年

1月11日 中央电视台在《新闻联播》栏目中报道南开深化改革、稳定规模、提高教学质量。

4月16日 中共中央政治局委员、国务委员兼国家教委主任李铁映和天津市市长聂璧初来校调研。

- 1992年

7月6日《人民日报》头版头条刊发《面向现代化，面向世界，面向未来——南开大学教育改革综述》，在全校师生中引起热烈反响。

10月17日　学校在中心花园举行严修铜像揭幕典礼。

- 1993年

2月25—27日　中共南开大学第五次党员代表大会召开，提出经过努力奋斗，使南开大学的综合实力处于国内重点大学的前列，并为今后的发展打下坚实基础的发展和改革目标。

会议选举洪国起为党委书记。

- 1994年

4月23日　中共中央政治局委员、国务院副总理李岚清来校调研。

10月14日　国家教委与外经贸部在北京签订关于天津对外贸易学院并入南开大学的议定书。

10月16日　天津市委书记高德占、市长张立昌出席南开大学建校75周年庆祝大会。

11月3日　韩国前总统金大中受聘南开大学名誉教授。

11月25日　国家教委和天津市人民政府签署协议，共建南开大学。

12月13日　中共中央总书记、国家主席、中央军委主席江泽民视察南开大学。

- 1995年

3月29日　南开大学亚太经济合作组织(APEC)研究中心成立大会召开。该研究中心是由中国外交部、商务部、教育部和南开大学共建的国家级智库机构。1999年，被列为教育部首批人文社会科学重点研究基地之一。

4月3日　《人民日报》刊发《南开学风 堪称一流》的文章，介绍南开学风建设。

6月25日　中共中央政治局常委、国务院副总理朱镕基来校视察，并同经济及管理学科教授就经济管理学科建和中国经济热点问题进行座谈。中共天津市委、秘书长郑质英、校领导洪国起、母国光和陈炳富、谷书堂、熊性美、薛敬孝、常修泽、逄锦聚等参加了座谈。

7月2日 美国前国务卿亨利·基辛格获聘南开大学名誉教授。

7月 侯自新任南开大学校长。

12月 南开大学成为国家首批实施"211工程"建设的高校之一。

- 1996年

4月9日《中国教育报》头版刊登题为《南开大学构建"两课"教学新体系》的文章，介绍我校"两课"教学改革经验。

- 1997年

3月27—29日 中共南开大学第六次党员代表大会召开，提出建设接近或达到世界一流大学学术水平的社会主义综合大学的奋斗目标。

会议选举洪国起为党委书记。

6月11日 在全国第六次高校党建工作会议上，南开大学作经验介绍，9家中央新闻单位先后对学校党建工作进行重点报道。

7月28日 学校举行重铸校钟揭幕仪式。

9月25日 天津市委书记、市长张立昌来校与师生座谈。

- 1998年

5月11日 南开大学与天津经济技术开发区签订协议，合作建设南开大学泰达学院，该学院被誉为"高等教育的特区"。1999年10月18日，南开大学泰达学院在天津经济技术开发区举行揭牌仪式。

8月31日 天津市市长李盛霖来校调研。

10月21日 中共中央政治局常委、国务院副总理李岚清来校视察。

- 1999年

1月22日 教育部批准南开大学为"国家大学生文化素质教育基地"。

5月17—22日 教育部对南开大学本科教学工作进行优秀评估考察，经过专家组评估，评定为优秀。

10月16日 中共中央政治局常委、国务院总理朱镕基接见学校主要领导，并对南开大学建校80周年表示祝贺。

10月17日 学校隆重召开建校80周年庆祝大会，中共中央政治局常委、全国人大常委会委员长李鹏发来贺信，全国人大常委会副委员长吴阶平，教育部副部长周远清等出席。

12月24日　天津市委书记张立昌来校调研。

- **2000年**

3月27日　中共中央政治局常委、国务院副总理李岚清来校视察。

6月　中共中央政治局常委、国家副主席胡锦涛视察南开大学。

12月6日　天津市市长李盛霖调研泰达学院。

12月25日　教育部和天津市人民政府签署重点共建南开大学协议，我校成为"985工程"建设的高校之一。

- **2001年**

6月2日　中共中央政治局常委、国务院副总理李岚清来校视察。

6月2日　教育部部长陈至立调研泰达学院。

9月24日　南开大学、天津大学联合研究院成立，推进"各自独立，紧密合作"的办学合作模式。

- **2002年**

1月24日　南开大学正式成立国家示范性软件学院，是教育部和国家发展计划委员会批准成立的首批国家示范性软件学院之一。

4月　薛进文任中共南开大学委员会书记。

11月1日　天津市市长李盛霖来校作形势报告。

- **2003年**

7月　南开大学与天津大学首次面向全国联合招生，教学合作模式创国内高校本科教育先例。

8月1日　学校接收儒苑大学生公寓。儒苑公寓分东、西两院，共占地32.25亩。

11月3—4日　中共南开大学第七次党员代表大会召开，明确提出建设规模适度、结构合理、特色鲜明、国际知名的高水平大学的奋斗目标。

会议选举薛进文为党委书记。

大 事 记

● 2004年

2月16日 教育部批准南开大学与天津市大港区人民政府合作创办南开大学滨海学院。该学院为全日制普通本科高校,坐落于天津市滨海新区大港高教生态园内。

4月28日 由南开大学、天津南开中学、中国国家博物馆联合举办的《百年南开》展览在北京中国国家博物馆举行开展仪式,天津市委书记张立昌带领天津市四大领导班子出席。5月6日,中共中央政治局委员、中央书记处书记、中宣部部长刘云山参观展览并对南开办学给予高度评价。

5月 学校党委工作高质量通过天津市委评估。评估组认为,南开大学党委以改革的精神全面加强改进党的建设和思想政治工作,有力地推动了学校的跨越式发展,为天津市乃至全国的经济与社会发展做出了重要贡献。

10月10日 中共中央政治局委员、天津市委书记张立昌来校调研。

12月20日 中央电视台《焦点访谈》栏目以"大学里的创新教育"为题,报道了南开大学以创新教育作为提高学生综合能力和素质的突破口,进而加强和改进大学生思想政治教育的先进做法。

12月 南开数学研究所(后更名为陈省身数学研究所)大楼竣工。2005年8月24日,大楼被命名为"省身楼",以彰显杰出校友、国际数学大师、南开数学研究所创办人陈省身先生的伟大科学成就及对南开大学的杰出贡献。

● 2005年

4月5日 中共中央政治局常委、全国政协主席贾庆林来校视察。

6月26日 中共中央政治局常委、国务院总理温家宝视察南开大学泰达学院。

8月21日至10月31日 按照中央统一部署,学校开展以实践"三个代表"重要思想为主要内容的保持共产党员先进性教育活动。

9月27日 江泽民视察南开数学研究所。

10月17日 天津市市长戴相龙来校为师生作报告。

- **2006年**

4月 学校对超期未达到毕业要求的28名博士研究生做出结业处理决定,成为国内第一所打破博士生培养零淘汰率的高校。

5月 饶子和任南开大学校长。

9月7日 中共中央政治局委员、天津市委书记张立昌来校调研。

- **2007年**

4月11日 天津市委书记张高丽来校调研。

6月6日 南开大学宣传思想工作会议召开,研究践行社会主义核心价值体系、努力构建和谐南开的思路和举措,积极打造学校软实力,提升核心发展力,努力促进南开又好又快发展。

6月16日 南开大学与中国人民解放军总医院签约共建南开大学医学院。同日,"南开大学临床教学医院"挂牌仪式在解放军总医院举行。

10月 学校6个一级学科(覆盖35个二级学科)和9个二级学科入选国家重点学科,国家重点学科总数覆盖44个二级学科,居全国高校前列。

11月15—19日 南开大学承办第十届"挑战杯"全国大学生课外学术科技作品竞赛。

- **2008年**

5月16日 教育部公布全国198所普通高等学校本科教学水平评估结果,南开评估结果为优秀。专家组高度评价南开大学本科教学,认为南开大学办学成绩突出,办学特色鲜明,教学堪称一流。

6月28日 中共中央政治局委员、国务委员刘延东调研陈省身数学研究所。

- **2009年**

2月15日 中共中央政治局常委、国务院总理温家宝视察南开大学,精辟概括了"南开道路""南开品格"和"南开精神"。

3月16日至8月底 按照中央精神和部属高校学习实践活动领导小组的统一部署,学校开展了深入学习实践科学发展观活动。

9月23日　中共中央政治局委员、天津市委书记张高丽来校作题为《为实现中华民族伟大复兴奉献青春》的形势报告。

10月17日　学校隆重举行建校90周年庆祝大会，中共中央政治局委员、国务委员刘延东发来贺信，中共中央政治局委员、天津市委书记张高丽，中纪委副书记、国家监察部部长、南开大学校友马驭，教育部副部长、党组副书记袁贵仁，国土资源部部长、南开大学校友徐绍史等出席。

- 2010年

3月7日　教育部和天津市人民政府签署共建南开大学新校区框架协议，筹备建设津南校区。2011年12月20日，津南校区开工奠基仪式举行。

5月14日　中国旅游管理干部学院整建制划转南开大学，与旅游学系合并成立旅游与服务学院。

12月　南开大学入选教育部"改革人才培养模式，提高高等教育人才培养质量的试点学校"。在数学、物理学、化学和生物学4个学科建立本科创新人才培养的实验"特区"和特殊管理平台，集中优势教学资源，突出学术个性培养。

- 2011年

1月　龚克任南开大学校长。

3月6日　教育部与天津市人民政府在京签署新时期部市合作协议，双方继续共建南开大学。

3月12日　法国前总理、南开大学名誉教授洛朗·法比尤斯来访。

5月1日　中共中央总书记、国家主席、中央军委主席胡锦涛接见南开大学主要负责人。

9月26—27日　中共南开大学第八次党员代表大会召开，明确提出到2019年建校100周年，基本建成科学发展、特色鲜明的世界知名高水平大学，为创建世界一流大学奠定坚实基础的奋斗目标。

会议选举薛进文为党委书记。

12月31日　校党委全委会审议通过《南开大学"十二五"事业发展规划

纲要》。

- 2012年

1月 正式颁布实施《南开大学素质教育实施纲要(2011—2015)》，明确提出要全面构建南开特色的"公能"素质教育体系，促进学生全面发展。

2月13日 意大利前总理、南开大学名誉教授罗马诺·普罗迪来访。

5月11日 日本前首相福田康夫受聘为客座教授。

11月29日 台湾海峡交流基金会原董事长江丙坤获授南开大学名誉博士学位。

- 2013年

4月 南开大学与有关协同单位共同组建的"天津化学化工协同创新中心""生物治疗协同创新中心"获教育部认定。南开大学成为首批进入国家"2011计划"建设的高校之一。

4月9日 中共中央政治局委员、天津市委书记孙春兰来校调研。

7月3日至2014年2月20日 按照中央统一部署，在中央第44督导组的指导下，校党委深入开展以为民、务实、清廉为主要内容的党的群众路线教育实践活动。

10月11日 台湾海峡交流基金会原董事长江丙坤来校访问。

- 2014年

5月4日 习近平总书记在与北京大学师生座谈时指出：办好中国的世界一流大学，必须有中国特色。世界上不会有第二个哈佛、牛津、斯坦福、麻省理工、剑桥，但会有第一个北大、清华、浙大、复旦、南大等中国著名学府。

5月18日 南开大学津南研究院揭牌成立。该研究院由天津市津南区政府和南开大学共建，是产、学、研合作和高校科技成果转化的又一范例。

8月9日 中央电视台《新闻联播》以头条6分钟的时长报道南开大学校训"允公允能，日新月异"。

9月3日 教育部核准《南开大学章程》，这是学校历史上的第七部办学章程,也是新中国成立后南开大学制定的第一部全面的统领性的章程。

9月5日 中共中央政治局委员、天津市委书记孙春兰来校调研。

9月11日 马里共和国总统易卜拉欣·布巴卡尔·凯塔来校访问并演讲。

10月 南开大学牵头的"中国特色社会主义经济建设协同创新中心"通过教育部认定,成为国家级"2011计划"协同创新中心。

11月13日 中共中央政治局委员、天津市委书记孙春兰调研南开大学津南研究院。

11月 南开大学—格拉斯哥大学联合研究生院获教育部批准成立,是英国在华首个以"联合研究生院"命名的国际研究生培养机构。

12月15—18日 教育部专家组入校审核评估本科教学工作。

- 2015年

4月13日 中共中央政治局委员、国务院副总理刘延东来校调研青年创新创业实践基地。

5月上旬至12月底 按照中央统一部署,学校党委在全校中层以上领导干部中开展"三严三实"专题教育。

5月16日 法国外交部长、原总理洛朗·法比尤斯来校访问并发表演讲。

7月1日 新加坡总统陈庆炎获授南开大学名誉博士学位。

9月3日 学校举办系列活动,隆重纪念中国人民抗日战争暨世界反法西斯战争胜利70周年。

9月5日 南开大学津南校区正式启用,办学空间在八里台校区和泰达校区基础上得到进一步拓展。

11月5日 欧盟委员会前主席、意大利前总理、南开大学名誉教授罗马诺·普罗迪来访。

- 2016年

1月 南开大学马克思主义学院入选第一批全国重点马克思主义学院。

3月27日 法国新任宪法委员会主席、原总理洛朗·法比尤斯获授南开大学名誉博士学位。

4月15日　学校党委召开"两学一做"学习教育部署启动会,推动学习教育常态化制度化。

5月　学校制定并实施《关于进一步实施南开大学百名青年学科带头人培养计划的若干意见》,旨在打造具有南开特色的有核心竞争力的人才队伍。

8月4日　整建制接收天津市第四医院为南开大学附属医院。

9月21日　天津市委副书记、代市长王东峰来校调研。

9月　魏大鹏任中共南开大学委员会书记。

9月　学校制定并实施《南开大学"十三五"事业发展规划纲要》,对学校总体工作和重点任务做出了规划。

12月7日　习近平总书记在全国高校思想政治工作会议上的重要讲话中,充分肯定了南开"允公允能,日新月异"的校训精神。

● 2017年

1月3日　天津市委书记李鸿忠来校调研。

1月10日　教育部党组书记、部长陈宝生来校指导2016年度校领导班子民主生活会。

1月12—13日　中共南开大学第九次党员代表大会召开,明确提出建设南开品格、中国特色、世界一流大学的奋斗目标。

会议选举魏大鹏为党委书记。

3月3日至4月28日　根据中央统一部署,中央第一巡视组对南开大学党委进行专项巡视。

4月25日　天津市委书记李鸿忠来校调研高校思想政治工作,并与师生同上思政讨论课。

6月14日　中央第一巡视组向南开大学党委反馈专项巡视情况,传达了习近平总书记听取第十二轮巡视情况汇报时的重要讲话精神。习近平总书记明确要求南开等大学"作为我国高校的标杆,巡视整改理应成为标杆"。

9月20日　教育部、财政部、国家发展改革委正式公布世界一流大学和

大事记

一流学科建设高校及建设学科名单。南开大学入围全国42所一流大学建设高校,且为36所A类高校之一。

9月23日 习近平总书记给南开大学8名新入伍大学生回信,高度评价了南开爱国奉献的光荣传统,高度赞扬了南开学子从军报国的志向和激情,体现了习近平总书记对近百年来南开办学治校的充分肯定。

10月16日 南开大学分别与天津市12家主要医院签署合作协议,推进医学教育改革。

11月3日 中共中央政治局委员、天津市委书记李鸿忠来校宣讲党的十九大精神。

12月28日 南开大学正式公布"双一流"建设方案,确定了以质量和特色为基点、着力提升核心竞争力的"公能日新"内涵式发展战略。

12月31日 习近平总书记发表新年贺词,再次提到南开大学入伍学生,指出"他们的故事让我深受感动"。

● 2018年

1月 曹雪涛任南开大学校长。

5月 杨庆山任中共南开大学委员会书记。

5月 学校全面实行大类招生、培养和管理,纳入本科招生的88个专业整合为27大类,同时配套推出"5+3+X"二次选拔机制。

6月16—17日 学校召开人才工作会议,主题为:牢记嘱托、追求卓越、人才强校、创新引领——奋力开创新时代南开大学人才工作新局面。

7月15—16日 学校召开学科建设工作会议,提出新时代学科建设的目标和思路。

9月10日 习近平总书记在全国教育大会上强调,要在厚植爱国主义情怀上下功夫,让爱国主义精神在学生心中牢牢扎根,并充分肯定了南开的爱国主义教育传统。此后,《人民日报》评论部刊发的重要文章《让爱国主义情怀激荡精神力量》中指出:"犹记1935年,著名教育家张伯苓在南开大学开学典礼上问了3个问题:你是中国人吗?你爱中国吗?你愿意中国好吗?

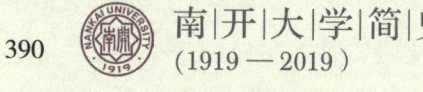

其言谆谆，其意切切，正在于要振奋起师生的爱国斗志。这3个问题，是历史之问，更是时代之问、未来之问。"

9月14日　天津市市长张国清来校调研人工智能学院。

9月18日　世界经济论坛创始人、执行主席，南开大学名誉博士克劳斯·施瓦布来访。

9月21日　中共中央办公厅向我校传达了习近平总书记对南开大学8名入伍大学生的勉励语。

12月7—8日　学校召开研究生教育教学工作会议，主题为：牢固树立科学的发展质量观，推动研究生教育教学内涵式发展。

12月15—17日　学校召开本科教育教学工作会议，主题为：贯彻落实新时代全国高等学校本科教育工作会议精神，全面提升本科教育教学质量。

本年　学校提出并实施"4211卓越南开行动计划"。

• 2019年

1月17日　中共中央总书记、国家主席、中央军委主席习近平视察南开大学，参观了百年校史主题展览，察看了化学学院和元素有机化学国家重点实验室，并同部分师生代表亲切交流，对南开的办学理念和爱国主义传统给予充分肯定。

1月19日　学校召开历史上首次外事工作会议，主题为：扎根中国大地，对标世界一流，抓握百年新机遇，促建全球新南开。

1月29日　学校党委印发《关于深入学习宣传贯彻习近平总书记视察南开大学重要讲话精神的实施意见》。

3月31日　南开大学八里台校区爱国主义教育基地授牌并发布，成为全国唯一以大学校区整体入选的省部级爱国主义教育基地。

4月16日　《求是》杂志2019年第8期发表由中共天津市委宣传部、教育工委、南开大学联合调研组撰写的《百年南开"爱国三问"的传承》

5月7日　中共中央政治局委员、天津市委书记李鸿忠来校调研并主持召开学习贯彻习近平总书记纪念五四运动100周年大会重要讲话精神座谈会。

5月20日 "南开—剑桥工作站(CAMLiNK Station)"正式揭牌。

5月21日 学校发布《南开大学一流本科教育质量提升行动计划(2019—2021年)》,即"南开40条"。

5月23日 学校出台《南开大学研究生奖助体系改革方案》。

6月10日 《南开大学与牛津大学合作备忘录》签署。

6月10日 学校党委常委(扩大)会议传达学习习近平总书记在"不忘初心,牢记使命"主题教育工作会议上的重要讲话精神,研究制定《南开大学关于开展"不忘初心,牢记使命"主题教育的实施方案》。

附 录

新中国成立后南开大学历任党委(支部、总支)主要领导

职 务	姓 名	任职时间
党支部书记	李万华	1949.10 — 1949.11
党支部书记	郑秉泇	1949.11 — 1950.9
党总支书记	郑秉泇	1950.9 — 1951.2
党总支书记	张义和	1951.2 — 1952.10
党总支书记	王金鼎	1952.10 — 1956.5
党组书记	刘披云	1953.10 — 1956.5
党委书记	王金鼎	1956.5 — 1956.7
党委书记	楚 云	1956.7 — 1958.3
党委书记	高仰云	1958.3 — 1964.3
党委书记	臧伯平	1964.3 — 1966
党委书记	朱子强	1973.2 — 1978.2
党委书记	臧伯平	1978.2 — 1978.12
党委书记	张再旺	1978.12 — 1982.9
党委书记（代理）	滕维藻	1982.9 — 1983.9
党委书记	李 原	1983.9 — 1988.6
党委书记	温希凡	1988.6 — 1993.3
党委书记	洪国起	1993.3 — 2002.4
党委书记	薛进文	2002.4 — 2016.9
党委书记	魏大鹏	2016.9 — 2018.5
党委书记	杨庆山	2018.5 —

注：1966年"文革"爆发后至1973年2月党委书记空缺。

南开大学历任校长

职务	姓名	任职时间
校长	张伯苓	1919.9 — 1948.10
校长（代理）	何 廉	1948.10 — 1948.12
校长（代理）	杨石先	1948.12 — 1949.5
校务委员会主席	杨石先	1949.5 — 1952.9
副校长	杨石先	1952.9 — 1957.4
校长	杨石先	1957.4 — 1966
校长	臧伯平	1978.2 — 1978.12
校长	杨石先	1978.12 — 1981.10
名誉校长	杨石先	1981.10 — 1985.2
校长	滕维藻	1981.10 — 1986.1
校长	母国光	1986.1 — 1995.7
校长	侯自新	1995.7 — 2006.5
校长	饶子和	2006.5 — 2011.1
校长	龚 克	2011.1 — 2018.1
校长	曹雪涛	2018.1 —

注：①1952年9月至1957年4月校长空缺。

②1966年"文革"爆发后至1978年2月校长空缺。

1919—1948年历年在校生与毕业生人数表

年 份	在校人数	毕业人数			
		届次	共计	男	女
1919	96	—	—	—	—
1920	120	—	—	—	—
1921	226	—	—	—	—
1922	326	—	—	—	—
1923	287	1	21	21	—
1924	325	2	20	19	1
1925	341	3	62	60	2
1926	280	4	79	78	1
1927	343	5	12	10	2
1928	357	6	28	27	1
1929	434	7	26	21	5
1930	402	8	43	37	6
1931	467	9	34	31	3
1932	422	10	39	33	6
1933	421	11	50	43	7
1934	406	12	75	65	10
1935	407	13	102	79	23
1936	382	14	57	48	9
1937	429	15	64	52	12
1938	—	16	33	27	6

续表

年 份	在校人数	毕业人数			
		届次	共计	男	女
1939	—	17	44	35	9
1940	—	18	32	30	2
1941	—	19	49	40	9
1942	—	20	33	31	2
1943	—	21	19	17	2
1944	—	22	2	—	2
1945	—	23	5	4	1
1946	805	—	—	—	—
1947	1215	24	52	39	13
1948	1225	25	49	37	12

注：1938年至1946年，南开大学与北京大学、清华大学合组西南联大，统一招生。

1949—1977年历年本科毕业生人数表

年 份	人 数	年 份	人 数
1949	109	1964	1006
1950	441	1965	1443
1951	210	1966	662
1952	537	1967	738
1953	442	1968	936
1954	282	1969	932
1955	206	1970	835
1956	292	1971	0
1957	305	1972	0
1958	520	1973	0
1959	263	1974	636
1960	230	1975	846
1961	882	1976	800
1962	608	1977	833
1963	924		

1978—2019年历年本科毕业生人数表

年 份	人 数	年 份	人 数
1978	1060	1999	1697
1979	1089	2000	2708
1980	0	2001	2867
1981	0	2002	3455
1982	1649	2003	3342
1983	1219	2004	3049
1984	943	2005	3086
1985	990	2006	3204
1986	1170	2007	3013
1987	1473	2008	2995
1988	1616	2009	2856
1989	1524	2010	2993
1990	1578	2011	3035
1991	1569	2012	3038
1992	1580	2013	3003
1993	1060	2014	3018
1994	1524	2015	2997
1995	1675	2016	3119
1996	1696	2017	3259
1997	1718	2018	3202
1998	2077	2019	3132

(数据来源:南开大学教务处)

1981—2019年历年研究生毕业人数与学位授予人数表

年 份	毕业人数		学位授予人数	
	硕士	博士	硕士	博士
1981	117	0	96	0
1982	74	0	62	0
1983	45	0	49	0
1984	127	4	76	1
1985	143	0	189	2
1986	250	1	234	0
1987	289	19	280	1
1988	474	36	400	36
1989	486	44	426	28
1990	499	20	484	27
1991	465	59	393	53
1992	333	33	391	30
1993	455	42	430	51
1994	386	63	454	76
1995	426	69	431	55
1996	425	94	740	89
1997	497	107	813	110
1998	554	164	653	145
1999	629	159	768	175
2000	632	144	835	170
2001	666	212	849	219

续表

年份	毕业人数		学位授予人数	
	硕士	博士	硕士	博士
2002	769	278	1046	282
2003	1175	400	1216	354
2004	1296	383	2195	448
2005	1789	468	2671	465
2006	3181	511	4151	574
2007	2384	662	3455	659
2008	2588	784	3395	667
2009	2296	725	3213	747
2010	2440	771	3442	780
2011	2625	796	3786	771
2012	2816	699	4338	736
2013	2935	754	4217	756
2014	3045	763	4386	765
2015	2957	754	4456	769
2016	3110	767	5078	751
2017	3027	776	4234	751
2018	3088	765	4505	742
2019	3304	730	4775	724

（数据来源：南开大学研究生院）

1999—2018年历年留学生人数表

年 份	学历生	非学历生
1999	294	924
2000	385	820
2001	367	659
2002	442	646
2003	569	717
2004	715	1197
2005	640	1445
2006	785	1352
2007	820	1199
2008	897	1466
2009	896	1468
2010	892	1737
2011	842	1820
2012	852	1823
2013	915	1965
2014	989	1969
2015	997	2005
2016	1021	1991
2017	1148	1895
2018	1889	1258

（数据来源：南开大学国际交流处）

2005—2019年历年现代远程教育毕业生人数表

年 份	人 数
2005	1966
2006	2134
2007	3625
2008	2480
2009	2526
2010	2325
2011	5779
2012	7056
2013	10175
2014	11330
2015	13808
2016	15116
2017	12098
2018	16617
2019	17122

注：数据截止到2019年春。

(数据来源：南开大学远程教育学院)

后 记

为庆祝南开大学建校100周年,充分发挥校史"以史鉴今、资教育人"的重要功能,按照学校的部署,由党委宣传部校史研究室编写了这本《南开大学简史(1919—2019)》,旨在回顾南开大学百年波澜壮阔、开拓奋进的光辉历程,弘扬爱国奋斗、公能日新的南开精神,凝聚海内外南开人在祖国新时代、南开新百年拼搏奋进,再创辉煌。

本书在南开大学校史工作领导小组指导下编写,具体由张鸿撰写第一、二、三、四章与大事记,徐悦撰写第五、六、七章与附录,张健撰写第八、九、十章。初稿完成后,报领导小组审读。根据反馈意见,张鸿、徐悦、肖光文在编写组集体研究讨论的基础上,进行了认真修改,全书最终由刘景泉、李向阳统改并定稿。

本书在编写过程中参阅了《南开大学校史(1919—1949)》《南开大学六十年》等著作,并吸收、借鉴了学界关于南开大学校史研究的相关成果,在此一并表示感谢。

学校领导杨庆山、曹雪涛、王磊、王新生等,始终关心和支持本书的编写工作,薛进文、龚克和部分老领导给予了重要的指导,宣传部长梁琪和校史专家梁吉生老师等提出了宝贵的修改意见,南开大学档案馆、新闻中心提

后记

供了部分资料和图片,南开大学出版社对本书的编辑、校对及出版付出了很多心血。在此,谨向所有提供帮助的单位和个人表示感谢。

由于编者水平所限和其他因素,这本《简史》还只能算是一部初稿,书中难免存在疏漏和不妥之处,敬请广大读者批评指正。

编者

2019年8月